Knaur

Über den Autor:

Michael Mary, geboren 1953, ist seit 1979 als Berater tätig. Er lebt gemeinsam mit seiner Frau, der Psychotherapeutin Henny Nordholt, in Schadeland unweit von Hamburg. Hier führt er Seminare und Beratung für Einzelne und Paare durch. Informationen über seine Arbeit finden Sie im Internet unter:

http://www.michaelmary.de

Michael Mary

Schluss mit dem Beziehungskrampf

Wie Männer Freiheit
und Frauen Nähe
in ihrer Beziehung finden können

Knaur

Besuchen Sie uns im Internet:
www.knaur.de

Vollständige Taschenbuchausgabe 2003
Knaur Taschenbuch.
Ein Unternehmen der Droemerschen Verlagsanstalt
Th. Knaur Nachf. GmbH & Co. KG, München

Umschlaggestaltung: ZERO Werbeagentur, München
Satz: Ventura Publisher im Verlag
Druck und Bindung: Clausen & Bosse, Leck
Printed in Germany
ISBN 3-426-77699-5

5 4 3 2

Inhalt

Vorwort

Kein Zweifel – die Liebe befindet sich in einem tief greifenden Wandel. Lassen Sie mich die Veränderungen, mit denen Partner dabei konfrontiert sind, folgendermaßen beschreiben:
Liebte man früher den Partner, mit dem man zusammen lebte, so will man heute mit dem Partner zusammen leben, den man liebt.
Partnerschaft hat einen neuen Sinn bekommen: Wir brauchen den anderen nicht mehr, um zu überleben. Wir brauchen ihn, um zu lieben. Heute können sich Menschen eine Liebe frei von materiellen Zwängen leisten, den Luxus emotionaler Liebe.
Diese Entwicklung hat die Gefühle der Partner in den Mittelpunkt ihrer Beziehung gesetzt und zum Dreh- und Angelpunkt ihrer Auseinandersetzungen gemacht. Dem Umgang mit Gefühlen kommt deshalb in heutigen Beziehungen eine zentrale Bedeutung zu. Gefühle haben allerdings – gerade im Zusammenhang mit Liebe – eine Eigenart: Sie werden so intensiv erlebt, dass jeder Partner glaubt »Was ich fühle, ist wahr«.
In Bezug auf die Liebe gibt es allerdings nur eine Wahrheit: dass sie von Männern und Frauen unterschiedlich wahrgenommen wird. Die Wahrheit der Liebe ist männlich *und* weiblich und sie repräsentiert zwei verschiedene Realitäten.
Auf dem verwirrenden Hintergrund unterschiedlicher Wahrheiten und entgegengesetzter Liebeserfahrungen findet der emotionale Umgang und Austausch der Geschlechter statt. Diese Kommunikation führt Paare beinahe zwangsläufig in den »Beziehungskrampf«, in dem sich Männer und Frauen gegensätzliche Wahrheiten und Gefühlswelten vorhalten.
Gerade das, was so zentral ist – sich mitteilen und austauschen zu können, sich auf tieferer Ebene gegenseitig zu verstehen – fällt den Partnern schwer. Da kann es überaus hilfreich sein, in die Wahrnehmungs-, Gefühls- und Denkwelt des Partners einzu-

tauchen, die Liebe durch seine Augen zu sehen und die Wahrheit aus seinem Blickwinkel zu schauen.

Das geschieht in diesem Buch. Die Erkenntnisse, Anstöße und Anregungen, die ich darin vermittle, können das Erleben des anderen Geschlechts verändern und zu einer befriedigenderen »Erfahrung Liebe« beitragen. Die meisten dieser Anregungen habe ich Paaren zu verdanken, die mir in Partnerschaftssitzungen und Seminaren Einblicke in die Dynamik der Mann/Frau-Beziehung gaben. Ihnen und meiner Partnerin Henny Nordholt gilt mein besonderer Dank.

Bevor wir in die Welt der männlichen und weiblichen Liebe einsteigen, gestatten Sie mir noch einige Hinweise. Die Leserinnen und Leser dieses Buches werden »dem Mann« und »der Frau« begegnen. Diese Pauschalisierung ist gewollt und sinnvoll. Ich bitte jedoch eines zu beachten: Hier werden Mann und Frau im Rahmen ihrer Beziehungen dargestellt. Außerhalb der Partnerschaft mögen wir einem ganz anderen Mann und einer ganz anderen Frau begegnen.

Bei etwa 90 Prozent aller Partner, die in die Beratung kommen, verhalten sich Männer wie Männer und Frauen wie Frauen. Es kann jedoch geschehen, dass Mann und Frau die Rollen tauschen. Das braucht uns nicht zu stören, denn im Konflikt gibt es meist die beiden von mir beschriebenen Seiten, egal von wem sie im Einzelfall repräsentiert werden.

Nicht jeder Mann ist ein typischer Mann und nicht jede Frau ist eine typische Frau. Familiäre Besonderheiten haben ihre individuellen Eindrücke hinterlassen. Trotzdem trifft viel von dem, was ich beschreibe, auf jeden von uns zu. Die Leserinnen und Leser werden selbst herausfinden, was auf sie passt.

Bevor dieses Buch gedruckt wurde, haben etliche Männer und Frauen es kritisiert und kommentiert. Sie finden deren Kommentare oder Einwände gelegentlich in den Text eingeschoben. Interessant für mich war, dass männliche Probeleser und weibliche Probeleserinnen ihr eigenes Geschlecht zuweilen zu hart beurteilt sahen, das andere Geschlecht jedoch richtig dargestellt fanden.

Dies ist eben auch ein Buch über Gefühle – und die eigenen Gefühle sind uns näher als die des Partners.
»Schluss mit dem Beziehungskrampf« erfreut sich 12 Jahre nach seinem ersten Erscheinen eines so großen Interesses, dass nach zwei Hardcover-Ausgaben nun eine zweite Taschenbuchausgabe erscheint. Die hier behandelten Themen Wahrnehmung und Kommunikation werden noch Jahrzehnte und Generationen aktuell bleiben. Ähnliches gilt für andere meiner Partnerschaftsbücher, vor allem für »Fünf Lügen, die Liebe betreffend«, das sich mit der Sexualität in Langzeitbeziehungen auseinander setzt, und für »Fünf Wege, die Liebe zu leben«, in dem neue Beziehungsformen beschrieben werden.

Michael Mary, im Oktober 2003

Einleitung

Mann und Frau spielen das Spiel der Liebe, ohne dessen Regeln zu kennen.

Wer ist denn nun schuld – an der Misere der Mann/Frau-Beziehung? Der Mann, weil er lieben lässt, oder die Frau, weil sie zu viel liebt?
Wenn ein Paar in die Beziehungsberatung kommt, klagt der Mann normalerweise: ›Unser Problem ist, dass meine Frau‹ ... und die Frau antwortet ›Unser Problem ist, dass mein Mann ...‹
Es scheint immer der andere zu sein, der die Schuld trägt. So einfach ist das. Doch wer spielt das Spiel wirklich? Wer trägt die Verantwortung? Beim Tennisspiel würde niemand solch eine Frage stellen, denn hier liegt die Antwort auf der Hand. Beide spielen das Spiel. Wem es missfällt, der legt den Schläger hin. Dann hört das Spiel auf, und zwar unabhängig davon, ob der andere weiterspielen möchte oder nicht.
Doch beim Beziehungsspiel ist das nicht so einfach. Es geht um zu viel – es geht um Liebe. Niemand legt den Schläger hin. Die Schläger kleben an den Händen. Das Spiel, der Kampf um Liebe, geht also weiter:

Der Mann fragt sich: ›Wie kann ich lieben, wie kann ich in Beziehung sein und trotzdem meine Freiheit behalten?‹

Die Frau fragt sich: ›Wie kann ich lieben, wie kann ich in Beziehung sein und deren Nähe lebendig erhalten?‹

Über die Regeln, nach denen sie spielen, wissen Mann und Frau wenig. Sie spielen das Spiel der Liebe tatsächlich, als ob es Tennis wäre. Jeder will gewinnen – und sei es auf Kosten des anderen. Doch Liebe ist nicht Tennis. In der Liebe gelten andere Regeln. In

der Liebe gibt es nur Gewinner oder nur Verlierer. Entweder ist Liebe da, dann gewinnen beide, oder Liebe ist zerstört, dann haben beide verloren.
Partner spielen das Spiel der Liebe, als ob sie gegeneinander spielen müssten und nicht miteinander. So verlieren schließlich beide. Dann gehen sie auseinander und suchen ›den Richtigen‹ oder ›die Richtige‹.
Keiner ist schuld am Zustand der Mann/Frau-Beziehung oder beide. Jeder weiß es, aber innerlich ist jeder der Überzeugung, der andere sei zumindest schuldiger. Der kritische Blick ist nach außen, auf den Partner und dessen Verhalten gerichtet. Wenn der andere sich ändern würde, ja dann ... wäre Liebe einfacher, wäre die Beziehung erfüllter – so glauben die Partner.
Doch so kann es nicht sein, denn das Verhalten, Fühlen und Handeln des einen Partners ergibt nur im korrelativen Prozess der Partnerschaft, nur im Zusammenhang mit dem Verhalten, Fühlen und Handeln des anderen Partners einen Sinn. Es gibt nicht den Mann unabhängig von der Frau, und es gibt nicht die Frau unabhängig vom Mann. Es gibt nur das gemeinsam errichtete Netzwerk der Regeln und Verhaltensweisen, und jeder ist auf seine Weise darin gefangen.
Also helfen gegenseitige Schuldzuweisungen nicht weiter. Sie halten vielmehr davon ab, das einzig Wirksame zu tun: Den Blick auf die eigenen Verhaltensweisen zu richten, den eigenen Anteil am Konflikt zu erkennen und dann sich selbst und nicht den Partner zu ändern. Dann kann das Spiel innehalten, dann ruht der Kampf, denn dann besinnen sich die Partner und legen den Schläger aus der Hand.
Wenn Partner beginnen, sich selbst in Frage zu stellen und den anderen und seine Welt entdecken wollen, anstatt ihn zu verurteilen, kann der Streit der Geschlechter produktiv werden.
Dann können Partner die gleiche faszinierende Entdeckung machen, die mir im Lauf meiner langjährigen Partnerberatung widerfuhr: Es gibt nicht die Liebe zwischen Mann und Frau. Männer

und Frauen nehmen sich und ihre Verbindung (Liebe) auf eine ganz bestimmte, geschlechtlich spezifische Weise wahr:

Die meisten Männer erfahren Liebe als etwas, das von ihnen erwartet wird und das sie geben sollen.

Die meisten Frauen erfahren Liebe als etwas, das ihnen verweigert wird und um das sie sich bemühen müssen.

Männer und Frauen nehmen Liebe völlig unterschiedlich wahr. In dieser unterschiedlichen Wahrnehmung der Liebe liegt die eigentliche Ursache des Geschlechterkampfes. Die geschlechtsspezifische Wahrnehmung und der aus ihr resultierende Kampf um Liebe sind Thema dieses Buches.

Worum es beim Kampf um Liebe geht, wird an Vorwürfen deutlich, die ich in unzähligen Partnerberatungen gehört habe:

»Frauen drängen. Sie wollen zu viel. Sie lassen uns Männern keine Ruhe.«

»Männer sind verschlossen, sie wollen nicht lieben. Sie lassen uns Frauen nicht an sich heran.«

Zwei Aussagen, die beispielhaft für die Erfahrung der Geschlechter voneinander und für die ›Erfahrung Liebe‹ stehen. Lügen Männer und Frauen, die so etwas sagen? Machen sie es sich zu einfach? Pauschalisieren sie?

Ich glaube nicht. Sie haben beide Recht. Sie sagen beide die Wahrheit. Die Wahrheit, die sie wahrnehmen. Denn wenn sie über Liebe reden, sprechen sie – ohne es zu wissen – von zwei gegensätzlichen Erfahrungen.

ER spricht von der Liebe aus dem Erleben eines Mannes.

SIE spricht von der Liebe aus dem Erleben einer Frau.

Deshalb können Partner nie von der Liebe als Liebe sprechen. Deshalb können sie sich nur schwer gegenseitig verstehen. Da beide nicht wissen, dass sie – obwohl sie das gleiche Wort ›Liebe‹ gebrauchen – seine Bedeutung völlig unterschiedlich verstehen, reden sie aneinander vorbei. Sie sprechen zwei Sprachen, die weibliche und männliche Sprache der Liebe.

In diesem Buch werde ich darstellen:

- dass beim Mann Lieben in einem anderen Zusammenhang steht und sich auf einem anderen Hintergrund abspielt als bei der Frau;
- dass Mann und Frau Liebe unterschiedlich wahrnehmen und dass sie in ihren Beziehungen auf eine unterschiedliche ›Erfahrung Liebe‹ zurückgreifen;
- dass diese gegensätzliche Erfahrung und Wahrnehmung der Liebe Mann und Frau in die Sackgasse eines äußeren Kampfes und inneren Konfliktes führt, durch den die Liebes- und Beziehungsfähigkeit der Partner eingeschränkt oder zerstört wird.

Darüber hinaus werde ich zeigen:

- welches die Folgen des Liebeskampfes in der Beziehung und im Leben der Partner sind
- und darauf eingehen, wie Mann und Frau ihre ›Erfahrung Liebe‹ verändern können und wie eine neue Erfahrung des Mann/Frau-Seins und eine bessere Qualität des Einanderliebens und Miteinanderlebens möglich wird.

Die Entdeckung der verschiedenartigen männlichen und weiblichen Weise, Liebe zu erleben, ermöglichte mir ein neues Verständnis der Konflikte und Spannungen in Beziehungen und Partnerschaften und eine neue Sicht der Liebe. Das veränderte sowohl meine Arbeit als Berater als auch die Beziehung zu meiner Partnerin. Ich begann, mich und sie besser zu verstehen, mich anders zu

verhalten und als ein Ergebnis davon meine Partnerin und unsere Beziehung zueinander auf eine neue Weise zu erleben.
Darum geht es vorwiegend in diesem Buch: Türen des Verstehens und Begreifens zu öffnen und eine andere Sichtweise auf Beziehung und Liebe zu ermöglichen. Dann kann geschehen, was wir alle – Männer und Frauen – suchen: Verständigung, Verbindung und Erfüllung in gegenseitiger Liebe *und* Respekt.

1

Die männliche und weibliche Welt der Liebe

Liebe im Erleben von Mann und Frau

Wenn ein Mann und eine Frau Beziehungsprobleme erleben, machen sie dabei nicht die gleiche Erfahrung. Im Gegenteil. Sie machen völlig unterschiedliche Erfahrungen.

Der Mann hat seit drei Stunden Tennis im Fernsehen geschaut. Gerade im Augenblick des Matchballs, im Moment höchster Spannung, kommt seine Frau nach Hause. Sie geht auf ihn zu, möchte ihn begrüßen und begrüßt werden. Doch er gibt ihr ein Zeichen zu warten und starrt gebannt in den Fernseher, auf den Höhepunkt des Spiels. Als er sie schließlich begrüßen will, hat seine Frau das Zimmer verlassen.

So fing der Streit an. In den Tagen davor war es schon hin und wieder zu Spannungen gekommen. Doch der Tennis-Vorfall brachte das Fass zum Überlaufen. Noch Wochen später tauchte das Erlebnis in den Auseinandersetzungen des Paares auf, zusammen mit anderen, ähnlichen Erlebnissen, die weiter zurücklagen und ebenfalls unverstanden und daher unverarbeitet blieben.

Was ist geschehen? Was lässt die Partner so heftig aufeinander reagieren? Diese Frage lässt sich objektiv nur in Form eines Berichtes beantworten: ›Ein Mann sitzt vor dem Fernseher und schaut Tennis. Seine Frau kommt herein und möchte begrüßt werden. Er gibt ihr ein Zeichen zu warten, und sie geht hinaus. Dann streiten die beiden.‹

Diese Schilderung beschreibt den Ablauf objektiv. Sie erklärt aber nicht das subjektive Erleben der Partner. Offensichtlich haben dieser Mann und diese Frau den Vorfall auf sehr verschiedene Weise erlebt, sonst könnten sie sich nicht so lange und ausgiebig darüber streiten. Das wird deutlich, als jeder den Vorfall aus seiner Sicht beschreibt:

»Natürlich habe ich sie bemerkt. Aber sie ist reingestürmt und gleich auf mich los. Dass ich Tennis schaue, hat sie nicht interessiert. Und dass sie mich stören könnte, auf die Idee ist sie gar nicht gekommen!«

»Ich wollte ihn gar nicht stören, nur kurz hallo sagen. Ich glaube, er hat nicht mal richtig bemerkt, dass ich reinkam. Wenn mein Mann mit seinen Hobbys beschäftigt ist, hat er für nichts anderes Augen!«

Wer den beiden zuhört, kann den Eindruck gewinnen, sie sprächen von zwei verschiedenen Erlebnissen und nicht von ein und demselben Vorfall. Jeder ist durch das Verhalten des anderen verletzt, und Vorwürfe fliegen von einer Seite zur anderen:

»Du wolltest mich den Matchball nicht sehen lassen!«

»Du hast dich nicht gefreut, mich zu sehen!«

Der Streit schaukelt sich langsam hoch. Jeder versucht, sein eigenes Verhalten zu rechtfertigen und das des anderen ins Unrecht zu setzen:

»Natürlich habe ich mich gefreut, dich zu sehen, aber gerade beim Matchball konnte ich nicht wegsehen. Es war zu spannend. Du hättest ja wohl die eine Minute warten können!«

»Du hast dir nicht mal die paar Sekunden Zeit für mich genommen. Im Gegenteil, es war dir lästig, mich zu begrüßen!«

Wer von beiden hat nun Recht? Wenn Sie, lieber Leser, ein Mann sind, werden Sie an dieser Stelle vielleicht sagen: ›*Typisch Frau – es soll sich alles um sie drehen.*‹ Sollten Sie, liebe Leserin, eine

Frau sein, werden Sie eventuell sagen: ›*Typisch Mann – immer gerade 'was Wichtigeres zu tun.*‹

Doch bevor wir uns als Zeugen der Auseinandersetzung auf die eine oder andere Seite ziehen lassen, schlage ich vor, nach der subjektiven Bedeutung des Erlebten zu suchen.

Was bedeutet das Erlebnis ›Sie kommt rein und will begrüßt werden, während ich Tennis schaue‹ für den Mann, und was bedeutet das Erlebnis ›Er will Tennis schauen, wenn ich ihn begrüße‹ für die Frau? Die Frage nach der Bedeutung ist wichtig, weil sie der jeweiligen Reaktion auf den Partner zugrunde liegt:

»Es bedeutet, dass ich mich nach ihr richten soll. Gerade in solchen Momenten lässt sie mir einfach keine Ruhe. Ich soll das Tennis sausen lassen und mich ihr zuwenden.«

»Es bedeutet, dass ihm Tennis wichtiger ist als ich. Ich hatte mich auf ihn gefreut und finde ihn vor dem Fernseher.«

In der inneren Bedeutung zeigt sich, wie die Partner den Vorfall verstehen. Zusammengefasst bedeutet das Verhalten des anderen:

»Ich soll mich für sie aufgeben, mich ihren Bedürfnissen anpassen!«

»Ich bin ihm nicht wichtig!«

Die Bedeutungen sind extrem unterschiedlich, doch jeder der Partner ist vollkommen sicher, mit seiner Deutung richtig zu liegen. Der andere muss wohl lügen oder sich täuschen. Die Partner haben derart eine extreme, unterschiedliche Wahrnehmung des Geschehens, dass sie sich nicht auf eine gemeinsame Interpretation der Vorgänge einigen können. Der sich verfestigende Streit bekräftigt ihre Wahrnehmung noch, die schließlich in der festen Überzeugung mündet:

»Ich soll mich nach ihr richten!« *»Ich bedeute ihm nichts!«*

Wenn die Partner nach dem Streit gefragt werden, mit welcher Erfahrung sie aus der Auseinandersetzung hervorgehen, schildern sie die ihrer Überzeugung entsprechende Erfahrung:

Der Mann hat die Erfahrung gemacht:
»Ich werde von meiner Frau bedrängt!«

Die Frau hat die Erfahrung gemacht:
»Ich werde von meinem Mann vernachlässigt!«

Am Ende der Auseinandersetzung bleibt ein Geschmack von Beengung und Vernachlässigung, der sich als ›Erfahrung mit dem Partner‹ einprägt und jederzeit wieder auftauchen kann – als eine von vielen ähnlichen Erfahrungen mit dem anderen Geschlecht und mit der Liebe zu ihm.

»So läuft's. Das ist immer das Ende. Ich bin ihm nichts wert, und das habe ich ja schon immer gewusst.«

(Kommentar Gabriele)

Mit dieser Erfahrung stehen die Partner unseres Beispiels nicht allein. Einem anderen Paar ergeht es ähnlich. Klaus hat seine Freundin seit einer Woche nicht gesehen, da er auf Dienstreise war. Als sie mit einem Zweitschlüssel in seine Wohnung kommt, ist er gerade auf dem Weg zum Bad. Er freut sich sie zu sehen und nimmt sie spontan in den Arm. Erst an ihrer Reaktion – sie spannt sich an und wehrt seine Umarmung ab – bemerkt er, dass etwas nicht stimmt. Es liegt an der Rasiertasche, die er noch in der Hand hält. Helga ist sauer darüber und macht in ihrer impulsiven Art keinen Hehl daraus. Klaus ist getroffen, kann sich ihre Ablehnung aber nicht erklären. Im Streit kommt es zu Vorwürfen, die zeigen, wie unterschiedlich Klaus und Helga das Ereignis deuten:

»Dir kann man es aber nicht recht machen. Klar habe ich die Tasche vergessen. Ich habe mich einfach riesig gefreut, dich zu sehen. Da ist die Tasche doch ganz egal.«

»Wenn du dich wirklich gefreut hättest mich zu sehen, dann hättest du dir die Zeit genommen, beide Hände für mich frei zu machen.«

Wiederum fällt dem außenstehenden Beobachter die unterschiedliche Wahrnehmung auf, die in Bezug auf das gleiche Ereignis entsteht. Wiederum werden emotionale Verletzungen deutlich und jeder der Partner glaubt, *die Wahrheit* erfasst zu haben und auszusprechen. Die Wahrheit über das Ereignis, über das Verhalten und die Motive des Partners. Sie streiten sich, machen sich Vorwürfe, und wie im vorigen Beispiel kommen Mann und Frau auch diesmal mit entgegengesetzten Erfahrungen aus der Begegnung:

Der Mann fühlt sich bedrängt.

Die Frau fühlt sich missachtet.

Dass diese geschlechtsspezifische Wahrnehmung nicht nur für die Partner der letzten Beispiele zutreffend ist, wird an den Teilnehmern und Teilnehmerinnen eines Partnerseminars deutlich. Zehn Paare haben sich zum Seminar eingefunden. Die Gruppe ist aufgeteilt. Männer und Frauen sprechen getrennt voneinander über ihr Erleben und ihre Erfahrungen in der Partnerschaft. Dadurch treten Parallelen im Erleben der Liebe bei Männern und Frauen hervor:

»Offenbar haben wir Männer das Gefühl, in der Verwirklichung unserer Wünsche zu kurz zu kommen. Wir waren uns einig, dass wir zu viel Rücksicht auf die Partnerin nehmen. Es kommt uns so vor, als ob es leichter wäre unsere Wünsche zu erfüllen, wenn die Partnerin nicht da wäre.«

»Wir Frauen haben alle das Gefühl, dass Männer uns generell ausweichen. Wir würden bei Konflikten nicht den Schritt zurück machen. Wir würden versuchen, das Problem zu klären, es zusammen zu regeln. Wir würden mehr auf ihn zugehen.«

Von den zehn Männern des Seminars stimmen neun dieser Aussage uneingeschränkt zu. Die Frauen der Paargruppe kommen übereinstimmend zu ihrem Ergebnis.
Auffällig ist, dass die Bemühungen und Wünsche von Männern und Frauen in entgegengesetzte Richtungen zeigen. Bei den Männern zeigen sie von der Partnerin weg, sie fänden es ›leichter, wenn sie nicht da wäre‹. Bei den Frauen zeigen sie zum Partner hin, sie ›würden auf ihn zugehen, um es zu regeln‹.

Die Männer suchen Distanz, sie wollen weg von der Frau.

Die Frauen suchen den Kontakt, sie wollen hin zum Mann.

Warum das so ist, wird deutlich, wenn wir sehen, wie die eine Gruppe das Verhalten der anderen erlebt und deutet:

»Es wäre leichter ohne sie, weil sie so viel Druck ausüben. Frauen drängeln. Sie wollen zu viel. Sie lassen uns kaum zur Ruhe kommen.«

»Was bleibt uns übrig, als auf ihn zuzugehen? Männer sind verschlossen, die machen den Mund nicht auf. Von alleine kommen die nicht.«

Wiederum treffen wir auf Erfahrungen von Enge und Vernachlässigung im Kontakt von Mann und Frau. Fast scheint es, als bestehe bei den Partnern eine bestimmte, geschlechtlich unterschiedliche Empfindlichkeit, quasi eine unbewusste Bereitschaft des Mannes, sich bedrängt, und eine unbewusste Bereitschaft der Frau, sich vernachlässigt zu fühlen.
Dass diese Bereitschaft wirklich besteht, fand ich in etlichen Paargruppen und unzähligen Partnerschaftssitzungen bestätigt. Männer und Frauen nehmen einander in ihrer Liebe, in ihren Beziehungen und in ihrer Kommunikation immer dann, wenn Spannungen auftreten oder Probleme auftauchen, auf eine ganz bestimmte Weise wahr:

Fast alle Männer erleben die Frau als bedrängend.

Fast alle Frauen erleben den Mann als abweisend.

Quer durch die Gesellschaft ziehen sich Urteile über das andere Geschlecht, die eine tief sitzende Überzeugung ausdrücken:

Frauen wollen ständig Aufmerksamkeit. Sie zerren an uns. Frauen sind Nervensägen!

Männer sind zurückgezogen, sie scheuen Auseinandersetzung und verstecken sich. Männer sind Feiglinge!

Aussagen, die beispielhaft für die Erfahrung der Geschlechter voneinander und für die ›Erfahrung Liebe‹ stehen. Sie zeigen, dass Liebe eine geschlechtsspezifische Erfahrung ist.

Der Mann spricht von Liebe aus der Erfahrung und dem Erleben eines Mannes!

Die Frau spricht von Liebe aus der Erfahrung und dem Erleben einer Frau!

Da die Liebespartner nicht wissen, dass sie zwar das gleiche Wort ›Liebe‹ gebrauchen, für sie jedoch ganz unterschiedliche Bedeutungen und Erfahrungen damit verbunden sind, reden und leben sie in einer zuweilen extremen Weise aneinander vorbei. Sie leben in zwei Welten der Liebe und sie sprechen zwei Sprachen der Liebe: die weibliche und männliche Welt der Liebe und die weibliche und männliche Sprache der Liebe.
Wenn das so ist, dann liegt darin ein Grund, warum sich Mann und Frau nur schwer verständigen können – ein Grund für den ständigen Kampf der Geschlechter und den Beziehungskrampf.

Thesen dieses Abschnitts

- Mann und Frau erleben Liebe auf unterschiedliche Weise.
- Sie leben in der männlichen und weiblichen Welt der Liebe.
- Ihre ›Erfahrung Liebe‹ ist von Bedrängtheit und Vernachlässigung geprägt.

Enge und Mangel – die Atmosphäre der Liebe

Weder Mann noch Frau erleben Liebe als Liebe. Ihre Wahrnehmung der Liebe ist verzerrt. Daraus resultieren grundlegende Konflikte.

Ich bat Männer und Frauen, das andere Geschlecht zu kritisieren. Die folgenden Zitate sind Aussagen, die in dieser oder ähnlicher Form immer wiederkehren und hinter denen sich die jeweilige ›Erfahrung Liebe‹ verbirgt:

»Ständig soll ich etwas beweisen. Dass ich sie schön finde, dass sie die Einzige in meinem Leben ist, dass ich sie noch liebe, dass ich sie nicht verlassen werde …«

»Wenn ich den Satz ›Du sollst …‹ höre, mache ich schon die Schotten dicht.«

»Ich möchte einfach mal nur bei ihr sein können, ohne dass sie etwas will, einfach nur so da sein und nichts sollen oder tun oder müssen.«

»Sie sitzt den ganzen Tag zu Hause und wartet auf mich. Wenn ich

»Nur nichts wollen von ihnen, dagegen sind sie allergisch. Ich versteh's nicht. Entweder will ich zu viel oder die Männer sind zu sparsam.«

»Warum fliehen Männer? Warum laufen sie davon? Warum können sie sich nur so schwer mitteilen?«

»Warum ist Nähe für ihn so erschreckend? Warum verhält er sich oft, als gäbe es mich nicht, als sei ich nicht da?«

»Die Wünsche der Frau sind ihnen lästig. Das betrifft dann schon

dann nach Hause komme, soll ich für sie da sein.«

»Wenn ich später als geplant nach Hause komme, kann ich die Spannung schon auf der Treppe wittern, dann liegt was in der Luft.«

»... das geht bis in die Sexualität hinein. Da wirft sie mir vor, wie lange wir nicht miteinander geschlafen haben ...«

»Ich habe schon noch Lust, mit ihr zu schlafen. Ich verstehe bloß nicht, warum sie nicht will.«

wieder ihre Freiheitsgefühle! Sie wollen lieber ihre Ruhe haben.«

»Wie kann ich einem Mann nahe sein, sehr nahe sein, ohne ihn zu bedrängen oder gar zu vertreiben?«

»Sicher liebt er mich noch, aber nicht als Frau. Dafür hat er seine Bekanntschaften.«

»Was bedeutet Sexualität für Männer? Warum fühlen sie so wenig dabei?«

Hinter all diesen Fragen und Aussagen stecken Erfahrungen, die auf ein unterschiedliches Erleben der Liebe durch Mann und Frau hinweisen.
Für den Mann scheint Liebe im Zusammenhang mit Forderungen und Bedrängtheit zu stehen. Die Atmosphäre, in der er Liebe erlebt, ist eine Atmosphäre der Enge. Im genau entgegengesetzten Zusammenhang von Vernachlässigung und Ausgeschlossenheit erfährt die Frau die Liebe. Die Atmosphäre, in der sie Liebe erlebt, ist eine Atmosphäre von Mangel.
Heikes Mann macht Wanderurlaub mit einem Freund. Jeden Morgen kommt ein Brief von ihm an:
»Zuerst habe ich mich sehr gefreut, weil es schön war, jeden Tag zum Briefkasten zu gehen und etwas von ihm zu finden. Aber nach vier oder fünf Tagen habe ich angefangen, etwas in den Briefen zu suchen. Irgendwas fehlte. Ich las sie wieder und wieder, bis mir klar wurde, was ich suchte. Es war ein Satz wie ›Ich vermisse dich‹

oder ›Du fehlst mir‹. Stattdessen schrieb er, wie gut es ihm geht. Es wurde ein echtes Problem für mich. Meine Gefühle redeten mir ein ›Wie kann es ihm so gut gehen ohne mich?‹ Nach einer Weile war ich davon überzeugt, dass er mich nicht braucht und mich nicht wirklich liebt, weil er mich nicht vermisste. Ich fing an, mich elend und verlassen zu fühlen. Dabei war gar nichts zwischen uns vorgefallen. Aber ich konnte nichts gegen meine Gefühle machen.«

Auch in diesem Beispiel wird deutlich, dass die Wahrnehmung des Ereignisses ›Briefe von ihm‹ für Heike in einem bestimmten Zusammenhang geschieht, und dieser Zusammenhang heißt Mangel. Obwohl nichts Konkretes vorgefallen ist, stellen sich Gefühle der Vernachlässigung und des Mangels ein, unter denen Heike leidet.

Doch auch ihr Freund Hans bleibt nicht verschont. Bei seiner Rückkehr erwartet ihn eine ängstliche und misstrauische Frau, die ihn zur Rede stellt und eine Erklärung erwartet. *»Wieso hast du mich nicht vermisst?«* Hans fühlt sich bedrängt, und das umso mehr, als er sich auf das Wiedersehen gefreut und einen sanften Empfang erwartet hatte. Hans gerät in die typisch männliche Wahrnehmung der Liebe im Zusammenhang mit Enge. Sofort stellen sich die Gefühle der Bedrängtheit bei ihm ein.

Enge:

»Jetzt schreibe ich dir schon jeden Tag und du bist immer noch nicht davon überzeugt, dass ich dich liebe. Was muss ich denn noch machen, um es dir recht zu machen, um dir zu zeigen, dass mir wirklich etwas an dir liegt?«

Mangel:

»Wie kannst du mich lieben, wenn du mich nicht einmal vermisst? Wie kannst du behaupten, dass du mich liebst, wenn es dir so gut geht ohne mich? Wahrscheinlich geht es dir so gut, gerade weil ich nicht bei dir war!«

Der Streit ist da, und wieder machen die Partner zwei unterschiedliche Erfahrungen, die Erfahrung der Enge und des Mangels.

»Ich fühle mich unter Druck gesetzt. Sie verlangt etwas Unmögliches von mir.«

»Ich fühle mich vernachlässigt. Das ist mir zu wenig Liebe.«

Die Enge/Mangel-Atmosphäre hat sich wieder einmal durchgesetzt. Wenn sich Partner in dieser Atmosphäre aufhalten (und das ist in Konflikten zumeist der Fall), ist es bedeutungslos, was in der Partnerschaft wirklich geschieht. Der Kontext von Enge und Mangel, den jeder Partner mitbringt, lässt die entsprechenden Gedanken und Gefühle entstehen – nämlich Enge- und Mangelgefühle. Diese Gedanken und Gefühle sind so massiv, dass keiner der Partner sich vorstellen kann, mit seiner Interpretation falsch zu liegen.

Beweise

Die starken Gefühle scheinen die Richtigkeit der eigenen Wahrnehmung zu beweisen. Sie scheinen der Überzeugung der Partner Recht zu geben, die sagt:

»Sie liebt mich nicht. Sie will mich anders, als ich bin!«

»Er liebt mich nicht, denn er nimmt mich nicht wahr!«

Gefühle der Enge und des Mangels werden zum Beweis der eigenen Überzeugung und zur Grundlage der Auseinandersetzung. An diesen Gefühlen glauben Partner zu erkennen, dass der andere sie ›nicht wirklich‹ oder ›nicht richtig‹ liebt.

»Wenn sie mich lieben würde, könnte sie mich nicht so bedrängen!«

»Wenn er mich lieben würde, würde er es doch zeigen!«

Wenn er/sie mich lieben würde, würde ich das erkennen – das glauben Mann und Frau. Doch woran versuchen sie zu erkennen, ob der andere sie liebt?

Marisa ist seit fünf Monaten mit ihrem Freund Georg zusammen. Sie leben in getrennten Wohnungen, verbringen jedoch viel Zeit miteinander. Seit einigen Wochen überschattet der Kontext »Mangel« Marisas Wahrnehmung der Beziehung:

»Ich habe das Gefühl, dass etwas fehlt in unserer Beziehung. Etwas, das dazugehört. Es ist so, als ob ich das nicht von ihm bekomme. Manchmal geht es so weit, dass ich mir nicht sicher bin, ob er mich liebt. Ich frage mich, ob er wirklich der richtige Partner für mich ist. Dies Gefühl schleicht sich allmählich ein und macht mich unsicher. Dabei kann ich nicht mal genau sagen, was mir eigentlich fehlt.«

Marisa und ihr Freund nehmen Paarsitzungen. In einer dieser Stunden machen wir eine Fantasie. Marisa soll sich vorstellen, mit ihrem Freund in einer Weise zusammenzuleben, in der sie ganz sicher sein könnte, dass er sie liebt. Woran könnte sie das erkennen?

»Wir leben in einem Haus miteinander. Wenn er nach Hause kommt, freut er sich, mich zu sehen, und begrüßt mich mit einer schönen Umarmung. Wir haben ein offenes und zärtliches Verhältnis zueinander. Sex ist wichtig, dafür haben wir viel Zeit und sind uns sehr nahe dabei. Wir unternehmen viel gemeinsam. Wir haben Kinder, die gehören dazu. Ich habe meine Arbeit vorübergehend aufgegeben, weil ich mich für eine Weile vorwiegend um die Kinder kümmern will.«

Marisa arbeitet in der Werbeabteilung eines großen Unternehmens. Finanziell ist sie unabhängig. In ihren Sehnsüchten löst sie diese materielle Selbstständigkeit in einer familiären Verbindung auf. Ihre Fantasie von wirklicher Liebe ist gefüllt mit Bildern der Verbundenheit und Gemeinsamkeit. Wenn alles genau so wäre, wenn Georg sich auf all das einlassen würde, dann könnte sie ganz sicher sein, dass er sie wirklich liebt.

»Dass sie ihm einfach wichtiger ist als alles andere.«
(Kommentar Gabriele)

Um das zu tun, müsste Georg auf einiges verzichten, was ihm am Herzen liegt. Und gerade an seiner Bereitschaft, für sie zu verzichten, würde Marisa seine Liebe zu erkennen glauben.
Auch Georg hat eine Veränderung im Klima seiner Beziehung zu Marisa wahrgenommen. Er hat sich vor zwei Jahren scheiden lassen und seinen fünfjährigen Sohn bei seiner Frau zurückgelassen.
»Ich war in dieser Ehe ständig unter Druck. Es gab immer etwas, das ich machen oder lassen sollte. Es hat mich unter Druck gesetzt, ihr geben zu sollen, was sie verlangte. Dabei habe ich nie herausgefunden, was sie eigentlich von mir wollte. Es konnte nicht gut gehen. Aber eines hab' ich gelernt: Ich lass' mich nicht noch mal so unter Druck setzen, auch nicht von Marisa.«
Wie in seiner letzten Ehe scheint der Druck auch diesmal von der Frau auszugehen, und wieder reagiert Georg empfindlich darauf. Wie sähe für ihn die ideale Beziehung aus und woran würde er erkennen, dass Marisa ihn ›wirklich‹ liebt?
»Mir gefällt es sehr gut, eine eigene Wohnung zu haben und doch nahe bei ihr zu leben. Das kann ruhig so bleiben. Wir sehen uns nur, wenn wir beide es wollen und machen etwas Schönes miteinander. Ich bin nicht gezwungen, mit Marisa zusammenzusein. Wenn ich vor dem Fernseher hängen will, tue ich es, und niemand kann etwas daran aussetzen oder mich daran hindern. Wenn ich ausgehen will, mach' ich es, und niemand hält mich davon ab. Ich muss nichts Bestimmtes tun und trotzdem lieben wir uns.«

Georgs Fantasie enthält Bilder der Ungebundenheit und Freiheit. Wenn alles so wäre, dann wüsste er, dass Marisa ihn ›wirklich‹ liebt. So unterschiedlich sind die Kriterien, an denen die Partner die Liebe des anderen erkennen wollen:

ER erkennt ihre Liebe an dem Freiraum, den sie ihm lässt, und daran, dass sie nichts von ihm erwartet, was er nicht selbst will.

SIE erkennt seine Liebe an seiner Bereitschaft, sich zu binden und etwas für sie aufzugeben.

Da sich die Sehnsüchte der Partner widersprechen, ist es nur eine Frage der Zeit, bis sie aufeinander prallen. Die beiden sind erst fünf Monate zusammen, doch die verborgenen Ängste vor Enge und Mangel gewinnen an Einfluss auf ihre Beziehung. Es kommt zu Streit. Dieser beruht allerdings nicht darauf, dass Georg und Marisa sich nicht lieben – im Gegenteil. Je näher sie sich kommen, je mehr sie sich füreinander öffnen, desto größer werden ihre Ängste. Mit der Zunahme der Ängste werden auch die Reaktionen auf geringste oder vermutete Anzeichen drohender Beengung oder Vernachlässigung heftiger. Streit und Missverständnisse zwischen den Partnern nehmen zu, ein Dauerkonflikt entsteht.
So fängt der Beziehungskrampf an. Es ist nicht übertrieben zu behaupten, dass die meisten Vorwürfe und Streitereien von Partnern aus ihrer gegensätzlichen Wahrnehmung der Liebe im Zusammenhang mit Enge und Mangel resultieren. Das Tragische an dieser Situation ist, dass weder Mann noch Frau fähig sind, die Realität der Ereignisse zu erfassen, die lautet:

Der Mann trägt die Brille ENGE!

Die Frau trägt die Brille MANGEL!

Beide, Mann und Frau, haben eine Brille auf, die ihre Wahrnehmung färbt. Die Brillen Enge und Mangel wirken wie Filter zwischen der Innen- und Außenwelt. Was außen passiert, kommt innen ganz anders an.

Die Enge/Mangel-Brille der Liebe gibt allen Erlebnissen und Ereignissen der Beziehung die Farbe und den Geschmack von Enge oder Mangel.

Diese geschlechtsspezifische Wahrnehmung der Liebe ist jedoch mehr als eine Brille, die lediglich die Sicht trübt. Sie bestimmt Gefühle füreinander und Vorstellungen und Überzeugungen voneinander. Gerade weil diese Wahrnehmung so vollständig ist, stellen die Partner sie nicht in Frage. Darin liegt ihre Macht und ihre Gefahr, denn unter ihrem Einfluss können wir die Realität der Ereignisse und die Bedeutung des Verhaltens des Partners nicht klar erkennen.
Als ich die Entdeckung des Enge/Mangel-Zusammenhangs der Liebe machte, wurde ich neugierig zu erfahren, wie verbreitet diese geschlechtsspezifische Wahrnehmung ist. In der Folgezeit habe ich hunderten Partnern die gleiche Frage gestellt. *»Wenn Sie in einer Beziehung sind, was ist dann Ihre größte Angst?«* Die Antworten haben sich zu 95 Prozent im entsprechenden Kontext befunden:

Mann	Frau
• *Meine Freiheit zu verlieren!*	• *Dass er mich verlässt!*
• *Von ihr vereinnahmt zu werden!*	• *Dass er meine Liebe missbraucht!*
• *Zu sehr eingeschränkt zu werden!*	• *Hängengelassen zu werden!*
• *Nicht mehr unbefangen das machen zu können, was ich will!*	• *Von ihm benutzt zu werden!*
• *Nicht mehr zu wissen, was ich will!*	• *Aus seinem Leben ausgeschlossen zu sein!*
• *Dass sie sich an mich hängt!*	• *Nicht genügend beachtet zu werden!*
• *Mich für sie verantwortlich zu fühlen!*	• *Mich für ihn aufzugeben!*

Machen Sie die Probe aufs Exempel. Fragen Sie Männer und Frauen aus Ihrem Bekanntenkreis, fragen Sie sich selbst. Achten Sie auf die erste, spontan auftauchende Antwort.
Das ist eine gute Möglichkeit, den Kontext Ihrer Liebe zu entdecken. Sie werden feststellen: Es gibt nahezu keinen Konfliktpunkt zwischen Mann und Frau, der nicht von dieser gegensätzlichen Wahrnehmung bestimmt ist.
Was also, wenn ihre Wahrnehmung den Partnern etwas Falsches einredet? Wenn sie ihre Vorstellung voneinander und Gefühle zueinander manipuliert? Wenn es gar nicht so ist, wie diese Gefühle es glauben machen?

Dann sind Mann und Frau Opfer ihrer Wahrnehmung und ihre Kämpfe sind sinnlos.

Wenn diese Wahrnehmung jedoch der Realität entspräche, dann könnten die Partner sich das Verhalten des anderen nicht gefallen lassen. Dann müssten sie den Kampf aufnehmen – den Kampf um Liebe. Und da sie von der Wahrheit ihrer Wahrnehmung zweifelsfrei überzeugt sind, tun sie das.

Thesen dieses Abschnitts

- Liebe ist eine geschlechtsspezifisch unterschiedliche Erfahrung.
- Mann und Frau erleben Liebe in einem bestimmten Zusammenhang:
  - der Mann im Zusammenhang mit Enge,
  - die Frau im Zusammenhang mit Mangel.

Die grosse Schlacht

Die Wahrnehmung der Liebe im Kontext von Enge und Mangel führt geradewegs in die grosse Schlacht: den Kampf der Geschlechter gegen Enge und Mangel.

Halten wir fest: Mann und Frau erleben Liebe subjektiv verfärbt. Aus dieser Wahrnehmung heraus reagieren sie vor allem emotional aufeinander, was zu Streit und Konflikten führt. Die Gefühle und Gedanken, die dem Zusammenhang von Liebe mit Enge und von Liebe mit Mangel entspringen, sind unangenehmster Art.

»Sie will mich binden«,
»Ich bekomme Beklemmungen«,
»Mir stockt der Atem«

sind Worte, mit denen Er sein Empfinden verdeutlicht.

»Er lässt mich links liegen«,
»Er beachtet mich nicht«,
»Manchmal fühle ich mich, als ob es mich gar nicht gibt«

sind Worte, mit denen Sie ihr Erleben beschreibt.

Besonders unerträglich ist, dass Mann und Frau sich gerade von dem Menschen bedrängt oder vernachlässigt fühlen, der ihnen am nächsten steht und den sie lieben. Solche Gefühle tun weh, solche Gefühle und Überzeugungen verursachen seelische Schmerzen. Mehr Schmerzen, als die Partner in den emotionalen Stresssituationen des Streits und Zwiespalts verkraften können. Also versuchen sie, diese Gefühle zu vermeiden und etwas dagegen zu tun. Sie beginnen damit, gegen die Gefühle der Enge und des Mangels zu kämpfen. Der Partner scheint der Verursacher dieser Gefühle zu sein.

»Wenn SIE mich nicht bedrängen würde, würde ich keine Beklemmungen haben.«

»Wenn ER mich nicht abweisen würde, brauchte ich mich nicht vernachlässigt zu fühlen.«

Wenn der Partner Verursacher der eigenen Schmerzen ist, dann gilt es, sein Verhalten zu verändern. Wie aber soll das geschehen? Indem man ihm klarmacht, dass er Falsches tut und von ihm fordert, etwas anderes zu tun. Mann und Frau versuchen das. Dieser Schmerz-Abwehrkampf beginnt mit gegenseitigen Vorwürfen:

»Du bedrängst mich!«

»Du weist mich ab!«

und geht mit Forderungen weiter:

»Lass mir mehr Raum!«

»Lass dich auf mich ein!«

Diese Forderungen sollen Gefühle von Enge und Mangel verhindern und Situationen der Freiheit und Nähe herstellen. Doch der andere kann und will unsere Forderungen nicht erfüllen.

Würde der Mann ihren Forderungen nach Nähe nachgeben, würde er sich erst recht beengt fühlen, denn er hätte seine Liebe ja nicht freiwillig gegeben. Er würde sich gezwungen fühlen.

Würde die Frau seinen Forderungen nach Bewegungsfreiheit nachgeben, müsste sie sich erst recht vernachlässigt fühlen, denn sie würde auf etwas verzichten, das sie unbedingt haben will.

Also gibt keiner nach. Jeder beharrt auf seinem ›Recht‹ und kämpft weiter. Der Abwehrkampf der Partner wird zwar immer wieder von Phasen der Erschöpfung oder wieder aufkeimender, liebevoller Verbundenheit unterbrochen; doch bei der nächsten Gelegenheit flammt er wieder auf.

»Von Zeit zu Zeit will sie so was wie eine Bilanz unserer Beziehung ziehen. Dann rechnet sie mir vor, was alles passiert oder nicht passiert ist, aber hätte passieren sollen, und was sie alles vermisst. Sie versucht, mich in die Ecke zu treiben. Ich hasse diese Art von ihr.«

»Wenn ich mit ihm reden will, stellt er den Fernseher an und besteht darauf, dass das Ding während unserer Unterhaltung läuft. Ich habe dann das Gefühl, er hört mir nicht zu und sieht mich nicht, weil er mich auch nicht anschaut. Das macht mich rasend. Eine Weile halte ich es durch, dann gebe ich auf.«

Dieses Paar ist seit neun Jahren zusammen. Sie lieben sich immer noch, aber an einem bestimmten Punkt ihrer Beziehung bleiben sie stets hängen: an den Gefühlen der Bedrängtheit und Vernachlässigung. Sobald das Thema aufkommt, beginnt der Kampf. Er will sich mehr Raum verschaffen, sie sich mehr Nähe:

ER macht den Fernseher an, um ihren Angriffen weniger ausgesetzt zu sein. Sobald es ihm zu heiß (zu eng) wird, kann er auf das Geschehen im Fernseher ausweichen.

SIE versucht, an ihn heranzukommen, unterhält sich trotz Fernseher mit ihm, bemüht sich um Verständigung und Nähe. Schließlich gibt sie auf und geht.

Aber dieser Konflikt ist nicht gelöst. Er schwelt unter der Oberfläche weiter und kann jederzeit ausbrechen – dann mit großer Intensität und Wucht.

Auf diese Weise geht die Abwehrschlacht von Mann und Frau ihrem Höhepunkt entgegen – der offenen Auseinandersetzung, bei der alle Mittel und Waffen eingesetzt werden bis hin zu absurden Anschuldigungen:

»Du lässt mir NIEMALS Ruhe!«

»Du bist NIE für mich da!«

DIE ABWEHRHALTUNG

In der Schmerz-Abwehrschlacht finden wir Mann und Frau ineinander verhakt. Durch ihr Verhalten treiben sie die Spirale des Kampfes höher und höher, denn was immer der eine tut, dient dem anderen als Bestätigung seiner Ängste und Befürchtungen und als Beweis seiner Überzeugungen. Ein Bild soll das Verhalten der Partner im Abwehrkampf verdeutlichen:

Der Mann steht mit ausgestreckten Armen da und versucht, die Frau von sich zu halten: ›Komm mir nicht zu nahe!‹

Die Frau versucht, den Mann mit ihren Händen zu erreichen und sich an ihn heranzuziehen: ›Lass mich an dich ran!‹

Jetzt fühlt er sich wirklich bedroht. Er setzt alles daran, sie auf Abstand zu halten: ›Hör auf, an mir zu zerren!‹

Woraufhin sie sich erst wirklich abgewiesen fühlt und noch mehr Kraft aufwendet, seine Liebe und Aufmerksamkeit zu bekommen: ›Zeig dich doch mal – oder bin ich dir egal?!‹

Derart in die Enge getrieben, fängt der Mann an, sich in sein Inneres zurückzuziehen und einen festen Ring aus Kälte und Unnahbarkeit um sich zu legen.

Was die Frau verzweifeln lässt und dazu veranlasst, alles Erdenkliche zu tun, ihn zu berühren, ihn zu erweichen, zu ihm durchzudringen.

Schließlich hängen beide fest, denn nichts geht mehr. Sie sind in der Sackgasse des Beziehungskrampfes angelangt.

In diesem Kampf befindet sich jedes Paar, jede Beziehung, jede Ehe früher oder später einmal. Viele Partner finden sich über Jahre oder Jahrzehnte immer wieder auf diesem Schlachtfeld der Liebe wieder. Es mag sein, dass hin und wieder die Seiten getauscht wer-

den und der Mann der bedrängende und die Frau der abwehrende Teil wird. Doch in den allermeisten Fällen ist es der Mann, der sich einmauert und zurückzieht, und die Frau, die ihm nachrückt und ihn erreichen will.
Warum das so ist, dazu komme ich später. Betrachten wir zunächst die Positionen in der Abwehrschlacht genauer.

Die Ja/Nein-Falle

Sobald der Mann davon überzeugt ist, von der Frau bedrängt zu werden (und früher oder später ist er mit Sicherheit davon überzeugt), reagiert er mit Ablehnung. Das ist der Punkt, an dem er anfängt, sich davonzumachen.

Er fürchtet sich. Er flüchtet. Er mauert sich ein. Er lässt nichts mehr an sich herankommen. Er sendet Botschaften verbaler und nonverbaler Art, die aussagen: ›Lass mich in Ruhe, bedränge mich nicht, verlange nichts von mir, quäle mich nicht.‹

Dieses Verhalten kennt und fürchtet, glaube ich, jede Frau.

Was geht im Mann vor, was veranlasst ihn zu diesem Handeln?

»Ich bekomme dann das Gefühl, sie will mich an sich ranziehen. Dann kriege ich Platzangst. Wenn ich nicht aufpasse, werde ich überrollt oder verschluckt.«

»Ich muss aufpassen, ich muss misstrauisch sein, sie will mir etwas anhängen.«

Das sind beispielhafte Überzeugungen, die den Mann zum Abwehrkampf motivieren. Hinter dem Versuch, die Frau auf Abstand zu halten, steckt zudem noch die Befürchtung, ihrer Nähe nicht mehr entkommen zu können, wenn er sich erst einmal darauf eingelassen hat. Im Begehren der Frau fühlt sich der Mann wie die Fliege im Netz der Spinne gefangen. Er muss aufpassen, sonst wird er ›ausgesaugt‹ oder ›verschluckt‹.

Sein Bemühen, Distanz zu halten, entpuppt sich als Selbstschutz, entpuppt sich als Versuch, seine emotionale Unabhängigkeit zu bewahren, die er zu verlieren fürchtet.

Der Mann hält sich die Frau ›vom Leibe‹. Das bedeutet aber nicht, dass er ohne sie sein will, dass er Beziehung oder Partnerschaft ablehnt. Auch er will in Beziehung sein! Wenn er sich aber auf Dauer der Frau verweigert, wird sie ihn früher oder später verlassen. Also kann er sich kein dauerndes NEIN ihren Wünschen gegenüber leisten.

Jetzt sitzt der Mann in der Klemme. Er wagt es nicht, offen Nein zu sagen, kann es aber auch nicht riskieren, mit Ja zu handeln und die Frau zu sich zu lassen.

Erika: »*Was mich wahnsinnig macht ist, dass er alles so verpackt. Er ist nie direkt, manchmal sagt er direkt das Gegenteil von dem, was er will. Wenn ich ihn anrufe und frage, ob ich zu ihm kommen kann oder ob es ihn stört, sagt er immer, ich könnte kommen. Wenn ich dann bei ihm bin, ist er oft nicht ansprechbar, dann hat er was anderes zu tun. Ich kann damit nicht umgehen, weil ich nicht weiß, ob es jetzt an mir liegt, dass er so abwesend ist, oder woran ich eigentlich mit ihm bin. Dann fühl' ich mich wie abgestellt, werde sauer und der Streit geht los.*«

Der Bericht dieser Frau schildert eine typische Situation, in welche die Frau durch die Ja/Nein-Falle gerät: die doppelten, sich widersprechenden Botschaften des gleichzeitigen Ja und Nein.

Der Mann hat eine Strategie entwickelt, um mit der Situation der Enge fertig zu werden. Er sagt JA und handelt NEIN. Seine verbale Kommunikation steht im Widerspruch zu seinem Fühlen und Handeln. Aus Angst, die Partnerin zu verlieren, bemüht er sich äußerlich, ihren Forderungen nachzukommen, für sie da zu sein, es ihr recht zu machen. Doch in seinem Inneren lehnt er ihre Erwartungen ab und distanziert sich. Die Beweise seiner Zuneigung sind zögernd, seine Küsse flüchtig, sein Sex ist leer, seine Liebe halbherzig, seine Aufmerksamkeit widerstrebend.

Jetzt wird seine ganze Haltung im Abwehrkampf deutlicher: Er hält einerseits die Frau auf Abstand (NEIN) und andererseits verhindert er, dass sie geht (JA). Seine Hände halten sie fern und fest zugleich. Er lässt sie ›in der Luft hängen‹ und ›am ausgestreckten Arm verhungern‹. Seine wirkliche Botschaft an die Frau ist doppelter Art: ›Komm mir nicht zu nahe, aber verlasse mich auch nicht. Fordere nichts, aber bleib bei mir.‹

»Eine Sauerei, aber ich kenne es auch von mir.«

(Kommentar Klaus)

»So eine Situation macht mir Angst. Ich bemühe mich dann besonders um ihn.«

(Kommentar Gabriele)

Der Mann hält die Frau in der Ja/Nein-Falle gefangen. Er gibt ihr nicht, was sie ersehnt, was sie begehrt, aber er verspricht ihr genug, um sie zu halten. Mit dieser doppelten Botschaft verunsichert er die Partnerin nicht nur, er treibt sie regelrecht in die Verzweiflung.
Trude: *»Vorige Woche hat er mir versprochen, für ein paar Tage mit mir wegzufahren. Heute will er nicht mehr, er fühlt sich nicht danach. So geht das ständig. Hüh und hott, hin und her. Ich kann mich nicht auf ihn verlassen. Erst sagt er ja, wenn ich mit ihm tanzen gehen will, dann tut ihm im letzten Augenblick der Rücken weh. Es ist zum Verrücktwerden.«*
Die Ja/Nein-Falle ist eine Zwickmühle. Wenn die Frau zu ihm will, hält der Mann sie fern. Wenn sie jedoch droht, ihn zu verlassen, dreht sich sein Verhalten um, denn jetzt bekommt er Angst. Jetzt können wir beobachten, wie er ihr Liebe und Besserung verspricht.
Peter: *»So gibt es bei mir immer eine Art von Unentschlossenheit, Uneindeutigkeit, ein Verhalten, das Laura immer in mittlerer Reichweite zu halten sucht. Nicht ganz nah ranlassen, aber auch nicht allzu weit fortgehen lassen. Kam sie zu nahe, habe ich mich zugeschlossen, drohte sie fortzugehen, bin ich hinterher, um sie festzuhalten. Ich habe sie immer auf mittlerer Reichweite gehalten.«*
Der Mann, der diese Worte schrieb, hat nach sechzehn Jahren Ehe und Kampf seine doppelte Botschaft entdeckt. So lange und eine Partnerberatung hat es gedauert, bis ihm klar wurde, was er seiner Frau zumutete.

Abstoßen und festhalten, Versprechungen geben und nicht einhalten, Halbwahrheiten und Lügen, Beteuerungen und Verharm-

losungen sind Mittel, mit denen Männer die Ja/Nein-Falle errichten und aufrechterhalten.
Die Frau wartet, hofft, bemüht sich, doch vergebens. Wonach sie sich sehnt, geschieht nicht, worauf sie wartet, bleibt aus. Sie erschöpft sich in ihren Anstrengungen, ihn zu erreichen und verliert ihre Kraft im Bemühen, von ihm angenommen zu werden. Mit der Ja/Nein-Falle entzieht der Mann der Frau den Boden.
In der Errichtung der Ja/Nein-Falle liegt ein wesentlicher Anteil des Mannes am Geschlechterkampf. Seine ›Schuld‹ liegt in der Unklarheit und Zweideutigkeit seines Verhaltens, mit dem er die Partnerin und letztlich auch sich selbst verletzt, denn seine – für die Frau unverständliche und undurchschaubare – Abwehr animiert sie zu weiteren, intensiveren Versuchen, ihn zu erreichen. So trägt er unbemerkt zu dem Druck bei, unter dem er selbst am meisten leidet.

Der Empfindsamkeitstest

Auch die Frau befindet sich im Abwehrkampf. Sobald sie in der Beziehung davon überzeugt ist, vernachlässigt zu werden (und früher oder später ist sie mit Sicherheit davon überzeugt), reagiert sie mit Anstrengung und Bemühen.
Vielleicht hat er ihren Geburtstag vergessen, sich nicht positiv über ihr neues Kleid geäußert, einer anderen Frau begehrliche Blicke zugeworfen oder ist zu lange außer Haus geblieben. Vielleicht hat er sie belogen, beschwindelt, ihre Fragen unklar beantwortet oder sich in Schweigen versenkt. Das alles nimmt sie als Beweis dafür, wie richtig ihre Mangelwahrnehmung ist, die ihr einflüstert ›Er will dich nicht, er will dich nicht wirklich‹. Dann setzt sich ihre unbewusste Erwartung von Schmerz durch und sie beginnt ihrerseits mit der Abwehr des befürchteten Mangels.
Dazu versucht sie, Beweise seiner Liebe und Zuneigung zu erhalten. In dieser Situation ist ihr die Liebe des Mannes nicht genug. Nicht tief genug, nicht intensiv genug, nicht überzeugend genug, nicht sicher genug. Sie ist verunsichert, verängstigt, misstrauisch.

»Ich suchte ihn, bettelte, bemühte mich, bedrängte ihn. Ich wollte um jeden Preis etwas Liebe von ihm spüren. Manchmal fand ich mein Gebettel zum Kotzen und habe trotzdem weitergemacht.«
(Kommentar Gabriele)

Wie könnte sie ihn und seine Zuneigung gewinnen? Indem sie etwas für ihn tut, indem sie sich um ihn bemüht. Indem sie ihn verwöhnt. Indem sie ihn bestätigt. Indem sie sich ihm anpasst. Aber auch davon fühlt der Mann sich bedrängt. Alsbald muss die Frau zu stärkeren Mitteln greifen.
Eine Klientin verbrachte eine Woche bei ihrem neuen Freund, mit dem sie erst wenige Monate zusammen war.
»Während der ganzen Woche habe ich darauf gewartet, dass er

etwas Schönes zu mir sagt. Etwas wie ›Ich liebe dich‹ oder in dieser Art. Wir verbrachten eine schöne Zeit miteinander, aber er sagte es nicht. Ich bekam Zweifel und es wurde immer schwieriger für mich, das Zusammensein mit ihm zu genießen. Ich wollte Gewissheit über seine Gefühle zu mir, ich wollte diesen Satz hören. Beim Abschied hat er mir dann gesagt, dass es sehr schön für ihn war und er mir noch näher kommen möchte. Doch ich war mittlerweile schon so wütend auf ihn, dass ich es nicht mehr hören wollte.«
Aus ihrer Wut heraus schleuderte sie ihm die Worte *»Jetzt brauchst du es auch nicht mehr zu sagen«* entgegen und rauschte ab. Zurück blieben ein verstörter Mann und eine enttäuschte Frau. Es dauerte eine Woche und erforderte mühsame Gespräche, bis die beiden wieder zueinander fanden.

Im Abwehrkampf drängt die Frau den Mann zu ständigen Beweisen seiner Liebe. Doch er bleibt diese Beweise schuldig. Im Gegenteil, er wehrt sich dagegen. Das erregt die Frau noch mehr. Was sie so aufregt, lässt ihn scheinbar kalt, denn er erscheint teilnahmslos, abwehrend und kühl. Während sie sein Herz erreichen will, seine Gefühle, sein Inneres, steht er da und ist unerreichbar, ist ›zu‹. Doch die Frau will Gefühl, will ihn spüren, will wissen, was in ihm vorgeht und woran sie mit ihm ist. ›Zeig mir, dass du mich liebst, dass ich dir noch etwas bedeute‹ ist ihre Forderung.
Während der Mann versucht, ihr zu entkommen, legt die Frau erst richtig los. Sie will ein Zeichen, will seine Aufmerksamkeit erzwingen. Sie tut alles Erdenkliche für ihn – oder sie bewirft ihn mit Vorwürfen, Fragen, stürmt auf ihn ein, macht ihm Szenen. Sie berennt ihn mit Gefühl, mit der Kraft ihrer Verzweiflung, um ein Echo seines Herzens zu erhalten.
Wenn sie sicher sein könnte, dass er sie nicht liebt, dass er nichts mehr für sie empfindet, würde sie ihre Bemühungen sogleich aufgeben. Aber sie bekommt kein eindeutiges Zeichen, kein eindeutiges Gefühl. Krampfhaft hält der Mann die Fassade der Unnah-

barkeit aufrecht, eine Fassade, hinter die die Frau nicht blicken kann. Sie ist davon überzeugt, dass er hinter dieser Mauer seine Liebe verbirgt, seine Liebe für sie – oder zumindest die Wahrheit. Da seine Fassade nicht zu durchdringen ist, versucht sie schließlich, diese zu zertrümmern.

Die Frau entwickelt ein Verhalten, das ich den Empfindsamkeitstest nenne. Der Empfindsamkeitstest ist die Fortsetzung ihres Bemühens mit aggressiven Mitteln. Da sie den Mann nicht spüren kann, versucht sie nun, ihn zu verletzen. Wenn das gelingt, wenn sie ihn zu Tränen, zu Wut oder zur Raserei bringen kann, weiß sie, dass er noch Gefühle für sie hat, weiß sie, dass sie ihm noch etwas bedeuten muss.

In der Beratung fordere ich die Partner oft dazu auf, ihr Verhalten bildlich und körperlich darzustellen. Janin geht auf die Knie und macht sich an den Beinen ihres Mannes Bernd zu schaffen. Sie hält eine imaginäre Säge in der Hand und sägt an seinen Knien. Ab und zu greift sie zur Bohrmaschine und bohrt Löcher in seine Beine. Er steht wie ein Fels in der Brandung und verzieht keine Miene. Schließlich steht sie auf und schleudert Speere in seine Brust. Er steht mit verschränkten Armen da und lässt die Speere von sich abprallen.

»Mit Bohren und Sägen und den Speeren versuche ich, ihn umzuwerfen. Ich will ihn am Boden sehen. Ich will, dass sich was regt. Ich will ihn treffen. Er soll spüren, wie es mir geht, wie es sich anfühlt, missachtet zu werden.«

Solch ein Empfindsamkeitstest kann zuweilen extreme Formen annehmen, wie das folgende Beispiel zeigt:

Roland und Renate sind seit acht Jahren verheiratet. Ihre Beziehung ist durch die oft und heftig aufflammende Abwehrschlacht stark belastet. Roland spricht kaum noch mit seiner Frau, die in Momenten extremer Verzweiflung droht, ihn zu verlassen. Sobald diese Drohung im Raum steht, wird Roland stumm und starrt auf den Boden. Eines Tages kommt er nach Hause und findet seine Comic-Sammlung zerfleddert und über den Boden des ganzen

Hauses verstreut. Er ist schockiert und fassungslos. Er kann nicht begreifen, dass sie sich auf diese Weise bemerkbar macht – weil er nicht begreift, wie sehr er sich verschlossen hat und wie sehr sie dadurch verletzt ist.

Der Empfindsamkeitstest kann aber auch in eine andere Richtung gehen. Dann regrediert die Frau. Sie wird klein, klammert sich an den Mann, bricht zusammen, droht mit Selbstmord, wenn er sie nicht liebt – um ihn zu testen. Sie tut dies, um herauszufinden, was sie ihm bedeutet.

Doch der Empfindsamkeitstest bringt nichts Gutes. Er zerstört die Gefühle der Liebe, die den Mann noch mit der Frau verbinden.

In der Durchführung des Empfindsamkeitstests liegt ein wesentlicher Anteil der Frau am Geschlechterkampf. Ihre ›Schuld‹ liegt im Klammern, im Bohren und Sägen, in der unterschwelligen oder offenen Aggressivität ihres Wollens, ihrer scheinbaren Unersättlichkeit. Doch ohne es zu wissen, ohne es zu wollen, treibt die Frau den Mann durch den Empfindsamkeitstest immer tiefer in die Abwehr, immer tiefer in einen Rückzug, an dem sie selbst am meisten verzweifelt.

In der Sackgasse

Den Empfindsamkeitstest und die Ja/Nein-Falle wenden Mann und Frau an, obwohl sie ihnen selbst schaden. Sie tun dies, weil sie nicht anders können.

Wenn die Partner in der Sackgasse des Beziehungskrampfes festhängen und nicht bemerken, dass sie selbst einen Anteil daran haben; wenn sie glauben, der andere sei schuld, dann gibt es oft nur noch den Ausweg der Trennung. Wenn die Partner aber erkennen, dass sie selbst den Partner in die Abwehr treiben – dann können sie nach Alternativen im eigenen Verhalten suchen.

Dann steht nicht der andere und sein Verhalten, sondern ich selbst und mein Verhalten im Mittelpunkt der Betrachtung. Und dann können die Hintergründe des eigenen Verhaltens sichtbar werden. Diesen Hintergründen möchte ich mich im nächsten Abschnitt widmen.

Thesen dieses Abschnitts

- Um Liebe zu erhalten und Enge und Mangel zu vermeiden, beginnen Mann und Frau den Abwehrkampf:
  - Der Mann hält die Frau in der Ja/Nein-Falle fern und fest zugleich.
  - Die Frau bemüht sich um den Mann und bedrängt ihn im Empfindsamkeitstest.
- In diesem Abwehrkampf (Abwehr von Enge und Mangelgefühlen) treiben sich die Partner gegenseitig in die Sackgasse.

2

Liebe auf dem Hintergrund von Abhängigkeit

Der soziale Hintergrund der Liebe

Mann sein heisst Verzicht.
Frau sein heisst Verzicht.
Verzicht auf eine Hälfte unserer Möglichkeiten.

Bisher habe ich mich den Konflikten von Mann und Frau gewidmet und untersucht, wofür und wogegen Mann und Frau kämpfen: gegen Enge und für Freiheit, gegen Vernachlässigung und für Nähe.
In den vorangegangenen Beispielen, den Schilderungen der Ja/Nein-Falle und des Empfindsamkeitstests wurde zugleich deutlich, dass Mann und Frau auf unterschiedliche Weise kämpfen und verschiedene Mittel in ihrem Kampf einsetzen. Man könnte sagen, er kämpft wie ein Mann, sie kämpft wie eine Frau. Er kämpft mit den Waffen des Verstandes, mit Härte und Ratio, sie mit der Kraft ihrer Gefühle, mit Hitze und Emotion.
Lassen Sie uns die Hintergründe dieses Verhaltens näher betrachten. Wie kommt es zu diesen Unterschieden? Handelt es sich um wesensmäßige Unterschiede von Mann und Frau oder ist diese offensichtliche Unterschiedlichkeit ihres Verhaltens erlernt?
Noch vor wenigen Jahrzehnten war männliches und weibliches Verhalten klar und eindeutig abgegrenzt. Heute ist das anders. (Erfolgreiche) Frauen leisten sich junge Liebhaber. Dies Privileg war früher meist Männern vorbehalten. Heute übernehmen Männer Hausarbeit. Eine Frau fängt im Weltraum Satelliten ein. Kleine Mädchen klettern auf Bäume und Jungen spielen mit Puppen.
Wir finden Männer und Frauen quasi in allen Lebensbereichen bei den unterschiedlichsten Tätigkeiten und stellen fest, dass sie diese gleich gut beherrschen. Alles weist darauf hin, dass Mann und

Frau gleiche Potenziale und gleiche Fähigkeiten besitzen und diese unter förderlichen Bedingungen auch gleich entwickeln.
Zweifellos gibt es aber deutliche Unterschiede im Beziehungsverhalten. Um diese Unterschiede zu verstehen, müssen wir einen kurzen Ausflug in die Vergangenheit machen. Gehen wir zurück, ein paar hundert, ein paar tausend Jahre, in die Kindertage der Mann/Frau-Beziehung.
In dieser Vergangenheit herrschen andere (Über)Lebensbedingungen. Von Reichtum und Überfluss kaum eine Spur. Überleben ist das Hauptanliegen der Menschen; und das Überleben in dieser Umwelt ist ständig bedroht. Sei es durch Tiere, andere Menschen oder einfach durch Hunger. Der Einzelne hat wenig Chancen. Deshalb haben sich Menschen zu Gruppen und Mann und Frau zu Familien zusammengeschlossen.
Diese Überlebenspartnerschaft bekommt den Namen Ehe, was so viel bedeutet wie ›Vertrag‹. In dieser Struktur fallen Männern und Frauen unterschiedliche Aufgaben zu. Die Geschlechter teilen die anfallende Arbeit auf. Unter den geschilderten Umständen ist das die beste Möglichkeit zur Vermehrung von Reichtum und zur Sicherung des Überlebens, einschließlich der Fortpflanzung.

Aufgabenteilung

Die Aufgabe des Mannes lag in der Sicherung des Außenbereiches. Er jagte, kämpfte, arbeitete mit Werkzeugen, sorgte für Schutz und meist für Nahrung. Die Frau kümmerte sich um den Innenbereich. Sie pflanzte, pflegte, versorgte die Kinder und sorgte für ein Minimum an Behaglichkeit.
Natürlich wurden von den Geschlechtern unterschiedliche Fähigkeiten verlangt, wenn sie ihre jeweiligen Aufgaben erfüllen wollten.

Der Mann lernte vor allem, stark und entschlossen zu sein. Er entwickelte vor allem die Fähigkeiten des Aufbaus, der Zerstörung und des Abgrenzens.

Die Frau lernte vor allem, nach innen stark, also verständnisvoll und einfühlsam zu sein. Sie entwickelte die Fähigkeiten des Behütens und des Verbindens.

Männliche Stärke in diesem Zusammenhang bedeutet die Fähigkeit zu kriegerischer Auseinandersetzung und Zerstörung und die Trennung von dabei hinderlichen Gefühlen. Natürlich hat die Frau auch Stärke entwickelt – jedoch in anderen Bereichen. Ich meine also nicht, Mann = stark und Frau = schwach. Ich meine vielmehr, Mann und Frau sind stark in bestimmten Bereichen und schwach in anderen.

Außenbereich

Der Mann entwickelte Kraft, Stärke, Entschlossenheit, Siegeswillen, Durchsetzungsvermögen, Brutalität, den Verstand der Werkzeuge und Waffen. Alle Eigenschaften, Denkweisen und Gefühle, die im weitesten Sinne mit dieser seiner Aufgabe zu tun haben, finden wir beim Mann stark entwickelt. Dafür sind Gefühle und Eigenschaften, die ihm bei der Erfüllung seiner Aufgabe im Wege standen, verkümmert. Es sind dies die lebenbewahrenden, weiblichen Eigenschaften, deren Entwicklung er der Frau überließ.

Innenbereich

Die Frau entwickelte Empfindsamkeit, Einfühlungsvermögen, erzieherische Qualitäten, liebevolle Aufmerksamkeit. Die Fähigkeit zu Zuwendung und Verständnis sind Eigenschaften, die wir auf der Frauenseite finden. Hier sind es die aggressiven, männlichen Eigenschaften, die von der Frau vernachlässigt wurden.

Einseitigkeit

Diese Aufgabenteilung war Spezialisierung. Dieser Vorteil ermöglichte Überleben, und das war das Wichtigste. Doch jede Spezialisierung bedeutet als Hinwendung zu einem Bereich auch Abwendung von anderen Bereichen. Als Konsequenz der Rollenteilung wurden Mann und Frau einseitig – sie entwickelten nur einen Teil ihrer Fähigkeiten, nämlich jenen, den sie zur Erfüllung ihrer Aufgaben brauchten. Der Preis der Spezialisierung, ihr Nachteil, war Verdrängung, war Aufspaltung bestimmter Kräfte und Eigenschaften in weibliche und männliche Qualitäten.
Aus der harten Realität des damaligen Lebens ergaben sich verschiedene Anforderungen an die Geschlechter.

Der Mann musste stark sein, um sich und seine Familie zu schützen und materiell zu versorgen.

Die Frau musste einen Mann haben, um durchzukommen und ihn und die Familie emotional versorgen.

Wer versagte, wer seine Aufgabe nicht erfüllte, verlor den Ehepartner und damit nicht nur eine materielle Stütze, sondern auch den Teil seines Selbst, den er an den Partner delegiert hatte.

Nur im Zusammensein mit der Frau und der Familie konnte der Mann die weichen Gefühle der Liebe erleben.

Nur im Zusammensein mit dem Mann konnte die Frau die Gefühle der Sicherheit, Kraft und Geborgenheit erleben.

So brauchten die Partner einander, wollten sie nicht vollständig auf das Erleben der delegierten Teile verzichten. Sie brauchten einander auf doppelte Weise, in materieller als auch in seelischer Hinsicht.
Aufgabenteilung führte also unter anderem zum Verzicht auf die Entwicklung bestimmter Fähigkeiten und menschlicher Quali-

täten. Dies ist sicherlich eine Auswirkung der Rollenteilung, der wir noch heute in Beziehungen und Partnerschaften begegnen. Verzicht bedeutet:

Dass der Mann relativ vom Erleben seiner Gefühle, vom Erleben und Beherrschen seiner Innenwelt getrennt ist.

Dass die Frau relativ vom Erleben ihrer Unabhängigkeit abgeschnitten ist, vom Erleben und Beherrschen der Außenwelt.

Aufgaben

Mann und Frau übernahmen verschiedene Aufgaben. Die Doppeldeutigkeit des Wortes ist faszinierend. Wer eine Aufgabe übernimmt, gibt etwas auf.
Die Teilung der Aufgaben führte also zur Teilung der Fähigkeiten. Zwar haben sich heute die materiellen Grundlagen der Aufgabenteilung weitgehend aufgelöst, aber dennoch spüren Partner, worauf sie verzichtet haben. Mann und Frau brauchen einander nicht mehr, um zu überleben. Die materielle Abhängigkeit ist verschwunden, aber die emotionale Abhängigkeit besteht weiterhin. Auch wenn sich die äußere, materielle Realität verändert hat, die innere, seelisch-emotionale Realität entspricht noch in großem Maße der traditionellen Aufgabenteilung. Gefühle brauchen eben viel mehr Zeit, brauchen viele Generationen, bis sie sich den veränderten Bedingungen des Lebens angepasst haben.

Botschaften

Eltern und Gesellschaft haben einen großen Anteil am Erhalt der Einseitigkeit. Die soziale Botschaft an den Mann und die Frau unserer Vergangenheit lautete:

Sei stark! Sei ein Mann! Sonst kannst du keine Familie haben! Sonst bleibst du allein!

Gib dir Mühe! Du musst einen Mann bekommen! Sonst kommst du nicht durch!

Obwohl diese Botschaften aus einer materiellen Realität stammen, die keine Gültigkeit mehr hat, die wir – zumindest in den westlichen Industrienationen – zurückgelassen haben, leben sie in unserem Inneren weiter. Wir halten sie lebendig, indem wir sie, von Generation zu Generation, auf unsere Kinder übertragen.

Wie geschieht das? Wie vermitteln Eltern solche Botschaften an ihre Kinder? Sicherlich nur teilweise willentlich und absichtlich. Doch diese Dinge übertragen sich weniger durch Worte als durch das, was wir unseren Kindern in Familie und Gesellschaft vorleben.

Der kleine Junge sieht den Vater aus dem Haus gehen und abends zurückkommen. Die Mutter ist den ganzen Tag zu Hause. Daher weiß der Junge, wo einmal sein Platz sein wird. Der Vater spricht kaum über Gefühle, aber er fragt nach den Zeugnissen. Daher weiß der Junge, was einmal von ihm erwartet wird.

»Als ich ein kleines Mädchen war, etwa fünf Jahre alt«, erzählt eine Kollegin, *»war ich froh, kein Junge zu sein. Ich wusste, dass ich nicht arbeiten muss, wenn ich einmal groß bin. Arbeiten – das wollte ich auf keinen Fall.«*

»Woher wusstest du, was Arbeit ist?«, frage ich.

»Ich wusste es nicht. Ich hatte keine Ahnung davon, außer dass man damit Geld verdient, aber ich wollte es nicht tun müssen, das hat mir Angst gemacht. Es hat einige Jahre gedauert, bis ich mich damit abfand.«

Sie wusste es nicht, niemand hat es ihr erzählt, aber sie hat es dennoch mitbekommen. Arbeiten ist das, was Vater macht. Arbeiten macht keinen Spaß, ist Kampf, und abends ist man müde. Als sie erwachsen war, musste sie dann doch arbeiten. Wen wundert es, dass diese Frau mit großen Ängsten und inneren Widerständen in den Beruf ging und Sicherheit nur allmählich fand.

Nonverbale Botschaften, vorgelebtes Beispiel, Zustimmung und Ablehnung motivieren das Verhalten unserer Kinder weit mehr als alles andere. Kein Wort muss gewechselt werden, um einem Kind zu zeigen, ob sein Verhalten richtig oder falsch ist, ob wir es billigen oder verurteilen, ob wir es für das lieben, was es tut, oder uns deshalb von ihm abwenden. Mimik, Gestik und Haltung reichen als Träger geschlechtsspezifischer Botschaften völlig aus.
Auf diesem Wege, unausgesprochen und unbemerkt, übertragen sich die wirklichen Botschaften auf die Kinder. Erwachsene leben es vor, und Kinder orientieren sich an diesen Verhaltensmodellen. Aus kleinen Jungen, die spielen, werden große Männer, die kämpfen, und aus kleinen Mädchen, die artig sind, werden Frauen, die sich an Männern orientieren.
Man könnte uns fragen, warum geben Eltern solche Botschaften an ihre Kinder weiter? Warum halten Eltern ihre Söhne von weiblichen Eigenschaften wie Sensibilität und ihre Töchter von männlichen Eigenschaften wie Aggressivität fern? Eltern wissen zumeist nicht, dass sie das tun. Sie selbst sind so. Sie können keine anderen Botschaften übertragen als die, die sie leben. Sie sind Vorbild, ihr Sein, nicht ihr Wollen bestimmt das Sein der Kinder.

Mann sein

Sich in der Außenwelt zu bewähren, stark und kampforientiert zu sein, darauf wird der Mann vorbereitet. Das war früher und ist auch heute noch so.
Ein junger Mann kommt zur Beratung. Er steht unter starkem innerem Druck, fühlt sich getrieben, gehetzt, kann nicht entspannen. Er soll die Firma seines Vaters übernehmen. Von klein auf versuchte sein Vater, ihn auf diese Aufgabe, dieses Aufgeben vorzubereiten. Ausgehend von seinen eigenen Erfahrungen in der Außenwelt gab er dem Sohn Botschaften mit auf den Weg wie ›...

Die Welt ist gefährlich, man muss hier aufpassen, Gefahr ist überall. Die Menschen sind wie Tiere, die sich zerfleischen wollen! ...‹ Extreme Botschaften, aber nicht für einen Mann. Der Vater hat eine Firma aufgebaut und manch harten Kampf, auch um den Erhalt seines Geschäftes geführt. Dabei waren männliche Fähigkeiten nützlich und er versuchte, seinem Sohn diese Erfahrungen zu vermitteln. Härte ist ein Ergebnis dieser Erziehung. Angst vor (vermeintlicher) Schwäche ein weiteres. Im Verlauf einer Sitzung erlaubt sich der Sohn, seinen Kopf in meine Hände zu legen. Jetzt bin ich sein (weicher) Vater. Erleichtert weint er. Tränen, die er nicht zeigen konnte, Schwäche, die er sich nicht eingestehen durfte, Gefühle, die er nicht haben durfte.

So oder ähnlich geht es den meisten »kleinen Männern«: Schon der Junge erfährt das Leben als Kampf, und auf den Kampf des Lebens wird er vorbereitet. Kämpfen ist im Spiel des Jungen liebste Beschäftigung. Kämpfen ist die Grunderfahrung des männlichen Kindes, und der Junge trifft ständig und. überall auf die direkte oder indirekte, ausgesprochene oder unausgesprochene Botschaft ›Mach dich bereit, eines Tages musst du da draußen hinaus und dann musst du bestehen. Dann musst du gut sein, dann musst du stark sein, dann musst du gewinnen können, damit du es schaffen kannst‹. »Es« schaffen meint: das Überleben.

So erlebt der erwachsene Mann die Welt als Kampfplatz. Er versucht, gut und stark zu sein. Er strengt sich an sich zu behaupten, Rivalen auszustechen, zu beweisen, dass er es schaffen kann. Jeder Mann hat die Botschaft erhalten, jeder Mann trägt tief in sich die Überzeugung ›Ich muss stark sein‹.

Stark sein wird der Kern des Mannseins. Stark sein will er für seine Frau und seine Familie, denn die Familie bietet ihm Zugang zu den Gefühlen des Innenbereiches. Ohne Familie, ohne Frau oder Kinder bleibt der Mann von der Welt der leichten und weichen Gefühle ausgeschlossen, von der Verbindung mit Liebe und Nähe. Aber eine Frau kann er nur bekommen (so glaubt er tief innen), wenn er stark ist.

Manchmal weigern sich Jungen, die Botschaft der Stärke anzunehmen. Vielleicht mögen sie ihre Väter nicht und wollen nicht wie diese werden. Sie wollen nicht stark sein. Dann werden sie schwach. Aber sie werden schwach, nicht weil sie schwach sind, sondern weil sie nicht stark sein wollen. Sie sind gegen-identifiziert. Aber auch in diesem Falle orientieren sie sich an der gleichen Botschaft ›Sei stark‹.
Mann sein heißt immer noch Verzicht auf bestimmte Gefühle. Verzicht auf Sensibilität und Einfühlung, den Luxus der Tränen, auf Weichsein und Nichtwissen. Mann sein heißt relativ getrennt zu sein von Entspannung, von Hingabe, von Loslassen.

Frau sein

Für die Frau waren ans Überleben andere Bedingungen und Forderungen geknüpft.
Ihre Realität forderte: Du musst einen Mann haben, sonst gehst du unter. Und wenn du einen hast, musst du für ihn da sein, damit du ihn nicht verlierst.
Welch harte Realität hinter dieser Botschaft steht, wurde mir klar, als ich einen Filmbericht aus den Goldgräberlagern Brasiliens sah. Drei Frauen prügelten sich um einen Mann. Jede wollte ihn für sich, obwohl die Männer dieser Lager, sobald das Gold ausgebeutet ist, weiterziehen und ihre Frauen samt Kindern sitzen lassen. Doch solange ein Mann da ist und ein wenig Gold ausbuddelt, solange ist Überleben gesichert.
Auf Spuren der Botschaft ›Du musst einen haben‹ treffen Frauen vielerorts. Heide erzählt einige Beispiele:
»Wenn ich bei meinen Verwandten bin, was zu Weihnachten oder bei besonderen Festen vorkommt, werde ich jedes Mal gefragt, ob ich denn inzwischen einen Mann habe. Dann die besorgten Gesichter und die Anspielungen, dass es jetzt Zeit wird, schließlich sei ich schon 38. Oder wenn ich auf eine Party von Betriebsan-

gehörigen gehe, werde ich wie selbstverständlich gefragt, ob mein Mann auch da ist. Dann das Erstaunen: ›Was, du hast keinen Mann?‹ So etwas passiert mir öfter. Es ist wirklich lächerlich, aber es trifft mich.«

Die Botschaft der Gesellschaft an die Frau ist vor langer Zeit entstanden, doch sie lautet heute noch ›Du musst einen Mann kriegen, sonst bist du aufgeschmissen. Wenn du einen Mann hast, musst du für ihn da sein. Du musst nett und reizvoll sein, gut aussehen, schön sein. Du musst begehrenswert sein. Du musst (im Bereich des Innen, der Gefühle) für ihn sorgen‹. Nicht zuletzt aufgrund dieser Botschaften vernachlässigen Frauen oftmals ihre eigene Berufsplanung.

Asta: *»Ich habe als Studentin fantasiert, einen Professor zu heiraten und ihm bei seinem Erfolg zur Seite zu stehen. Mein Studium als Lehrerin zielte schon darauf ab, es mit Ehe und Kindern verbinden zu können.«*

Aufgrund der gesellschaftlichen Botschaft ›Du musst einen Mann haben‹ hat die Frau die unbewusste Überzeugung verinnerlicht ›Allein komme ich nicht durch!‹

Man muss sich allerdings vor Augen halten, dass es sich hierbei um eine unbewusste, vor allem von Gefühlen abhängige Überzeugung handelt. Deshalb ist sie vom Verstand her so schwer zu beeinflussen. Vom Verstand aus wird jede Frau sagen ›Natürlich komme ich alleine durch!‹, aber das wird an ihren Gefühlen nichts ändern.

Marlene: *»Ich mache so viel für ihn. Wenn er zum Beispiel kein Frühstück machen will, dann macht er es nicht. Das traue ich mich nicht. Ich mache Frühstück, koche das Ei weich, frage nach, ob es ihm schmeckt, ob alles richtig ist, ob noch was fehlt. Ist der Tee gut? Noch etwas Zucker? So geht das am Stück. Ich will, dass er mich braucht, ich will gebraucht werden. Ich finde es selbst furchtbar, es geht mir selbst auf den Nerv, aber ich erwische mich immer wieder dabei.«*

Heidrun: *»Wenn er ein Problem hat, mache ich es direkt zu mei-*

nem. Ich fühle seinen Kummer und seine Wunden mit. Dann stecke ich emotional mit drin und vergesse mich selbst. Ich stell' mir vor, was gut für ihn wäre und ihm helfen könnte. Dann arrangiere ich etwas, von dem ich glaube, es wäre gut für ihn. Ich beteilige mich richtig an seinem Leben, aber dafür erwarte ich dann auch, dass er bleibt.«

»Was mache ich nicht alles, damit er mich braucht und mich will. Tolle Hausfrau. Tolle Geschäftsfrau. Tolle Mutter. Tolle Ehefrau und dazu noch toll aussehen.«

(Kommentar Gabriele)

Selbstwert

Es fällt auf, dass die Botschaften an Mann und Frau unterschiedliche Schwerpunkte haben.

Die Botschaft an den Mann ist positive Botschaft: Kämpfe für dich, finde etwas in dir, finde deine Stärke, finde deine Kraft aus dir selbst.	Frauen bekommen negierende Botschaften: Verhindere, dass du allein bist. Kämpfe um seine Wertschätzung, seine Aufmerksamkeit.
Der Mann kämpft um etwas, das er in sich selbst finden kann.	Die Frau kämpft für etwas außerhalb ihres Selbst.

Thesen dieses Abschnitts

- In der traditionellen Rollenteilung finden wir den ›sozialen Hintergrund Liebe‹. Dieser Hintergrund hieß früher materielles Überleben. Heute heißt er emotionales Überleben.
- Um materielles Überleben sicherzustellen, entwickelten die Geschlechter unterschiedliche Fähigkeiten und verinnerlichten verschiedene Überzeugungen:
  - Mann: Ich muss stark sein – sonst gehe ich unter!
  - Frau: Ich muss einen haben – alleine komme ich nicht durch!
- Obwohl sie in unserer heutigen Welt keine materielle Grundlage mehr haben, existieren die alten Überzeugungen in unseren Gefühlen weiter.
- Diese Überzeugungen führen dazu, dass Mann und Frau ihr emotionales Überleben auf verschiedene Weise sichern wollen:
  - Der Mann sucht etwas in sich selbst: seine so genannte Stärke.
  - Die Frau sucht etwas außerhalb ihres Selbst: die Zuwendung des Mannes.

Die Aufgabenteilung der Geschlechter bildet jedoch nicht den einzigen Hintergrund der Liebe. Einen zweiten, heute besonders wichtigen Faktor bildet eine Lebensstruktur, die sich unmittelbar aus der Aufgabenteilung ergibt: die Familie und der familiäre Zusammenhang der Liebe.

Der familiäre Hintergrund der Liebe

Wer ein verliebtes Paar sieht, denkt gern zurück an die schöne Zeit seiner ersten Liebe.
Eine romantische Betrachtung,
die einen wesentlichen Faktor ausser Acht lässt:
Es ist nicht erste, es ist zweite Liebe.

In der traditionellen Teilung und Spaltung in männliche Außenwelt und weibliche Innenwelt finden wir die Ursachen der beschriebenen Botschaften an die Geschlechter und die Gründe für die unterschiedliche Weise, in der Mann und Frau ihre Fähigkeiten entwickelten.
Doch die Rollenteilung hat eine weitere bedeutsame Auswirkung auf die Entstehung der ›Erfahrung Liebe‹ und auf die Gestaltung der Emotionen von Mann und Frau. Denn durch die geschlechtsspezifische Aufgabenverteilung wird eine familiäre Situation geschaffen, die sich auf die Entwicklung unserer Liebesfähigkeit ganz entscheidend auswirkt.

Erste Liebe

Die familiäre Situation stellt sich im Spannungsfeld des Dreiecks Vater-Mutter-Kind(er) dar. Vater und Mutter sind die ersten Menschen, mit denen Kinder Kontakt hatten. Sie sind nicht nur Garanten des Überlebens, sie sind darüber hinaus Zugang zur Welt und Vermittler von Werten und Vorstellungen.
Man kann getrost so weit gehen zu sagen, dass sie auch die ersten (Liebes)Partner ihrer Kinder sind. So sehr sie ihre Kinder lieben, so sehr lieben diese auch sie. So verliebt sie in ihre Kinder sind, so

verliebt sind diese in die Eltern. Diese Liebe geht über eine bloß herzliche Beziehung hinaus bis in sexuelle Bereiche hinein. (Dies sollte ich – um Missverständnissen vorzubeugen – erläutern. Sexuell ist die Beziehung der Eltern zu ihren Kindern im Sinne liebevoller, körperlicher Verbindung zweier Menschen, *nicht* im Sinne praktizierter Sexualität.)

Körperliche Liebe

Die Kind/Eltern-Beziehung zeigt alle wesentlichen Elemente der Mann/Frau-Beziehung – die Elemente der Herzlichkeit und Körperlichkeit. In den ersten Monaten und Jahren ihres Lebens können Kinder Liebe eigentlich ausschließlich durch körperliche Zuwendung begreifen. Würden die Eltern lediglich sagen ›Ich liebe dich‹, es würde ihren Kindern nichts nutzen. Eltern müssen ihre Liebe körperlich fühlbar machen. Für Kinder ist der Körper also die Pforte, durch die sie Liebe aufnehmen.

Vor kurzem beobachtete ich einen Vater beim Spielen mit seinem Baby am Strand. Die Kleine kroch weg, er kroch hinterher. Er biss sie zart in den Rücken, sie quiekte begeistert. Dann bedeckte er sie von oben bis unten mit Küssen. Dieser Kontakt war auch sexuell. Mit seinem Sohn hätte er sich wohl weniger körperlich verhalten.

Wer glaubt, in der Eltern/Kind-Beziehung fehle die sexuelle Dimension, sollte einmal einer Mutter zuschauen, die mit ihrem Baby-Jungen spielt. Wie sie ihn anschaut, berührt, seine Haut küsst, ihn kitzelt, liebkost und anlacht. Und den Jungen, wie er sich hingibt und genießt. Das ist sexuelles Erleben in Reinform. Beide erleben körperliche Lust miteinander. Es ist natürlich *nicht* die gleiche sexuelle Lust, die erwachsene Menschen verbindet – und doch ist es Genuss am Körper und seinen Sinnen.

Die Liebe der Mutter zum männlichem Kind und die Liebe des Vaters zum weiblichem Kind ist demnach auch sexuell, also von

den Kräften gegengeschlechtlicher Neugier und Anziehung beeinflusst.
Mutter findet ihren kleinen Jungen durchaus attraktiv, und ebenso ergeht es Vater mit seiner kleinen Tochter – und das ist gut so, denn Kinder brauchen diese sexuelle Bestätigung von Seiten ihrer Eltern durch die Art, in der sie angesehen und angefasst werden.
Diese Bestätigung muss selbstverständlich vollständig distanziert von erotischen Bedürfnissen der Erwachsenen sein. Ich spreche hier nicht von sexuellem Kontakt zwischen Erwachsenen, sondern von körperlicher Bestätigung des ›Mannseins‹ und ›Frauseins‹, von einem gesunden sexuell gefärbten Kontakt zwischen Kindern und Eltern.
Leider gestaltet sich diese sexuelle Beziehung in der familiären Situation für Jungen und Mädchen ganz verschieden, da die familiäre Situation durch die Anwesenheit der Mutter und die Abwesenheit des Vaters geprägt ist. Mutter ist meist da, Vater ist meist weg.
Welche Bedeutung dieser Umstand hat, wird klar, wenn man sich in die Lage der Kinder versetzt, die im Kontakt mit Vater und Mutter erste Erfahrungen mit Liebe und Sexualität machen.

Der Junge

- hat in der anwesenden Mutter eine Liebespartnerin des anderen Geschlechts, hat in der Mutter eine Partnerin, die ihn liebt und ›als Mann‹ bestätigt.

Das Mädchen

- muss auf die Gegenwart eines andersgeschlechtlichen Liebespartners verzichten. Es hat in der Mutter eine Partnerin, die sie zwar liebt, aber nicht ›als Frau‹ bestätigen kann.

Beide, Junge und Mädchen, haben in der Mutter zwar einen Menschen, der sie liebt,

- doch der Junge erfährt, worauf das Mädchen verzichten muss. Bereits in den ersten Monaten und Jahren seines Lebens baut er eine Liebesbeziehung zum anderen Geschlecht auf.

- dem Mädchen bleibt diese Erfahrung weitgehend verwehrt, denn der Vater ist, vor allem in den ersten Lebensjahren, für das Mädchen kaum erreichbar.

Dieser Umstand hat Konsequenzen für die Entwicklung der Identitäts- und Selbstwertgefühle der Kinder.

Selbstwert. Dass Menschen etwas wert sind, wissen sie, wenn sie als Kinder geliebt werden. Geliebt zu werden schafft Selbstwert. ›Ich bin liebenswert‹ ist die wie selbstverständlich verinnerlichte Überzeugung von Kindern, die Liebe und Zuwendung durch ihre Eltern erfahren. Die Liebe, die ihnen aus den elterlichen Augen entgegenkommt, gibt Vertrauen in den eigenen menschlichen Wert und damit Vertrauen in sich selbst – Selbstvertrauen.

Geschlechtsidentität. Dass Menschen als geschlechtliche Wesen, als Mann und Frau, etwas wert sind, können sie aus liebevoller Aufmerksamkeit der Eltern alleine nicht erkennen. Die Gewissheit, als ein Mann oder als eine Frau etwas wert zu sein, ergibt sich erst aus der sexuellen Aufmerksamkeit der Eltern, dem distanzierten Begehren, das Kinder in den Augen ihrer ersten Liebespartner erkennen und der Lust, die sie durch deren Berührung erleben.

Dies Begehren und damit zugleich seine geschlechtliche Identität findet der Junge im Blick seiner Mutter, der ihm sagt: ›Du bist ein richtiger, schöner, kleiner Mann!‹

Dies Begehren und damit zugleich seine geschlechtliche Identität vermisst das Mädchen im Blick seines Vaters, der ihm sagen könnte: ›Du bist eine richtige, schöne, kleine Frau!‹

Widmen wir uns noch einen Augenblick der Beziehung Mutter/Sohn und Vater/Tochter, deren Bedeutung für unser späteres Liebesleben außerordentlich ist.

Die Beziehung des Jungen zur Mutter

Liebe und Sexualität. Das Verhältnis des Jungen zu seiner Mutter ist geprägt von Liebe und sexueller Verbindung. Mutter ist nicht einfach Bezugsperson. Mutter ist Frau. Mutter ist jemand vom anderen Geschlecht. Mutter ist Liebespartnerin – Partnerin des Herzens und der Sexualität des kleinen Jungen. Ein Klient schildert seinen Traum:
Peter: *»In meinen Armen liegt eine Frau, ich liebkose ihre Brüste mit meinem Mund. Sie genießt es, sie gibt sich mir hin. Ich genieße, dass sie sich hingibt. Plötzlich dreht sich das Bild, und ich finde mich als Baby in den Armen einer Frau. Ich sauge an ihrer Brust. Sie schließt die Augen, lehnt sich zurück und entspannt. Mehr, sie genießt. Sie nimmt meine Berührung in sich auf. Sie gibt sich mir hin. Sie gibt mir das Gefühl, etwas für sie zu tun, etwas, das schön für sie ist. Sie gibt mir Gewissheit, bewirken zu können, aktiv zu sein, obwohl ich ein Baby bin.«* Peters Traum ist eine deutliche Erinnerung an positive Aspekte der sexuellen Beziehung zur Mutter. Doch es gibt auch negative Seiten der Mutter/Sohn-Beziehung.

Abhängigkeit. Es gibt die erzwungene Nähe zum Kind, die ungewollten und unerwünschten Berührungen, Umarmungen, Liebesbezeugungen. Zwar sind Kinder Sexualpartner, doch sie sind keineswegs gleichwertige Sexualpartner. Sie sind abhängig. Sie erleben Sexualität oder körperliche Lust aus der Position eines abhängigen Wesens. Für den kleinen Jungen heißt das unter anderem: Er ist den Bedürfnissen und körperlichen Wünschen der Mutter ausgeliefert. Wenn sie etwas von ihm will, kann er nicht sagen ›Jetzt lass mich in Ruhe‹.

Abscheu. Die Mutter kann ihre erotischen Wünsche an ihm befriedigen. Das bedeutet nicht, dass sie direkt sexuell wird und eine inzestuöse Verbindung zu ihm aufnimmt. Aber sie stillt teilweise ihr generelles Bedürfnis nach körperlicher Nähe und Präsenz eines männlichen Wesens mit ihrem Jungen; und das umso mehr, je weniger sie dieses Bedürfnis bei ihrem eigenen Mann erfüllen kann. Meist kann sie es bei ihm nicht oder nur mangelhaft befriedigen, denn der Vater ist ja kaum oder nur selten da.

»Als unser Sohn noch ein Baby war, hatten Klaus und ich ein inniges Verhältnis. Ich war rundum glücklich mit ihm. Wenn ich andere Mütter mit ihren Babys sah, wunderte ich mich, wieso die ihre Babys fast auffraßen und tätschelten, ja ihnen keine Ruhe gönnten. Damals hab ich mich gefragt, ob ich eine schlechte Mutter bin.«

(Kommentar Gabriele)

Es gibt die kontrollierende, besitzergreifende, übergreifende Mutter. Ist nicht sie es, die ihn an sich bindet und ihn ungern größer werden lässt, der es schwer fällt, ihn aus der symbiotischen Säugling/Mutter-Beziehung zu entlassen?
»Die Frau hat unbewusst Schwierigkeiten, auf das einzige männliche Wesen zu verzichten, das sie je bei sich gehabt hat, denn der Vater war nicht für sie da, und ihr Mann ist meistens abwesend.« Das sagt die französische Analytikerin Christiane Olivier. Ihr Buch *Jokastes Kinder*[1] hat viel zu meinem Verständnis familiärer Ursprünge der Enge/Mangel-Wahrnehmung von Mann und Frau beigetragen.
Hass. Mutter ist Macht. Sie hat uneingeschränkte Macht. Macht zu geben und zu nehmen. Macht über den Jungen. Muss nicht der kleine Junge seine Mutter um Erlaubnis bitten, wenn er etwas

1 Zitat aus Christiane Olivier, ›Jokastes Kinder. Die Psyche der Frau im Schatten der Mutter‹, Düsseldorf 1988.

will? Hat sie nicht alle Macht, ihm Wünsche zu erfüllen oder zu versagen? Muss er nicht tausendmal seine wahren Wünsche vor ihr verstecken und sie täuschen, um sich durchsetzen zu können? Ist es nicht diese erste Frau seines Lebens, die seine Handlungen und Wünsche versteht oder verdammt? Das Verhältnis des Jungen zu seiner Mutter ist zwiespältig.

Der Junge erlebt die erste Frau seines Lebens als übermächtige Frau, die er liebt, braucht und der er ausgeliefert ist.

Sie ist Quelle seiner Lust und seiner Frustration zugleich. Die Nähe zu ihr ist gefährlich. Einerseits ist er auf diese Nähe angewiesen, denn außer Mutter ist niemand für ihn da. Andererseits muss er sich gegen ihre Macht und ihre Nähe wehren, weil sie ihm oft aufgezwungen wird. In gleichem Maße, in dem er sich zu ihr hingezogen fühlt, fühlt er sich oftmals von ihr abgestoßen. Hass und Ablehnung entstehen neben Liebe und Anziehung als Bestandteile der Beziehung des Jungen zur Mutter.

»Als ich sechs Jahre alt war, traf ich mich öfter mit einem Mädchen aus der Nachbarschaft. Sie war etwa vier Jahre alt. Wir hatten ein seltsames Ritual miteinander. Ich hielt ihr den Mund zu, bis sie keine Luft mehr bekam. Es hat mich mit einer bestimmten Befriedigung erfüllt, auch wenn es mir unheimlich war, dass die Kleine nicht weglief. Heute weiß ich, dass es Rache und Genugtuung für die Demütigungen war, denen ich durch meine Mutter ausgesetzt war.«

Dieser Mann erträgt es heute noch nicht, Frauen zuzuhören, ihren Vorwürfen und Vorhaltungen, weil sie ihn an die quälenden Vorhaltungen seiner Mutter erinnern und an den aussichtslosen Kampf gegen die mächtige erste Frau seines Lebens.

Rückzug. Der Junge fühlt sich oft ausgeliefert. Er möchte dem Anspruch, ›Mutters lieber Junge‹ zu sein, entkommen. Doch er muss die Abneigung gegen seine Mutter in vielen Situationen verstecken, denn die Impulse seiner Selbsterhaltung gebieten ihm zu bleiben und sich ihrem Willen unterzuordnen. Zu sehr braucht er die Mutter, als dass er ihre Ablehnung und ihren Zorn dauerhaft riskieren könnte.

»Ich hatte als Kind schnell gelernt, dass ich Zuwendung nur durch Wohlverhalten bekommen konnte. So war ich der ›vernünftige Junge‹, mit dem man sich überall sehen lassen konnte.«

(Kommentar Klaus)

Da der Junge also nicht nach außen, in die Welt, fliehen kann, flieht er nach innen. Da er nicht weglaufen kann, versteckt er sich in sich selbst. Sein Körper ist da, in Mutters Armen, doch seine wahren Gefühle verschliesst er.

Unschwer erkennen wir in seinem Verhalten die Grundlagen der Ja/Nein-Falle des späteren Mannes, unter dem die Frauen seines Lebens leiden werden. *»Wenn er mit mir schläft, ist er nicht wirklich da«, »Wenn er mit mir redet, schaut er mich nicht an.«* Wie oft habe ich in der Beratung Frauen solche Sätze sagen hören. Er ist nicht da, er hat sich versteckt. Er hat Angst – Angst vor der Frau.

»... denn hier entsteht für den Mann die zärtlichste aller Lieben, gefolgt vom längsten aller Kriege. Der Mann entrinnt ihm, gezeichnet von Misstrauen, Schweigen, Frauenfeindlichkeit, kurz gesagt: mit all dem, was die Frau ihm vorwirft.«[2]

Hilflosigkeit. In seinem Kampf mit der Mutter ist der Junge zudem noch auf sich selbst gestellt – und damit restlos überfordert. Der Vater, von dem er lernen könnte, sich gegen diese Frau zu wehren, fehlt. Doch selbst wenn er einmal da ist, kann er dem Jungen nicht als Modell der Abgrenzung und Gegenwehr dienen, denn der Vater weiß selbst nicht, wie er sich wehren soll. Alles, was der Junge vom Vater lernen kann, sind Rückzug und das zwiespältige Ver-

2 Alle mit * gekennzeichneten Zitate von Olivier.

halten des gleichzeitigen Ja/Nein – und dieses Verhalten lernt er wirklich gründlich.

Die Beziehung des Mädchens zum Vater

Geschlechtsidentität. Der Junge erfährt seinen Wert als Mann im begehrenden Blick der Mutter. Was aber geschieht mit dem Mädchen? Kann es im Begehren seines Vaters seinen Wert als Frau erkennen?

*»Nur der Vater könnte seiner Tochter die ihr angemessene Stellung als geschlechtliches Wesen geben …«** Doch wo ist der Vater? Er ist fort, geflohen aus der vermeintlichen Enge der familiären Innenwelt in die vermeintliche Freiheit der Außenwelt. Er ist abwesend, er ist arbeiten.

In ihrem Lebenslauf drückt es eine dreißigjährige Taxifahrerin so aus: *»Meine Mutter war immer da, anfangs auch noch mein Opa. Mein Vater war nach der Arbeit zwar anwesend, aber wenig brauchbar.«*

Sehnsucht. Da der Vater in den ersten Lebensjahren kaum in Erscheinung tritt, hat das Mädchen keinen gegengeschlechtlichen Liebespartner. Es bekommt zwar die liebevolle Aufmerksamkeit der Mutter, diese kann jedoch die vom Mann ersehnte sexuelle Bestätigung nicht ersetzen. Es möchte die begehrenden Blicke des Vaters spüren, die ihm sagen: ›Du bist schön, du bist begehrenswert, du bist eine kleine FRAU.‹ Doch diese Blicke fehlen.

*»Welch ein Unterschied zum Mann, der diesen von der Mutter kommenden begehrenden Blick von Anfang an erhält. Beim Mädchen scheint das Fehlen des väterlichen Blickes im frühen Lebensalter ein Minderwertigkeitsgefühl zu erzeugen, einen ständigen Zweifel an der Identität, den es im Erwachsenenalter immer auszuräumen gilt.«**

Elke: *»Das Schlimmste für mich ist, wenn ich mich nicht gesehen fühle. Wenn wir uns im gleichen Raum aufhalten und er keinen Kontakt zu mir hat. Das halte ich nicht aus. Ich will dann unbedingt seine Aufmerksamkeit und versuche, sie zu bekommen. Vom Verstand her kann ich ja verstehen, wenn er mal allein sein will, aber mein Gefühl spielt nicht mit.«*

Mangel. Schon das kleine Mädchen macht eine Erfahrung, die sich im Erleben jeder Frau wieder findet: Die Erfahrung des Mangels. Die Erfahrung, nicht wirklich begehrt zu werden. Der Mann ist zwar da, aber selten. Er liebt, aber zu wenig oder nicht wirklich (= wirksam) genug.
So werden Liebe und körperliche Nähe zum und Bestätigung vom männlichen Geschlecht etwas, das das Mädchen vermisst, nach dem es sich sehnt, das es aber nicht oder nicht genug bekommt.

Unvollkommenheit. Das Mädchen versteht all dies nicht und glaubt, selbst nicht genug zu sein, glaubt, der Mangel läge in ihm selbst begründet. Das glaubt auch später die Frau.
Gudrun: *»Wenn er sagt, er hat keine Lust auf Sex, empfinde ich es als Abweisung. Ich weiß, dass er objektiv über sich selbst spricht, über seine Unlust. Aber gefühlsmäßig beziehe ich es auf mich. Gefühlsmäßig heißt es, er will mich nicht, ich bin nicht in Ordnung. Dann versuche ich, mit ihm zu reden und herauszufinden, was ihn an mir stört oder was an mir nicht o.k. ist.«*

Warten. Das Mädchen glaubt, der Mangel sei darin begründet, dass es noch keine richtige Frau ist (eine Frau ohne Brüste). Es vergleicht sich mit der Mutter, die den Vater ja (scheinbar) hat und verschiebt die Hoffnung auf sexuelle Anerkennung und Lustbefriedigung auf später, wenn es einmal eine Frau sein wird. Dann wird der Mann als Retter, als erlösender Prinz erscheinen und sie aus Sehnsucht und Einsamkeit erlösen.

*»Ein Mädchen zu sein bedeutet, in Erwartung zu leben: Psychisch das Hoffen auf die Ankunft des Mannes als sexuell entsprechendes Objekt, physisch das angespannte Warten auf Beweise für eine lange verborgen gebliebene Sexualität.«**

Verlassenheit. Doch die Beweise seiner Liebe sind kärglich. Auf die Liebe des Vaters und ihre Beständigkeit kann sich das Mädchen nicht verlassen, denn der Vater verlässt es täglich. Es entwickelt in dieser Zeit ein tiefes Misstrauen dem Mann gegenüber, das es mit in die Mann-Beziehungen der späteren Frau tragen wird.
Verlassen worden vom Vater sind auch all jene Mädchen, die bei der Scheidung mit ihren Müttern gingen. Je früher diese Trennung geschieht, desto tiefer gräbt sich der Schock des Verlassenwerdens ein. Eine junge Frau erlebt in der Beratung Gefühle aus einer Zeit wieder, da ihr Vater die Familie verließ:
»Plötzlich war er weg. Ich war fünf Jahre alt und habe ihn schrecklich vermisst. Ich habe gefragt, wo er ist, aber niemand wollte mir etwas sagen. Jeden Abend bin ich vor die Gartentür und habe die Straße entlang geschaut und gewartet und gehofft, dass er endlich kommt. Aber er kam nicht zurück. Es war so unbegreiflich und hat so wehgetan, dass ich mich damals, ohne mir dessen bewusst zu sein, entschlossen habe, nie mehr wieder einem Mann zu vertrauen.«

Unsicherheit. Das kleine Mädchen könnte seine Identität, seinen Selbstwert als sexuelles Wesen, als Frau aus der Bestätigung des Mannes bekommen. Da diese fehlt, fehlt ihm die Sicherheit weiblicher Identität. Es wird zwar geliebt, aber ›nur als Mensch‹.
*»Das Fehlen des männlichen Blickes in der Kindheit macht sie zum Sklaven dieses Blicks für den Rest ihrer Tage ...«**
Eine Klientin gibt diese Aussage Christine Oliviers fast wörtlich wieder: *»Es kommt mir vor, als ob er an mir nicht wirklich interes-*

siert sei. Er schaut andere Frauen an, manchmal geht er mit einer seiner Studentinnen ins Bett. Es bringt mich um, es macht mich fertig. Ich weiß, dass er mich liebt. Aber ich fühle mich nicht als Frau geliebt, nur als Mensch.«

Eine andere Frau schildert die Trennung von ihrem Mann mit den Worten: *»Als er mich verlassen hat, war es, als ob ich mich selbst verlassen hätte. Es war, als ob ich als Frau aufhörte zu existieren. Plötzlich war nichts mehr da, alles war leer.«*

Unvollständigkeit. Doch es ist nicht nur der Blick des Vaters, den das Mädchen vermisst. Ihm fehlt auch die Berührung durch den Mann. Berührung und Geschlechtsidentität hängen eng zusammen. Forschungen zur Transsexualität[3] haben ergeben, dass Kinder bereits mit Beendigung des dritten Lebensjahres ihre geschlechtliche Identität ausgebildet haben. Gerade in diesen ersten drei Jahren wäre der emotionale und körperliche Kontakt mit dem Vater so wichtig für das Mädchen. Da er fehlt oder unvollständig ist, ist auch die Geschlechtsidentität des Mädchens unvollständig.

Ohne es zu wollen, verstärkt die Mutter die verzweifelte Lage des Mädchens noch. Denn einen guten Teil seiner geschlechtlichen Identität und weiblichen Selbstachtung könnte es auf dem Wege der Identifikation von der Mutter übernehmen, wenn Mutter diese Selbstachtung – einen Selbstwert unabhängig vom Mann – besäße. Da aber Mutter sich selbst unvollständig fühlt und am Mann und seiner Zuwendung orientiert ist, übernimmt das Mädchen diese Haltung.

Das Mädchen kann seine Mutter für ihre offensichtliche Schwäche und Abhängigkeit aber auch verachten oder hassen (Gegenidentifikation) und sich mit den Werten und Zielen des Vaters identifi-

3 Transsexualität liegt vor, wenn ein Mann die geschlechtliche Identität einer Frau (oder umgekehrt) erworben hat.

zieren. Dann wird es ein tapferes, schlaues, starkes Mädchen (ein kleiner Junge) und später eine harte und starke Frau, die ihre eigene Weiblichkeit ablehnt.
Lassen Sie mich im nächsten Abschnitt die ›Erfahrung Liebe‹ zusammenfassend schildern.

Enge – die männliche »Erfahrung Liebe«

Bevor ein Mann eine Liebesbeziehung aufbaut, hat er in seinem Leben schon eine Menge mit *der Frau* erlebt. Er hat die männliche »Erfahrung Liebe« verinnerlicht, die aus der Beziehung zu seiner Mutter stammt: die Erfahrung, eine Frau zu lieben, zu brauchen und zugleich von ihr bedroht zu sein.

Seit den Tagen seiner frühen Kindheit ist Liebe für den Mann nicht mehr einfach Liebe. Liebe ist für ihn mit der Erfahrung von Enge verknüpft.

Die *Erfahrung Liebe* des männlichen Kindes suggeriert: ›Ich muss aufpassen, ich muss auf der Hut sein, sonst werde ich vereinnahmt. Sonst werde ich meines Willens beraubt. Sonst kann ich nicht machen, was ich will, sonst muss ich machen, was sie will. Sonst kann ich nicht ich sein, dann muss ich sie sein.‹

Seine ›Erfahrung Liebe‹ sagt dem Mann: ›Lass dich nicht zu tief ein. Nähe ist ein heißes Eisen. Nähe ist gefährlich. Nähe nimmt dir Freiheit und Individualität.‹

Liebe hat ihre Unschuld verloren. Man darf hier nicht den Fehler machen, diese ›Erfahrung Liebe‹ auf bloße kindliche Erfahrung zu reduzieren, die der spätere Mann wie eine unangenehme Erinnerung über Bord werfen könnte.

Die Verbindung von Liebe mit Bedrängtheit, von Nähe mit Bedrohung führt zu einer festen, fast untrennbar scheinenden Konditionierung des Gefühls Liebe mit der Erwartung des Gefühls Enge.

Nähe und Enge sind beinah eins geworden. Nähe und Enge, Liebe

und Angst sind in der männlichen Wahrnehmung der Frau verknüpft. Mit anderen Worten: *Bis er eines Tages den unbewussten Zusammenhang von Liebe und Enge auflöst, kann der Mann keine Frau lieben, ohne früher oder später Angst vor Enge zu bekommen.* Im Erleben des Mannes taucht die Empfindung Liebe nur gemeinsam oder zeitlich kurz verschoben mit der Empfindung Enge auf. Das führt zu Konsequenzen: Wenn der Mann liebt, sucht er gleich darauf das Weite, denn er muss sich beweisen, dass er noch frei ist. Dann setzen Selbstrettungsmechanismen ein, dann will er fort. Zugleich mit dem Wunsch zu fliehen wird jedoch seine eigene Angst aktiviert, die Frau zu verlieren, wenn er ihr Bedürfnis nach dauerhafter Liebe nicht erfüllt. Diese Angst ist so groß wie sein eigenes, zumeist unbewusstes Bedürfnis nach Nähe und zwingt ihn schließlich zu bleiben.
So gibt es im inneren Erleben des Mannes kaum ein Entrinnen aus der Verbindung Liebe/Enge. Der einzige ihm bekannte Weg der Enge zu entkommen, ist die Flucht nach innen.

»Und wenn ich da einmal drin bin, bin ich kaum noch zu bewegen, wieder raus zu kommen. Dort fühle ich mich sicher.«

(Kommentar Klaus)

»Dann sitzt er da und sagt nichts. Es ist, als ob nur noch sein Körper da wäre, und ich fühle mich verlassen.«

(Kommentar Gabi)

Der Mann weicht – wie einst der Junge – nach innen aus. Er zieht sich in sich selbst zurück, dahin, wo SIE ihn nicht erreichen kann und er sich vor ihr und ihren realen oder vermeintlichen Ansprüchen sicher fühlt und er die Gefühle der Enge nicht mehr wahrnehmen muss.

Mangel – Die weibliche »Erfahrung Liebe«

Bevor eine Frau eine Liebesbeziehung aufbaut, hat sie in ihrem Leben schon eine Menge Erfahrungen mit *dem Mann* gemacht. Sie hat die weibliche »Erfahrung Liebe« verinnerlicht, die aus der Beziehung zu ihrem Vater stammt: die Erfahrung, sich nach einem Mann zu sehnen, auf seine Liebe zu warten, sich darum zu bemühen und sie doch nicht zu bekommen.

Wenn eine Frau einen Liebhaber findet, tritt sie ihm mit einem tiefen, zu Beginn der Beziehung zumeist unbewussten Misstrauen gegenüber. Dieses Misstrauen stammt aus der frühen Kindheit und geht auf die Erfahrungen des Mädchens mit dem Vater zurück.
Ihre ›Erfahrung Liebe‹ suggeriert der Frau ›Sei auf der Hut, er wird dich früher oder später verlassen. Er wird dir nicht geben, wonach du dich sehnst. Du musst dich bemühen, seine Liebe zu erlangen. Du musst versuchen, ihn zu erreichen. Du musst in das Versteck seiner Gefühle gelangen, um ihn dort rauszuholen. Du musst es ihm recht machen, sonst wird er bald sein Interesse an dir verlieren und gehen‹.
Die ›Erfahrung Liebe‹ bedeutet für das Mädchen ebenfalls eine Kopplung zweier Gefühle, die Kopplung des Gefühls von Liebe an das Gefühl von Mangel. Durch die Erfahrungen der Kindheit ist Liebe nicht länger einfach Liebe. Die Verbindung der Liebe mit Mangel macht es der Frau unmöglich, Liebe ohne die früher oder später auftauchende Erwartung des Mangels, der Frustration oder

der Angst vor Vernachlässigung zu erleben. *Auch die spätere Frau kann nicht verhindern, dass sich in ihrem Erleben die Erwartung des Mangels an den Zustand der Liebe heftet. Liebe und Mangel sind aneinander konditioniert.*
Die Frau kennt keinen anderen Ausweg, dem befürchteten oder realen Mangel zu entkommen, als den Versuch, den Mann zu Zuwendung und Aufmerksamkeit zu bewegen. Bemühen und der Empfindsamkeitstest sind Versuche, seine Liebe zu erreichen.

Paradox

Es scheint wirklich paradox, dass der beschriebene Zusammenhang von Liebe mit Enge beziehungsweise Mangel sich in der hier beschriebenen Form nur in Liebesbeziehungen auswirkt. Doch es ist nicht paradox.

Ein Mann muss eine Frau lieben, um sich von ihr beengt zu fühlen. Er muss sie lieben, um sich vor ihr verschließen zu müssen.

Eine Frau muss einen Mann lieben, um sich von ihm vernachlässigt zu fühlen. Sie muss ihn lieben, um ihn bedrängen zu können.

Außerhalb der Partnerschaft können wir ohne weiteres einen anderen Mann und eine verwandelte Frau erleben.

Da erleben wir am Arbeitsplatz einen gesprächigen, charmanten, offenen und kreativen Mann.

Da erleben wir in der Firma eine selbstständige, unabhängige, starke Frau.

Doch sobald Liebe ins Spiel kommt, breitet sich die unbewusste Angst vor Enge und Mangel aus.

LIEBEN LASSEN/ZU SEHR LIEBEN

Im Zusammenhang der Enge/Mangelwahrnehmung der Liebe möchte ich einem verbreiteten Irrtum entgegentreten: dem Glauben, die Frau liebe mehr oder besser als der Mann und ein Mann sei generell liebesunfähig. Das ist offensichtlicher Unsinn. Denn beide, Mann und Frau, sind von Liebe gleich weit entfernt.

Der Mann ist oft durch seine Angst von Liebe entfernt.

Die Frau ist oft durch ihre Sehnsucht von Liebe entfernt.

Angst ↔ Liebe ↔ Sehnsucht

Im Beziehungskrampf halten sich beide nicht in Liebe auf. Der Mann fürchtet sich davor, die Frau sehnt sich danach. Das Zuviel an Begehren, unter dem der Junge litt, erweist sich somit als ebenso destruktiv wie das zu wenig an Begehren, unter dem das Mädchen leiden musste. Wenn wir dieser Betrachtung zustimmen, folgt daraus,

- dass der Mann durch seine Panik vor Liebe ebenso beeinträchtigt ist,
- wie die Frau durch ihre Sehnsucht nach Liebe. Liebe befindet sich im freien Raum zwischen Mann und Frau.

Was Liebe außerhalb des Kontextes von Enge und Mangel ist, müssen beide erst finden.

Thesen der vorangegangenen Abschnitte

- Bevor Menschen erwachsen werden und sich als Mann und Frau begegnen, haben sie bereits jede Menge Liebeserfahrungen gemacht. Zwei Faktoren bestimmen diese Erfahrungen:
  1. Der gesellschaftliche Hintergrund Liebe.
     Zum einen sind Mann und Frau durch Jahrtausende währende Aufgabenteilung auf spezifisches Rollenverhalten festgelegt und haben ihre Fähigkeiten einseitig entwickelt.
  2. Der familiäre Hintergrund Liebe.
     Zum anderen wachsen Mann und Frau, als Folge dieser Rollenteilung, in einer unterschiedlichen familiären Situation auf und entwickeln ein geschlechtsspezifisches Verständnis von Liebe.
- Liebe ist für den Mann fast untrennbar mit der Erfahrung und Erwartung von Enge, für die Frau fast untrennbar mit der Erfahrung und Erwartung von Mangel verknüpft.
- In den Grenzen ihrer Wahrnehmung sind Mann und Frau gleich weit von Liebe entfernt.

Die Reproduktion von Enge und Mangel

Ohne es zu wollen, ohne es zu wissen, gestalten Mann und Frau die Realität von Enge und Mangel gerade dadurch, dass sie diese verhindern wollen.

Es ist durchaus kein Zufall, dass Männer und Frauen quer durch ihr Leben die einmal gemachte ›Erfahrung Liebe‹ reproduzieren. Es ist durchaus kein Zufall, ›..., dass gerade ich immer wieder in so eine Lage gerate, gerade ich immer wieder an solche Männer/Frauen gerate!‹. Es ist zwangsläufig, denn die Partner gestalten die ›Erfahrung Liebe‹ immer wieder aufs Neue. Sie tun das nicht absichtlich, sie tun es unbewusst, aber sie tun es.

Am Anfang der Schmerzabwehrschlacht stehen Überzeugungen, die Mann und Frau aus ihrer Wahrnehmung gewinnen. ›Sie will mich einengen‹ und ›Er ist nicht wirklich an mir interessiert‹ sind beispielhaft. Am Ende des Abwehrkampfes stellen beide Partner fest, dass sie offensichtlich Recht hatten. Denn tatsächlich wird Er im Empfindsamkeitstest bedrängt und tatsächlich wird Sie in der Ja/Nein-Falle vernachlässigt.

Die Voraussagen, die beide zum Kampf motivierten, haben sich bewahrheitet.

Ich kann mich an den Augenblick erinnern, als Gina, mit der ich wunderbare Jahre voller Liebe und Entdeckung erlebte, mir ihre Angst vor dem Ende unserer Beziehung mitteilte. Wir waren damals gerade drei Wochen zusammen. Obwohl unsere Liebe erst anfing, konnte sie sich nicht vorstellen, dass ein Mann sie lieben

und bei ihr bleiben würde. Ihr Misstrauen war groß. Jahre später hatten wir es geschafft – wir trennten uns.
Von Anfang an lag ihre Angst des Verlassenwerdens wie ein Schatten auf unserer Beziehung. *»Liebst du mich auch wirklich? – Warum schaust du dann anderen Frauen nach? – Wieso willst du mit deinen Freunden ausgehen, obwohl ich die nicht mag? – Wenn du ohne mich ausgehst, liebst du mich nicht wirklich!«*
Aus ihrer Angst heraus klammerte sie sich an mich, forderte stärkere Beweise meiner Liebe, kämpfte immer heftiger gegen meine einsetzende Abwehr an. Da ich mir nicht anders zu helfen wusste, zog ich mich vor ihren emotionalen Attacken zurück. Wir konnten uns einander nicht verständlich machen. So zerstörten wir, aus Angst und Unwissenheit, in Streit und Missverstehen, mangels irgendwelcher Alternativen unsere Liebe.

Solch eine Entwicklung durchlaufen viele Partnerschaften. Es fängt mit Überzeugungen an und endet mit Erfahrungen, die den anfänglichen Überzeugungen entsprechen und diese bestätigen. Die Voraussage materialisiert sich. Am Ende sieht sich jeder bestätigt:

Männer sind so ... *Frauen sind so ...,*

»Liebe ist so ...« Doch das ist nicht die Wahrheit. Liebe ist nicht so. Liebe im Kontext von Enge und Mangel ist so! Die Wahrheit lautet: Die Partner haben diese Erfahrung selbst entstehen lassen. Dabei sieht zu Beginn einer Liebe alles so einfach aus. Wenn sich zwei Menschen kennen lernen und verlieben, bleibt der Enge/Mangel-Kontext ihrer Liebe im Hintergrund. In der Verliebtheitsphase werden aufkommende Spannungen für eine ganze Weile vom Rausch der Sinne überdeckt. Im Gegenteil, die Verhaltensweisen sind eine ganze Weile lang umgekehrt. Der Mann bemüht sich um die Frau und die Frau ist zurückhaltender. In der Anfangsphase fällt es uns noch leicht, die in der Stille aufkeimenden

Gefühle der Enge und des Mangels zu ignorieren. Mit der Zeit aber gewinnen sie an Bedeutung und Intensität. Die Konditionierung von Liebe mit Enge und Liebe mit Mangel lässt Mann und Frau keine andere Wahl.

Hier sind wir am Dreh- und Angelpunkt zum Verständnis des Beziehungskrampfes angekommen. Es geht darum zu begreifen, *wie* Mann und Frau die Realität von Enge und Mangel, vor der sie sich fürchten, gerade dadurch herstellen, dass sie sie vermeiden wollen.

Stellen wir uns die Partner als *›gebrannte Kinder‹* vor. Wie werden sie – aufgrund ihrer Angst – aufeinander reagieren?

Der Mann wird auf der Hut sein und beim kleinsten Verdacht der Einengung mit der Abwehr beginnen. Er wird sich verschließen, denn er will Bedrängung abwehren.

Auch die Frau wird auf der Hut sein und beim geringsten Anzeichen von Mangel mit ihrer Abwehr anfangen. Sie wird sich bemühen, denn sie will Vernachlässigung abwehren.

Woher aber wissen Mann und Frau, dass es jetzt höchste Zeit ist sich zu schützen? Woher wissen sie, dass der Partner mit dem befürchteten Verhalten begonnen hat, sie beengt oder vernachlässigt? Woher wissen sie, dass es Zeit ist zu handeln und abzuwehren? Diese Frage ist die Frage nach Bedeutung. Was hat das Handeln und was haben die Äußerungen des Partners zu bedeuten?

Kommunikation

Zur Erklärung dieser Vorgänge muss ich etwas tiefer in die Funktionsweise menschlicher Kommunikation einsteigen.

Welche Bedeutung hat es für die Frau, dass der Mann bei der Umarmung die Tasche in der Hand behält? Was bedeutet es für die Frau, dass der Mann mit seinen Freunden ausgehen will? Was bedeutet es

im Erleben des Mannes, dass die Frau ihn daran hindern will, ohne sie auszugehen? Welche Bedeutung hat es für den Mann, dass die Frau seine Gefühle spüren will und deshalb ständig nachfragt?
Stellen Sie sich vor, jemand sagt folgende Worte zu Ihnen: *»Knosoos köwl pjkOps!«* Welche Bedeutung würden Sie dem geben? Keine! Sagt aber jemand zu Ihnen: *»Ich liebe dich!«*, dann können Sie diese Worte deuten und darauf reagieren.
Die zentrale Frage partnerschaftlicher Kommunikation lautet also:

Was verrät dem Mann die wahre Bedeutung dessen, was die Partnerin tut?	Was verrät der Frau die wahre Bedeutung dessen, was der Partner macht?

Den Worten *»Knosoos köwl pjkOps«* können wir keine Bedeutung geben. Warum? Sie ergeben keinen Sinn! Es gibt nichts, was uns den Sinn dieser Worte verraten könnte.
Dies beantwortet auch unsere Frage nach der wahren und richtigen Bedeutung eines Ereignisses oder einer Wahrnehmung. Wir halten für wahrscheinlich, wenn etwas Wahrgenommenes einen Sinn ergibt. Wenn wir einer Wahrnehmung einen Sinn verleihen können. Wann aber bekommt etwas einen Sinn? Wenn es in einen Zusammenhang passt.
In welchem Zusammenhang ergibt nun das, was der Partner tut, für Mann und Frau einen nachvollziehbaren Sinn? Welchen Zusammenhang haben sie zur Deutung der Ereignisse rund um Liebe zur Verfügung?
Nur den Zusammenhang von Enge und Mangel. Es ist dieser Zusammenhang, in dem wir Liebe kennen gelernt haben, der uns die Bedeutungen von Ereignissen suggeriert. Im Licht des Kontextes von Enge/Mangel kann all dies nur eine wahre, nur eine wahrscheinliche Be-Deutung haben.

Sie will mich einengen, sie will mich ganz und gar haben.	Er liebt mich nicht wirklich, ich bin ihm nicht genug.

Davon sind wir zutiefst überzeugt, denn nichts anderes ergibt Sinn. Wer eine rote Brille aufhat, für den sind Bäume rot; und wenn die Partnerin eine blaue Brille aufhat, ist sie sicher, dass Bäume blau sind. Solange die Brille unentdeckt bleibt, ist jeder hundertprozentig sicher, mit seiner Wahrnehmung Recht zu haben.

Damit wird klar: Mann und Frau reagieren in ihrer Beziehung nie direkt auf die Worte oder Handlungen des Partners. Sie reagieren auf die Bedeutung, die sie den Worten oder dem Verhalten des anderen geben. Sie reagieren auf ihre eigene Interpretation des Wahrgenommenen.

Betrachten wir an einigen Beispielen, wie die Ereignisse des Beziehungsalltags durch den Filter Enge/Mangel interpretiert werden:

- SIE plant die Aktivitäten der Freizeit und macht diesbezüglich eine Menge Vorschläge. ER hält sich mit Vorschlägen zurück. Ihre Aktivität bedeutet für IHN ›Sie will über mich bestimmen und mir vorschreiben, was ich zu tun habe‹.
- ER schläft gern und lange, vor allem morgens. SIE möchte nach dem Wachwerden schmusen und kuscheln. Sein Schlafen bedeutet für SIE ›Er will sich mir entziehen. In Wirklichkeit ist er gar nicht so müde, er will sich vor mir drücken‹.
- ER telefoniert mit IHR, während im Hintergrund der Drucker seines Computers rattert. Für SIE bedeutet das ›Er spricht nur nebenbei mit mir, er hat noch Wichtigeres zu tun‹.
- SIE beschwert sich daraufhin und das bedeutet für IHN ›Ich kann es ihr nicht recht machen, nie ist sie zufrieden (nun hab ich sie schon angerufen, obwohl ich noch so viel zu tun habe)‹.
- ER unterhält sich lange mit einer attraktiven Frau. Das bedeutet für SIE ›Er ist mit mir unzufrieden, sonst würde er sich nicht für die andere interessieren‹.
- SIE erzählt ihm, wie es ihr geht, wie SIE sich fühlt. Das bedeutet für IHN ›Ihr fehlt etwas, ich soll etwas für sie tun, sie will etwas von mir‹.

Man könnte natürlich sagen, diese Beispiele seien banal, und sie beiseite schieben. Doch der Beziehungsalltag der Partner steckt voller kleiner Scharmützel aber auch großer Kämpfe, die ihren Ursprung in der Enge/Mangel-Wahrnehmung haben. Die geschlechtsspezifische Wahrnehmung färbt Ereignisse derart, dass selbst bedeutungslose Dinge einen – scheinbar wahren – Sinn erhalten.

Auch wenn die Frau nur da ist, nichts sagt oder tut, kann der Mann sich schon beengt fühlen.

Auch wenn der Mann nur still ist und sie nicht beachtet, kann sich die Frau schon vernachlässigt fühlen.

»Gabi braucht dann nur ins Zimmer zu kommen, und ich denke gleich: Jetzt kann ich nicht mehr machen, was ich will.«

(Kommentar Klaus)

Wenn ein Partner erst einmal eine Deutung gemacht hat und zu einer entsprechenden Überzeugung gelangt ist, wird es schwer, wenn nicht unmöglich, ihn vom Gegenteil zu überzeugen.

Ist der Mann erst einmal davon überzeugt, beengt zu werden, stellen sich augenblicklich die Gefühle der Enge ein.

Ist die Frau erst einmal überzeugt, vernachlässigt zu werden, stellen sich augenblicklich die Gefühle des Mangels ein.

Diese Gefühle werden nun zum Beweis der Deutung. Die Partner glauben ›Meine Gefühle können sich nicht irren‹. Doch sie können sich irren, denn die tiefsten Gefühle stützen sich auf die Informationen der Enge/Mangel-Wahrnehmung.

So werden Partner Opfer einer verzerrten Wahrnehmung, die sie von Gesellschaft und Familie übernommen haben. Denn die Wahrnehmung im Kontext der Liebe steht am Anfang der Kette der Reproduktion.

DIE KETTE DER REPRODUKTION

Wenn Partner sich erst einmal eine Bedeutung der Ereignisse und Vorfälle in der Partnerschaft versinnbildlicht haben, treten die Folgen wie von selbst ein. Diese Reproduktion der schmerzlichen Erfahrung Liebe lässt sich in sechs Schritten darstellen.

1. Ereignis	Am Anfang steht ein Ereignis, das als solches noch keinen Sinn ergibt.
2. Wahrnehmung/ Deutung	Dieses für sich betrachtet sinnlose Ereignis wird durch den Filter ›Enge/Mangel‹ gedeutet.
3. Überzeugung/ Voraussage	Aufgrund der Be-Deutung entsteht eine Überzeugung, eine innere Voraussage in Bezug auf die kommenden Ereignisse, die aus den Erfahrungen unserer Vergangenheit stammt.
4. Reaktion	Diese Überzeugung führt zu einer Reaktion, einem bestimmten Verhalten, das den Eintritt der befürchteten Nachteile verhindern soll.
5. Ergebnis	Diese Reaktion führt im Zusammenhang mit dem Kontext des Partners, der das Verhalten seinerseits interpretiert und entsprechend reagiert, zu einem Ergebnis.
6. Erfahrung	Das Ergebnis bestätigt die jeweilige Voraussage: ›Siehst du, ich werde bedrängt‹ oder ›Siehst du, ich werde vernachlässigt‹.

Damit schließt sich die Kette der Reproduktion. Die alte Erfahrung ist wiederhergestellt, der Kontext hat sich erneuert. Im Zusammenspiel des Kontextes Enge und Mangel nehmen die Ereignisse ihren vorbestimmten Lauf. Auch der Mann reproduziert seine »Erfahrung Enge«:

1. Ereignis:	Die Frau kommt auf ihn zu.
2. Wahrnehmung/ Deutung	Durch den Filter der Enge und Bedrängtheit.
3. Überzeugung/ Voraussage	Sie erwartet schon wieder was von mir.
4. Reaktion:	Er macht zu und zeigt kein Gefühl.
5. Ergebnis:	Da sie sich unverstanden fühlt und glaubt, sich besser verständlich machen zu müssen, bedrängt sie ihn weiter.
6. Erfahrung:	ENGE: Ich werde eingeengt.

Ein glatter Weg vom Kontext »Enge« zur Erfahrung »Enge«. Ein gerader Weg zur Reproduktion unbefriedigender Erfahrungen. Natürlich funktioniert diese Abfolge ganz besonders perfekt im Zusammenhang mit dem entgegengesetzten Kontext von Mangel auf der Seite der Frau:

1. Ereignis:	Der Mann schaut einer anderen Frau nach.
2. Wahrnehmung/ Deutung	Durch den Filter des Mangels und der Vernachlässigung.

3. Voraussage/ Überzeugung	*Ich gefalle ihm nicht genug, er wird mit der anderen gehen.«*
4. Reaktion:	Sie bemüht sich um seine Liebe: *»Liebst du mich noch? Kann ich was für dich tun? Brauchst du was?«*
5. Ergebnis:	Er fühlt sich bedrängt und macht dicht.
6. Erfahrung:	MANGEL: Ich bekomme nicht, was ich brauche.

Wiederum ein glatter Weg vom Kontext »Mangel« zur Erfahrung »Mangel«. Am Ende der Kette der Reproduktion haben sich die Befürchtungen der Partner bewahrheitet. Jetzt ist er wirklich der stumme, schweigende oder widersprüchliche Mann, jetzt lehnt er die Frau wirklich ab (Ja/Nein-Falle). Jetzt ist sie wirklich die drängende, bohrende Frau, denn jetzt will sie ihn erreichen (Empfindsamkeitstest).

WAHRNEHMUNG

An diesem Punkt werden die Probleme der Liebe zu Problemen menschlicher, in diesem Falle geschlechtsspezifischer Wahrnehmung.

Im Zusammenhang seiner Liebe/ Enge-Wahrnehmung macht es für ihn nur einen Sinn, dass sie mit ihm über seine Gefühle sprechen will: ›Sie will mich manipulieren, aushorchen, kontrollieren, sie will etwas aus mir rausquetschen, das

Im Zusammenhang ihrer Liebe/ Mangel-Wahrnehmung macht es für die Frau nur einen Sinn, dass er alleine ausgehen will: ›Ich bin ihm nicht genug, mit mir ist etwas nicht in Ordnung, ich bin ungenügend.‹ Dass es andere Gründe

sie gegen mich verwenden kann.‹ Dass es für die Frau wichtig sein könnte, von seinen inneren Vorgängen zu erfahren, um ihn besser zu verstehen, kommt ihm nicht in den Sinn. Das glaubt er nicht. Doch selbst wenn diese Möglichkeit als Gedanke auftaucht und ihm vom Verstand her einleuchtet, so werden seine viel mächtigeren Gefühle ihn dazu bringen, misstrauisch und verschlossen zu bleiben.

für seinen Wunsch, alleine auszugehen gibt, mag ihr zwar als Gedanke einleuchten, doch ihre Mangelgefühle werden stärker als ihre Gedanken sein und ihr Handeln bestimmen.

In der Wahrnehmung durch den Kontext »Enge/Mangel« (diese Brille haben Partner in Stress- und Streitsituationen eigentlich immer auf) ist nichts, was sie sagen, fühlen, glauben oder behaupten, wirklich wahr. Doch weil diese Wahrnehmung eben nicht nur Gedanken, sondern auch Gefühle, ja sogar körperliche Reaktionen auslöst, weil sie so umfassend ist, hat sie derart große Macht.

Aus der Enge/Mangel-Wahrnehmung gibt es kein Entrinnen, wenn sie nicht als Falle erkannt wird. Wenn Partner nicht erkennen, dass ihre Überzeugungen und Aussagen über den anderen nicht die Wahrheit darstellen, sondern bloße Interpretationen sind, werden sie im Kontext Enge/Mangel gefangen bleiben. Dann werden sie immer Opfer ihrer Interpretationen sein. Dann werden sie auf etwas reagieren, das der andere nicht meinte, das er nicht wollte und das er nicht tat.

Wenn sie den Eingaben ihres Kontextes folgen, ohne diese in Frage zu stellen, werden sie auf die Produkte ihrer verzerrten Wahrnehmung reagieren und nicht auf den lebendigen Menschen, der ihnen gegenübersteht. Dann werden sie wieder und wieder die Kette der Reproduktion der Enge/Mangel-Erfahrung in Gang bringen.

Wenn das hier Geschilderte Zustimmung findet, dann gibt es nur eine Erklärung für die Situation, in der sich Mann und Frau auf dem Karussell des Abwehrkampfes befinden: Jeder hat seine Situation selbst geschaffen. Jeder ist selbst verantwortlich für sein Erleben von Enge oder Mangel. Jeder ist selbst verantwortlich für seine Erfahrung von Leid.

Ich weiß, dass dieser Brocken nicht leicht zu schlucken ist. ›Ich soll selbst verantwortlich sein für die Erfahrungen, die ich mit dem Partner mache?‹ Aber es ist so. Eine Erfahrung ist nichts Objektives. Eine Erfahrung gibt keine Wahrheit wieder. *Eine Erfahrung ist die subjektive Verarbeitung eines Ereignisses.*

Viele Menschen erleben den Tod eines Partners. Für einige gerät dies zur Erfahrung, ›dass Liebe sich nicht lohnt, weil man am Ende doch allein ist‹. Andere erfahren durch das gleiche Ereignis ›Die Endlichkeit des Lebens‹ und fühlen sich aufgefordert, ›die Liebe anzunehmen, wo immer sie mir begegnet‹. Wie eine Erfahrung ausfällt, hängt also von der jeweiligen Fähigkeit, Ereignisse zu verarbeiten ab.

Diese Erkenntnis bietet einen Hinweis auf mögliche Lösungen: Wenn Menschen die Macht haben, eine Erfahrung (unbewusst) zu kreieren, unter der sie leiden, dann können sie ebenso andere, befriedigendere Erfahrungen (bewusst) gestalten. Dazu später in Kapitel 6 mehr.

Zunächst möchte ich die Auswirkungen von Enge und Mangel weiter verfolgen.

Thesen dieses Abschnitts

- Im Licht der Enge/Mangel-Wahrnehmung bekommen alle Ereignisse und Vorfälle der Partnerschaft einen ganz bestimmten Sinn. Die Partner gelangen zu (vorher)bestimmten Überzeugungen und reagieren aufgrund dieser Überzeugungen auf eine (vorher)bestimmte Weise.
- So wird die ›Erfahrung Liebe‹ mit dem anderen Geschlecht reproduziert. Eine Erfahrung, von der beide Partner glauben, sie gäbe ihnen mit ihrer Meinung über den Partner recht.
- Doch Erfahrung ist lediglich die subjektive, innere Verarbeitung äußerer Vorgänge. Sie sagt nichts über ›die Wahrheit‹, über ›das Leben‹ oder gar über den Partner aus.

3

Enge und Mangel ersticken Liebe und Sexualität

Die Frau braucht Zeit, der Mann hat keine Zeit

Der Kampf um Liebe belastet die sexuelle Verbindung der Partner. Sexualität und Körperlichkeit werden zu Kristallisationsbereichen der Enge- und Mangelwahrnehmung.

Nach den Symptomen der Enge- und Mangelwahrnehmung in der sexuellen Verbindung von Partnern braucht man nicht lange zu suchen. Die ersten Spannungen tauchen bereits in der Phase der Annäherung auf, denn das Tempo, in dem Mann und Frau sexueller Anziehung nachgeben, ist unterschiedlich.

»Frauen zieren sich. Man muss sie erobern, sich anstrengen.«

»Männer wollen immer gleich zur Sache kommen.«

Die Frau braucht Zeit, der Mann hat keine Zeit. Diese Unterschiede liegen nicht im Wesen von Mann und Frau begründet. Der Mann ist nicht ›von Natur aus‹ schneller, die Frau braucht nicht ›von Natur aus‹ mehr Zeit. Diese Unterschiede haben ihren Ursprung im Wesen der Ängste der Partner.

Dem Mann fällt es leichter, mit einer ihm fremden Frau sexuell zu werden. Da die Beziehung neu und unbelastet ist, da bisher keine Ansprüche an ihn gestellt wurden, da er bisher nicht bedrängt wurde,

Der Frau fällt es schwerer, mit einem ihr fremden Mann sexuell zu werden. Sie braucht Zeit, um Vertrauen aufzubauen, sich sicher zu fühlen und zu öffnen. Solange ein Mann ihr fremd ist, bleibt die

kann er sein Herz öffnen. Mit der Zeit wird es für ihn jedoch immer schwieriger, offen zu bleiben, denn seine Ängste vor Enge wachsen im Verborgenen.

Frau zurückhaltend. Sie öffnet sich, wenn sie ihn länger kennt. Mit der Zeit fällt es ihr also immer leichter, sich zu öffnen.

Das hat manchmal zur Folge, dass die Höhepunkte der sexuellen Anziehung bei Paaren zeitlich versetzt vorkommen. Der Mann erlebt die Zeit großer sexueller Intensität am Anfang der Beziehung, die Frau meist später.

Auch darin liegt eine Spannungs- und Konfliktursache, denn jeder interpretiert diese Vorgänge auf seine Weise. Nach und nach wird Sexualität ein Konfliktfeld der Beziehung und damit Teil des Kampfes um Liebe.

Die Sexualität des Mannes im Kontext der Enge

Leidet der Mann in der Beziehung unter dem Druck, die Frau ›lieben zu müssen‹, so kommt auf sexuellem Gebiet noch weiterer Druck hinzu:
Jürgen: *»Bei ihr hat die Erwartung bestanden, dass ich sie wollen soll. Sie wollte, dass ich mit ihr schlafen will. Sie hat nicht versucht, mit mir zu schlafen, sondern sie hat versucht, mich dazu zu kriegen, dass ich sie will. Der Druck war, dass ich das Ganze anschieben sollte, dass ich die Initiative ergreifen sollte, dass ich sie begehren sollte.«*
›Du sollt mich begehren‹ ist die sexuelle Entsprechung zur emotionalen Erwartung ›Du sollst mich lieben‹ und verstärkt die Engegefühle des Mannes. Dabei kommt diese Erwartung nicht nur von der Frau. Der Mann selbst trägt sie in sich, denn auch er glaubt, die Frau, die er liebt, begehren zu müssen. Er glaubt daran, auch wenn dieser Druck seine sexuelle Erregbarkeit einschränkt. Doch er erwartet noch mehr von sich.
Rolf: *»Der Druck, für ihre sexuelle Erfüllung zuständig zu sein, der macht bei mir alles tot. Da fühle ich mich völlig überlastet. Wenn sie erwartet, dass ich sie sexuell erfülle, weil wir zusammen sind und weil sie unzufrieden ist, dann ist schlagartig Schluss.«*
›Ich soll sie befriedigen, erfüllen‹ ist eine weitere Erwartung, die dem Mann zu schaffen macht.
In seiner Sexualität steht der Mann somit unter dreifachem Druck:

1. der Erwartung, die Frau begehren zu sollen,
2. der Erwartung, sie sexuell erfüllen zu müssen und
3. dem Druck seiner eigenen sexuellen Bedürfnisse.

Unter der Last dieser Ansprüche genügt manchmal schon ein Satz, um den Mann in Panik zu versetzen.

Gerd: *»Sie hat mir von den unbefriedigenden sexuellen Erfahrungen in ihrer vorherigen Beziehung erzählt und dann so einen Satz fallen lassen ›Jetzt hab ich ja dich‹. Das war wie ein Schlag für mich. Plötzlich war alles wie ausgeknipst. Ich wollte erst wieder mit ihr schlafen, als sie sich von mir trennte.«*

Der Satz ›Jetzt hab ich ja dich‹ bedeutete in Gerds Wahrnehmung ›Jetzt muss ich sie zufrieden stellen, sie begehren, ihre Erwartungen erfüllen, besser sein als der andere‹. Gerd gerät in Panik, zieht sein sexuelles Interesse zurück und entdeckt es erst wieder, als seine Freundin sich von ihm trennt. Erst durch die Trennung bekommt er den Platz und die emotionale Gewissheit, frei und nicht beengt zu sein – und nur aus dieser Gelassenheit (er hat Gelassenheit, weil sie ihn lässt, indem sie sich trennt) heraus kann er sein sexuelles Interesse an ihr wieder entdecken.

Frühzeitiger Samenerguss

Weil er nicht gelassen ist, weil er unter Druck steht, sucht der Mann Auswege.

Conny: *»Es macht mich langsam wahnsinnig. Seit vier Jahren haben wir nicht mehr richtig miteinander geschlafen. Es läuft immer gleich ab und geht blitzschnell. Manchmal merke ich gar nicht, dass es schon passiert ist. Dann dreht er sich um, sagt ›Entschuldigung‹ und schläft sofort ein. Ich liege da und fühle mich beschmutzt und missbraucht.«*

Die Erfahrung dieser Frau lässt sich im Satz zusammenfassen: *Wenn er kommt, geht er.* Gleichzeitig mit dem Samenerguss bricht der Mann die Verbindung zu ihr, die zudem oberflächlich war, ab. Er dreht sich um und schläft ein. Seine Frau bleibt zurück, enttäuscht und frustriert. Ihr Mann ist müde, bestenfalls ein wenig entspannt. Er hat Spannung abgelassen. Doch am nächsten Tag

hat er wieder Spannung aufgebaut, dann braucht er es wieder, und wieder findet er statt tief gehender Befriedigung kurzfristige Entspannung in Form von Ermattung. Ein Kreislauf sexueller Frustration hat begonnen.
Im frühzeitigen Samenerguss schließen zwei starke innere Spannungen des Mannes einen fragwürdigen Kompromiss. Die Spannung, die aus dem eigenen Wunsch nach sexueller Befriedigung erwächst, vermischt sich mit der Angstspannung vor körperlicher Nähe zur Frau. Ergebnis ist eine Begegnung, die weder nah noch fern, weder Ja noch Nein ist. Vollkommener als durch den verfrühten Samenerguss kann der Rückzug aus der Nähe zur Frau kaum sein. Nach Sekunden oder Minuten ist es vorbei.

IMPOTENZ

Frühzeitiger Samenerguss ist nicht der einzige Ausweg des Mannes aus der Bedrohung der Nähe. Der Kampf um Freiraum kann andere Formen annehmen – er kann in die Verweigerung führen.
Ralf: *»Das kenn' ich ja, sie ist dann so fordernd, da gibt es kein Entrinnen. Da weiß ich schon, jetzt ist es wieder so weit, jetzt muss ich ran. Also sag' ich mir, was soll's. Ich sag' mir, dass ich doch nicht drum herum komme und es besser hinter mich bringe. Dann fangen wir an. Eigentlich bin ich müde und das geht mir zu schnell. Manchmal geht meine Erektion weg. Am liebsten würde ich die Augen zumachen und einfach wegkippen, einfach entschwinden. Irgendwann schlaf ich ein.«*
Männern, die ihre eigenen Gefühle auf diese Weise ignorieren und sich zu einer Nähe und Leistung zwingen, die ihnen nicht entspricht, bleibt nach einiger Zeit oft nur der Ausweg in die Impotenz. Dann läuft nichts mehr (auch kein Samen) und sie sind von der Pflicht, lieben zu müssen, entbunden. Dann wird Impotenz zum Ausweg aus der Enge und zur unumstößlichen Weigerung, Liebe beweisen zu müssen.

Zwiespalt

Frühzeitiger Samenerguss und Impotenz sind oft extreme Reaktionen auf Druck. Normalerweise sucht der Mann jedoch andere Auswege. Da sein Bedürfnis nach sexueller Befriedigung, die an Nähe gekoppelt ist, mit seiner Angst vor Nähe kollidiert, teilt er die Frau in zwei Frauen auf: Die Frau fürs Herz und die Frau fürs Bett.

Diese Teilung kann sich auf verschiedene Weise äußern. Eine Möglichkeit besteht in der Aufteilung seiner Bedürfnisse auf zwei oder mehr Frauen. Dann wird die Ehefrau Lebensgefährtin und eine andere Frau Geliebte. Eine andere, wahrscheinlich verbreitetere Möglichkeit besteht in der Spaltung seines Verhaltens zu ein und derselben Frau. Dann wird die Partnerin tagsüber seine sorgenden Bemühungen empfangen und im Bett Objekt seiner sexuellen Begierden werden.

In jedem Fall tendiert der Mann zur Trennung von Sexualität und Herz. Darunter leidet er selbst, denn er fühlt sich zwischen seinen sich widersprechenden Bedürfnissen, Begierden, Pflichten, Ängsten und seinem Gewissen zerrissen.

Die Sexualität der Frau im Kontext des Mangels

Auch die Frau steht in ihrer Sexualität unter mehrfachem Erwartungsdruck:

1. dem Druck, das Begehren des Mannes aufrechtzuerhalten,
2. dem Druck, den Mann sexuell zufrieden zu stellen,
3. dem Druck ihrer eigenen, unerfüllten Bedürfnisse.

Gabriele: *»Ich ertappe mich dabei, dass ich mir schon wieder Selbstvorwürfe mache. Ich schaffe es nicht, einen Mann auf Dauer sexuell bei der Stange zu halten – das werfe ich mir vor. Ich fühle mich ungenügend, nicht gut genug, nicht schön genug.«*

Bemühen

›Ich muss sein sexuelles Interesse an mir wach halten‹ ist die insgeheime Überzeugung der Frau, durch die sie versucht, Mangel zu vermeiden. Aus dieser Überzeugung heraus bemüht sie sich um die sexuelle Aufmerksamkeit des Mannes, macht sich schön für ihn, lässt sich liften für ihn, richtet sich nach ihm. Wenn das sexuelle Interesse des Mannes nachlässt, bezieht die Frau dies wie selbstverständlich auf sich. ›Das muss an mir liegen. Was ist geschehen? Gefalle ich ihm nicht mehr? Stimmt etwas nicht mehr mit mir? Bin ich uninteressant geworden? Gefällt ihm eine andere besser? Bin ich zu dick? Zu dünn? Zu alt? Bin ich nicht gut genug im Bett? Ich bin zu ... oder nicht ... genug – sonst würde er mich begehren.‹
Gertrud: *»Nachdem sexuell nicht mehr viel mit uns los war, habe ich versucht, das spielerisch zu verändern. Mir besondere Wäsche*

angezogen oder Fantasien in den Sex gebracht, um Spannung zu erzeugen und ihn anzuregen. Ich habe alles versucht. Wir haben uns Filme angesehen, um uns anzutörnen. Schließlich hat er verlangt, dass ich mir Reizwäsche und Strapse anziehe. Dann ist sein Sex regelrecht aggressiv geworden. Nach einer Weile hat mich das erniedrigt. Ich hab es gemacht, damit er mit mir schläft. Aber ich hab mich vor mir selbst geschämt dafür.«

Gertrud bemüht sich, das Interesse ihres Freundes zu erwecken. Nicht selten lässt sie sich dafür auf Dinge ein, die ihr eigentlich nicht entsprechen. Aber ihr Bemühen bringt nicht, was es bringen soll.

Die Frau kann die Aufmerksamkeit des Mannes erreichen, sie notfalls mit Verführung, mit Druck, mit Unzufriedenheit und Forderung erzwingen. Sie kann seinen Sex provozieren, doch sie wird seine seelische Zuwendung vermissen. Irgendetwas fehlt. Er fehlt. Seine liebevolle Anwesenheit fehlt. Je größer ihr Druck, ihr Verlangen wird, desto weiter zieht er sich zurück. Da sie weiterhin körperlichen Ausdruck seiner Liebe sucht und nicht bekommt, kann Sex für sie nicht lang genug, gut genug, intensiv genug sein. Sie glaubt, es müsste noch was kommen, etwas anderes, etwas Besseres. Sie wartet, doch es passiert nicht.

Frustration

Frauen sind vom schnellen Mann oder sich verweigernden Mann frustriert und enttäuscht:

»Das nervt mich. Wenn er fertig ist, wird er müde und schläft ein. Wenn er gekommen ist, ist es vorbei – Banane. Und ich, wenn ich gekommen bin, dann ist nichts vorbei, dann könnte es erst richtig losgehen. Ich bin hellwach. Meist will ich nicht, dass er kommt, weil es dann vorbei ist.«

»Was mich fertig macht, ist, wenn das Gefühl dabei fehlt. Er will zwar mit mir schlafen, aber dann ist nicht unbedingt Nähe da.

Wenn er mit mir schläft und nicht dabei ist, nicht bei mir ist, das ist das Schlimmste für mich. Da fühle ich mich benutzt und verlassen.«

Frauen vermissen sehr oft den Mann im Bett. Sie vermissen sein Herz. Er ist da, sein Körper ist da, aber er ist nicht anwesend. Wieder einmal ist er geflohen. Wieder einmal hat er sich dem Kontakt entzogen. Wieder einmal bleibt die Frau in den Gefühlen des Mangels und der Vernachlässigung zurück. Sie sucht den Mann, fordert seine Gegenwart, aber er flieht. Flieht in den Schlaf oder zu einer anderen Frau.

Helga macht ihrem Mann Kurt Vorwürfe: *»Dass du mal fremdgehst, kann ich noch verkraften. Aber dass du mit mir kaum noch schläfst, das verletzt mich. Dass du mich liebst, weiß ich. Aber du liebst mich nicht als Frau. Als Frau fühle ich mich völlig missachtet.«*

In ihrer dreizehn Jahre währenden Beziehung hatte Helga nur in den ersten zwei Jahren das Gefühl, von ihrem Mann ›als Frau‹ geliebt zu werden. Danach wurde Sexualität mit ihm selten und unbefriedigend. Schließlich schlief sie fast ganz ein.

Dass ihr Mann fremdgeht, wirft Helga nicht um. Doch dass er mit ihr nicht mehr oder nur noch flüchtig schläft, ist Beweis dafür, dass sie nicht ›als Frau‹ geliebt wird. Sie ist sicher, dass ihr Mann all das, was er ihr vorenthält, anderen Frauen gibt. Dass sein Sex auch dort heftig und schnell ist, kann sie sich nicht vorstellen. Wozu sonst sollte er zu anderen gehen, wenn die nicht besser sind oder ihm besser gefielen? Was sonst sollte sein Fremdgehen bedeuten, als dass sie ›nicht gut genug‹ ist? ›Zeig mir, dass du mich liebst, zeig mir, dass ich begehrenswert bin‹ ist ihre Sehnsucht. Wie soll er sein Begehren zeigen? Körperlich, indem er mit ihr schläft, ihr seine Sexualität und sein Herz gibt. Doch der Mann bleibt fern.

Irgendwann ist die Frau so enttäuscht, dass sie sich dieser Sexualität verweigert und ihr Herz verschließt. Gefühlskälte wird Mittel der Verweigerung und des Selbstschutzes der Frau. Wenn sie sich dem Mann auch nicht völlig verweigert, so gibt sie sich ihm auch nicht mehr hin.

Emotionen ersticken Sexualität

Wenn Enge und Mangel Einzug in die Sexualität der Partner gehalten haben, begegnen sich Mann und Frau, statt in Freude und Sinnlichkeit, in Druck und Angst.

Manfred: *»Es ist stumpfer als am Anfang. Ich fühle mich gehemmter und merke, dass ich mich mehr raushalte, wenn ich mit ihr schlafe.«*

Carola: *»Auf sexuellem Gebiet wird er auch zurückhaltender, weil er sich auf andere Art zu sehr eingeengt fühlt.«*

Enge und Mangel deuten sich an. Konnten die Partner zu Beginn der Beziehung manchen Riss der Beziehung kitten, indem sie miteinander schliefen, so wird das im Laufe der Zeit immer schwerer. Sie können auf Dauer die psychischen Spannungen aus ihrer Sexualität nicht heraushalten. Mann und Frau können sich nicht einerseits permanent streiten und andererseits in zärtlicher sexueller Verbindung aufgehen. Alte Verletzungen aus zu viel Nähe und zu wenig Nähe, Ängste vor Enge und Vernachlässigung überlagern die gegenwärtige sinnlich-körperlich-seelische Begegnung.
An diesem Punkt belasten Emotionen, deren Wurzeln bis in die Kindheit der Partner reichen, die sexuelle Verbindung. Wenn ich jetzt von Emotionen spreche, möchte ich diese hilfsweise von

Empfindungen unterscheiden. Als Emotionen bezeichne ich in diesem Zusammenhang diejenigen Gefühle, die aus vergangenen Beziehungen und Erlebnissen stammen. Diese Vergangenheit kann Stunden, Tage oder Jahre alt sein und kann bis zur Beziehung zu den Eltern zurückreichen.

Empfindung in diesem Zusammenhang ist die unmittelbare, freud-, lust- (oder schmerz-)hafte Empfindung, die aus der gegenwärtigen körperlich-sinnlichen Begegnung der Partner erwächst. Empfindung entsteht im Berühren, Öffnen, Atmen, Spüren, Loslassen, Pulsieren, im Genuss der aktiven und rezeptiven Kräfte der Sexualität.

War es den Partnern zu Beginn ihres Kontaktes möglich, diese Empfindungen relativ frei von Emotionen zu erleben und in sie einzutauchen – nachdem Enge und Mangel in die sexuelle Beziehung eingedrungen sind, ist das nicht mehr möglich. In einer Flut von Angst und Groll, die sich aus vergangenen Spannungen, Ereignissen und Erinnerungen über die Gegenwart der sinnlichen Begegnung ergießen, ist Sexualität erstickt.

Thesen zur Sexualität

- Die Emotionen der Enge und des Mangels dringen nach und nach in die sinnlich-körperliche Begegnung der Partner ein und überlagern diese schließlich.
- In ihrer Sexualität verfügen Mann und Frau über extreme Möglichkeiten, die Gefühle der Enge und des Mangels zu vermeiden:
  - Der Mann wird der schnelle Mann (frühzeitiger Erguss) oder verweigert sich (Impotenz).
  - Die Frau verweigert sich (Frigidität) oder bemüht sich (Anpassung).

4

Die Träume von Mann und Frau

Der Traum von Freiheit

Hinter dem Traum der Freiheit verbirgt sich der wirkliche Wunsch des Mannes.

Freiheit ist das Ziel des Mannes in seinem Kampf. Freiheit ist zugleich die am wenigsten verstandene Sehnsucht des Mannes. Der Mann will Freiheit. Freiheit ist sein großer Traum. Jede Frau kann ein Lied davon singen. Doch was bedeutet Freiheit für ihn? Was verbindet er mit diesem Begriff?
Erinnern wir uns an die Männer des vorne geschilderten Partnerschaftsseminars. Bei allen wurde ein gemeinsamer Wunsch deutlich – der Wunsch nach Abstand von der Frau. Denn *»Wenn sie nicht da wäre, könnten wir unseren Wünschen nachgehen«.*
Hier finden wir eine Bedeutung des Wortes Freiheit. In ihm verbirgt sich die Sehnsucht des Mannes, seine Wünsche zu erfüllen. Dazu braucht er Freiheit, und Freiheit setzt er mit Distanz zur Frau gleich. ›Wenn ich allein wäre, wenn SIE nicht da wäre, dann könnte ich meinen Wünschen folgen.‹

Wünsche

Der Mann steckt in der Erfüllung seiner Wünsche zurück, nimmt Rücksicht auf die Partnerin, auch wenn IHR das Gegenteil wahr zu sein scheint.

»Wenn ich rücksichtsloser sein könnte, wenn ich mehr an mich denken könnte, würde es mir besser gehen.«

»Was heißt Freiheit? Er macht doch ständig, was er will. Es gibt kaum gemeinsame Interessen. Er macht seinen Kram und was mit mir ist, kümmert ihn nicht.«

So unterschiedlich äußern sich die Partner zum Thema Freiheit des Mannes. Für ihn sieht es folgendermaßen aus: Weil sie da ist, weil er sich um sie kümmern muss, sich ihr verpflichtet fühlt, schränkt er sich ein. Weil er sich einschränkt, kann er seinen eigenen Wünschen nicht nachgehen. Also schränkt SIE ihn ein. Also muss er fort von ihr, wenn er seine Wünsche erfüllen will.

Berater: *»Wieso hältst du es manchmal nicht bei ihr aus?«*

Robert: *»Es ist das Gefühl, dass ich nicht wirklich tun kann, was ich will. Ich fühle mich so unfrei bei ihr.«*

Berater: *»Wann könntest du dich denn frei fühlen?«*

Robert: *»Wenn ich bei ihr alles fühlen darf und auch mit ihr drüber reden kann.«*

Berater: *»Worüber würdest du gerne mit ihr reden können?«*

Robert: *»Über meine Wünsche. Zum Beispiel darüber, was mich sonst noch interessiert, außer mit ihr zusammen zu sein.«*

Würde Robert so offen sein und seiner Freundin mitteilen, was ihn noch interessiert ›außer mit ihr zusammen zu sein‹, würde er nicht nur einen Streit riskieren:
»Sie würde die ganze Beziehung in Frage stellen. Schließlich hat sie mir schon x-mal damit gedroht zu gehen. Sie glaubt sofort, wenn ich mal ausgehen will, ich würde was mit anderen Frauen anfangen.«
Aus Angst, Robert würde fremdgehen, versucht seine Frau, ihn zu kontrollieren und einzuengen. Aus Angst, ihn zu verlieren, schränkt sie ihn ein. Robert fühlt sich beengt, geht aber einer Auseinandersetzung aus dem Weg und verzichtet so auf die Äußerung und Erfüllung seiner Wünsche. Ein Effekt dieses Schweigens ist, dass er Spannung in sich aufstaut. Ein anderer, dass er seine Wünsche aus den Augen verliert.

Berater: *»Was geschieht, wenn du dich nicht traust, es zu tun?«*

Robert: *»Ich werde still, zieh' mich zurück. Ich verliere den Kontakt mit ihr und schrumpfe von ihr weg.«*

Berater: *»Und was geschieht mit deinen Wünschen, wenn du nicht darüber redest?«*

Robert: *»Manche gehen verloren. Oder es entstehen Wünsche, von denen ich nicht weiß, ob ich sie auch hätte, wenn der Druck nicht da wäre.«*

Die verdrängten Wünsche blähen sich im Laufe der Zeit zu großen Fantasien auf, die Robert irgendwann zu einer Überreaktion verleiten. Dann macht er sich wortlos aus dem Haus um etwas zu erleben und kehrt erst spät in der Nacht wieder zurück.

Günther ist in einer ähnlichen Situation. Auch er träumt den Traum von der großen weiten Welt, allerdings schon mit Einschränkungen:

»Es ist ja nicht so, dass ich noch nie ausgebrochen wäre. Ich versuche schon, mir meinen Freiraum zu nehmen, fahre allein weg oder mach 'ne Tour mit Freunden. Aber oft kann ich nicht so recht was damit anfangen. Ich mache dann was, von dem ich geglaubt habe, es müsste spannend sein. Aber es ist langweilig. Ich weiß inzwischen gar nicht, ob ich das, was ich da draußen mache, eigentlich wirklich will.«

Berater: *»Du weißt nicht, ob du die Dinge, die du draußen machst, auch wirklich willst?«*

Günther: *»Ja, ob ich das wirklich will oder ob es nur eine Flucht ist aus der Situation mit Renate.«*

Berater: *»Eine Flucht wovor?«*

Günther: *»Davor, dass ich mit Renate nicht klarkomme. Sie sitzt zu Hause und wartet auf mich. Wenn ich dann nach Hause komme, soll ich für sie da sein.«*

Berater: *»Wie fühlst du dich da?«*

Günther: *»Überfallen, gar nicht wahrgenommen, überschüttet. Das gibt immer Ärger und Streit.«*
Berater: *»Du willst vor dem Ärger und dem Streit fliehen?«*
Günther: *»Ja, und vor ihren Planungen.«*

Günthers ›Sehnsucht Freiheit‹ zeigt sich als Wunsch, aus Situationen zu fliehen, mit denen er nicht zurecht kommt. Doch was soll er draußen? Der einzige Vorteil ist, vor ihren Übergriffen sicher zu sein, ist die Tatsache, dass SIE nicht dort ist und er dem Streit und Ärger, den Anstrengungen des Abwehrkampfes entgangen ist. Am meisten machen ihre Planungen ihm zu schaffen:

Berater: *»Du willst vor ihren Planungen fliehen?«*
Günther: *»Ja, sie nimmt mir die Lust an dem, was ich machen will.«*
Berater: *»Wie kann sie dir die Lust nehmen?«*
Günther: *»Indem sie versucht, mich davon abzuhalten. Sie macht es mir madig, meckert dran 'rum. Ich gebe dann nach. Mit einem Mal sind meine Wünsche weg, die gehen richtig unter.«*
Berater: *»Was sind das für Sachen, die sie dir madig machen kann?«*
Günther: *»Eigentlich lauter Kleinigkeiten. Mal ins Kino gehen oder was Verrücktes unternehmen. Oder mal in die Disko gehen, obwohl wir dafür eigentlich zu alt sind.«*

Seine Frau kann ihm die Lust nehmen, kann ihm seine Vorhaben madig machen. Er will Streit vermeiden, gibt nach, verzichtet und fühlt sich wieder einmal beengt. Weil er sich nicht durchsetzen kann und seine Wünsche aufgibt, ist Freiheit auch für Günther da, wo seine Frau nicht ist.
Indem er sich von vielen kleinen Freiheiten (Kleinigkeiten) des Alltags abbringen lässt, baut er nach und nach den Traum der großen Freiheit auf. Wie Günthers Beispiel zeigt, haben Männer

jedoch selbst dann Probleme, die ersehnte Freiheit zu genießen, wenn sie einmal Abstand herstellen und ›in die Welt‹ ziehen können. Günther langweilt sich – der Traum hält nicht, was er versprach.

Der Mann hat also grundsätzliche Probleme mit dem Charakter seiner Wünsche. Entweder kennt er seine wahren Wünsche nicht und baut das Luftschloss Freiheit auf, oder aber er kennt seine Wünsche und wagt es nicht, ihnen nachzugeben. Kehren wir an dieser Stelle zu unserer Männergruppe zurück:

Robert: *»Wobei ich ergänzen möchte, dass wir auch rausgefunden haben, wie unglaublich schwer es uns fällt, unsere Wünsche zu entdecken und auszusprechen, sie uns überhaupt einzugestehen.«*

Ansprüche

Auch wenn es Frauen schwer fallen wird, sich das vorzustellen: Der Mann weiß nicht, was er will. Doch er weiß genau, was er soll. Der Mann ist durch seine Rolle auf einseitig-männliches Verhalten festgelegt. Von klein auf sagt man ihm, was er tun und lassen soll, wofür er kämpfen soll, wen und wie er lieben soll. Er glaubt, auf eine bestimmte Weise sein zu müssen und hat deshalb keine Ahnung, was er ist. Er hatte weder Zeit noch Raum selbst herauszufinden, was er – unabhängig vom Sollen auferlegter Rollenverpflichtung und vom Wollen der Frau – will.

Insbesondere in seiner Kindheit hat er nicht gelernt, sich von der mächtigen ersten Frau, der Mutter, offen abzugrenzen. Im Gegenteil musste er lernen, viele seiner wahren Wünsche vor ihr zu verstecken. Indem er sie vor ihr leugnete, verleugnete er sie schließlich auch vor sich selbst. Er verleugnete seine Wut, seinen Widerwillen, seine Neugier, seinen Bewegungsdrang, sein Interesse an anderen Menschen. Er lernte, dass es besser war, seine wahren Wünsche zu verheimlichen oder zu verschleiern und nicht ehrlich zu sein.

Wünsche entspringen aus Gefühlen. Da er seine Wünsche versteckte, verdrängte der Junge zugleich auch die damit verbundenen Gefühle.
Die wahren Wünsche des Mannes liegen also unter einem Berg von Ansprüchen verschüttet. Hier geht es ihm nicht anders als der Frau, die sich ja auch auf eine Rolle festgelegt und damit eingeschränkt hat. Der Mann hat unklare, vage Vorstellungen vom Charakter seiner Wünsche und kann seiner Partnerin dementsprechend nur begrenzt Auskunft darüber geben, was er will oder fühlt. Das kann seine Partnerin verunsichern.

Gefühle zeigen

Petra ist sich der Gefühle ihres Mannes unsicher. Hundertmal hat sie versucht, mit ihm über diese Ungewissheit zu sprechen, hundertmal hat sie keine Antwort bekommen. *»Was empfindest du für mich? Liebst du mich noch?«* Doch Klaus schweigt. Petra gewinnt die Überzeugung, dass ihr Mann nicht ehrlich und offen mit ihr reden will – dass er unehrlich ist, ein Feigling. In der Beratungssituation verändert sich dieser Eindruck:

Petra: *»Wenn du mir nur einmal sagen könntest, was du fühlst. Wenn du mir nur einmal in den letzten Monaten gesagt hättest, dass du mich liebst.«*

Klaus: (schweigt und blickt zu Boden)

Berater: *»Klaus, was müsste geschehen, damit du ihr sagen kannst, was du fühlst und ob du sie liebst?«*

Klaus: *»Wenn sie mir zuhören würde und mich verstehen könnte, oder wenigstens respektieren, was ich sage.«* (Petra ist einverstanden und sagt zu, ihn nicht zu unterbrechen)

Klaus: *»Ich kann dir diese Frage nicht beantworten. Ich weiß nicht, ob ich dich liebe. Ich bin mir nicht sicher. Ich*

	könnte dir antworten, wenn ich eine Wahl hätte, aber die habe ich nicht.«
Berater:	*»Welche Wahl hast du nicht?«*
Klaus:	*»Zu sagen ›Ich liebe dich nicht‹ oder ›Ich weiß es nicht‹ ist doch gar nicht drin. Dann ist der Teufel los. Dann nervst du so lange, bis ich das Gegenteil sage. Aber ich weiß ja selbst nicht, was die richtige Antwort ist.«*

Klaus würde seiner Frau gern antworten, aber er weiß die Antwort selbst nicht. Er kann – wenn er ehrlich sein will – nicht antworten.

Blockiert

Wieso hat er das Gefühl, keine Wahl zu haben? Zum einen, weil er sich vor dem Ausbruch ihrer Gefühle fürchtet, weil sie ›ihm die Hölle heiß‹ machen würde, sollte er auf ihre Frage mit Nein antworten. Zum anderen, weil er die Antwort auf ihre Frage selbst nicht kennt.

Da er seine Kraft dafür verwendet, seine Frau auf mittlerem Abstand zu halten, bekommt er nie Gelegenheit, sich über seine Gefühle klar zu werden. Da er echten Abstand verhindert, fehlt ihm der Raum, seine Gefühle *für* sie wahrzunehmen. Er nimmt vorrangig Gefühle *gegen* sie wahr. Da er echten Abstand meidet, kann er nie auf seine Frau zugehen, denn auf sie zugehen könnte er nur aus einer Entfernung.

Lange bevor er sein eigenes Bedürfnis nach Nähe wahrnehmen kann, steht sie vor ihm und verlangt: ›Sag mir, dass du mich liebst – wenn du mir nur einmal sagen würdest, dass du mich liebst.‹ Doch er kann die Antwort auf diese Frage nicht finden, denn diese Antwort liegt in seinem Inneren versteckt. Er aber schaut nach außen, auf die fordernde Frau, vor deren Eingriffen er sich fürchtet. So entgleitet ihm die innere Wahrheit, bleibt ihm die Antwort auf ihre Frage selbst verborgen.

Nur wenige Frauen können sich vorstellen und nachvollziehen, wie blockiert der Mann unter Druck und Zwang ist. Wie sehr er sich dann verschließt. Wie viel Zeit und Abstand er braucht, um Kontakt zu seinem Herzen aufzunehmen. Und wie viel mehr Zeit er braucht, sein Herz wieder zu öffnen, wenn es einmal verschlossen war.

Ausbruch

Der Mann versucht, der Idealvorstellung des allzeit liebenden und für das Glück seiner Frau verantwortlichen Mannes gerecht zu werden. Doch irgendwann hält er diesem Druck nicht mehr stand. Dann will er fort. Er will ausbrechen. Es kommt der Punkt, da muss er wie unter einem Zwang ausprobieren, ob er noch von ihr loskommen kann.

Friedrich: *»Es gibt immer wieder diese Situation, dass ich fremdgehe. Dabei ist es nicht einmal besonders toll. Es ist mehr wie ein Zwang. Ich muss mir beweisen, dass ich ihr nicht gehöre, dass ich frei bin. Eigentlich fühle ich mich dabei nicht besonders wohl. Es bleibt immer ein Katzenjammer, ein schlechtes Gewissen und die Angst, sie könnte es erfahren.«*

Dieser Mann geht nicht fremd, weil es ihn zu einer anderen Frau hinzieht, weil er eine andere Frau liebt. Er geht fremd, um sich zu beweisen, dass er sich selbst gehört. Es ist sein Versuch, dem Gefühl der Enge zu entkommen und sich Raum zu verschaffen. Was er in dieser ›Freiheit‹ findet ist jedoch nicht das, wonach er suchte. Er findet zweifelhaftes Vergnügen, das von schlechtem Gewissen getrübt ist und eine vorübergehende, fragwürdige, äußere Freiheit.

»Ich habe meine Wünsche und Bedürfnisse nie deutlich gemacht. Ich wollte rücksichtsvoll sein. So lange, bis ich es schließlich nicht mehr aushielt und fast die ganze Beziehung kurz und klein geschlagen habe.«

(Kommentar Klaus)

Die Sehnsucht nach Freiheit kann schließlich so stark und der Druck der Enge so groß werden, dass der Mann irgendwann Trennung dem endlosen Kampf vorzieht. Im Abwehrkampf gefangen, scheint Trennung die einzig mögliche Alternative, um der Schlacht, ihren Anstrengungen und Verwundungen zu entkommen und der Verwirklichung seines Traumes von Freiheit näher zu kommen.

Trennung

Oft scheint Trennung der einzige Weg ins Paradies zu sein. Roland und seine Frau kamen in die Beratung, weil er seine Frau verlassen wollte und nicht den Mut dazu fand.

»Ich möchte mich von Lisa trennen, aber es geht nicht, weil sie so abhängig von mir ist«, war seine feste Überzeugung zu Beginn der Beratung. Er beschrieb sich als starken, unabhängigen Mann und seine Frau als schwaches, abhängiges Wesen. Er glaubte tatsächlich, sein Edelmut würde ihn hindern, dem Ruf seiner Träume zu folgen und dieses schwache Wesen ›sitzen zu lassen‹.

Schließlich trafen er und Lisa eine Vereinbarung, mit der die weitere Zerstörung der Beziehung verhindert werden sollte. Sie trennten sich vorübergehend für die Zeit von drei Monaten.

Im Laufe dieser Zeit entdeckte Roland, was ihn wirklich bei seiner Frau bleiben ließ:

»Ich glaube, meine Gefühle für Lisa waren überschattet. Ich habe nur noch die Lisa vor mir gesehen, die mir zusetzte und drohte. Ihr Satz, ›Nur über meine Leiche!‹, hat mich fertig gemacht, weil ich befürchtete, sie tut sich etwas an, wenn ich gehe. Ich hab' immer diese Träume gehabt, wie schön es sein muss, frei zu sein. Erst als wir dann wirklich für ein paar Monate getrennt waren, hab' ich gemerkt, welche Vertrautheit und Nähe wir miteinander hatten und wie wichtig das auch für mich ist. Ich hatte es mir nicht vorstellen können, aber ich habe sie sehr vermisst.«

Rolands Situation und Verhalten ist charakteristisch für viele Männer. Seine eigene Angst vor Einsamkeit und sein Bedürfnis nach Nähe waren ihm nicht bewusst. Er hat sich vielmehr über die Abhängigkeit seiner Frau beschwert. Die Trennung hat ihm gezeigt: Auch er braucht und liebt seine Frau, auch er braucht Nähe. Doch er konnte das weder sich noch seiner Frau eingestehen, aus dem einfachen Grund, weil er es nicht wusste. Erst durch die vorübergehende Trennung wurde es ihm bewusst und er kehrte zu seiner Frau zurück.
Jetzt, nachdem er zeitweise von ihr getrennt war, empfindet er den Entschluss, wieder mit ihr zusammen zu leben, als Ausdruck seines eigenen Willens und Wollens. Jetzt erst hat er die Entscheidung für die Beziehung als seine eigene und freiwillige Entscheidung erlebt und braucht sich nicht weiter gezwungen zu fühlen, bei Lisa zu bleiben.

Durch Trennung hofft der Mann, dem Paradies der Freiheit nahe zu kommen. So trennt er sich, oft im kleinen, manchmal im großen Stil. Im kleinen Stil, indem er sich zurückzieht und einmauert. Im großen Stil, indem er die Beziehung abbricht. Nicht selten entpuppt sich das Paradies seiner Träume jedoch als ein leerer Ort, wie die Zeilen, die ein Mann nach der Trennung schrieb, zeigen:
Rudolf: *»Ich habe sie in den letzten Jahren nur hassen können, weil sie mich nie in Ruhe gelassen hat. Dabei habe ich nie gemerkt, dass ich sie auch liebe, dass ich auch ein Herz für sie habe.«*
Es scheint paradox, dass auch dieser Mann erst in die Wüste der Einsamkeit (der vermeintlichen Freiheit) gehen musste, um schließlich das zu finden, was seine Frau von ihm erwartete: seine Gefühle für sie und seine Liebe zu ihr. Und doch blieb ihm keine andere Möglichkeit, diese Liebe zu entdecken, als von der Entfernung aus.

Sich selbst fühlen

Der Mann fühlt sich getrieben und es treibt ihn mit Gewalt fort aus der Enge, hin zur Weite. Dorthin, wo Platz ist. Dorthin, wo er frei atmen kann. Dorthin, wo kein Zwang und kein Druck auf ihm lastet. Dorthin, wo er mit sich selbst sein kann.
Wozu? Was kann er dort, in der Weite, das er in der Enge nicht kann? Er kann mit sich selbst sein, er kann sich fühlen! Das ist das Geheimnis des Traumes Freiheit.

Der Mann will Freiheit, will Abstand, um sich selbst zu spüren, um herauszufinden, was er – unabhängig von Forderungen und Pflichten – will und fühlt.

Wenn er Distanz zur Frau findet, findet der Mann seinen wahren, wirklichen, tiefsten Wunsch: eine Frau zu lieben. Allerdings – sie zu lieben in einem Klima von Freiheit und Freiwilligkeit.

Thesen dieses Abschnitts

- Der Mann sehnt sich nach Freiheit und kämpft um Freiheit.
- Freiheit ist da, wo SIE keinen Einfluss hat, ist Distanz von IHR. Freiheit ist ›draußen‹ in der weiten Welt, fern von der Enge daheim.
- Der Mann unternimmt verzweifelte Versuche, frei zu sein und seinen Traum zu finden: Er geht fremd, bricht aus, trennt sich.
- Nicht selten erfährt er ›draußen‹ Frustration oder findet sich in der Wüste der Einsamkeit wieder.
- Trotzdem braucht der Mann den Abstand zur Frau. Er braucht die Erfahrung Einsamkeit und Alleinsein, um sich zu fühlen und seinen wahren Wunsch zu entdecken.
- Sein wahrer Wunsch ist, die Frau zu lieben: aber in einem Klima von Freiheit und Freiwilligkeit.

Der Traum von Nähe

Auch hinter dem Wunsch der Frau nach Nähe verbirgt sich, was sie eigentlich sucht.

Erinnern wir uns an die Frauen aus der vorne beschriebenen Frauenrunde der Paargruppe. Im Gegensatz zum Mann wollten sie nicht weg vom Partner. Die Richtung ihrer Bemühungen zeigte vielmehr zum Mann hin.

Frauen wollen Nähe, wollen in Verbindung treten. Im Konfliktfall suchen sie nicht das Weite, sie suchen das Gespräch. Sie sind bereit, sich darum zu bemühen und sich dafür anzustrengen, dass Verbindung geschieht. Im Empfindsamkeitstest steigert sich ihr Bemühen sogar zum Versuch, die harte Schale der männlichen Abwehr aufzubrechen.

»Was heißt hier zu wenig Nähe? Ich weiß gar nicht, was sie will. Ich bin doch dauernd bei ihr.«

»Wenn ich ihn erreichen könnte, würde er schon verstehen, was ich meine. Dann könnte ich mich begreiflich machen.«

Nähe, das ist ›mit dem Mann zusammen sein‹. Der Traum von Nähe gipfelt in dem Wunsch, ›alles mit ihm zusammen zu machen‹. Dann dreht sich alles um den Mann, und aus der Verbindung zum Mann soll alles kommen, was die Frau vom Leben erwartet. Zu lange hat die Frau auf die Erfüllung dieser Träume gewartet.

In den Jahren ihrer Kindheit, die von Mangel und der Sehnsucht nach dem Mann bestimmt waren, hat die Frau ein Bild vom Mann aufgebaut. Es ist das Bild vom Prinzen, vom ›Richtigen‹, der sie aus ihrer emotionalen Vernachlässigung erlösen soll. ›Wenn ich erst mal eine Frau bin, wird er kommen.‹ Wenn dann ein Mann

kommt, will sie ihn ›ganz‹, um ganz zu werden. Dann soll er die emotionale Leere in ihr ausfüllen, soll ganz für sie da sein, soll ihre Sehnsucht stillen.
Viele Frauen kämpfen mit erheblicher Kraft um die Verwirklichung dieses Traumes. Ingrid ist eine solche Frau mit hohen Erwartungen an ihre Beziehung und ihren Mann. Sie kommt mit ihrem Mann in die Beratung, weil nach sechs Jahren zum ersten Mal ›die Beziehung nicht funktioniert‹. Als ich nach ihren Kriterien für eine funktionierende Beziehung forsche, zählt sie eine Reihe von Vorstellungen auf. Sie will:

- den Mann lieben
- guten Sex mit ihm haben
- zusammen mit ihm wohnen
- Kinder mit ihm haben
- gemeinsam mit ihm arbeiten
- weltanschaulich mit ihm übereinstimmen
- gemeinsam mit ihm die Freizeit verbringen.

Sieben Bedingungen für Liebe und Partnerschaft, sieben Kriterien, an denen Ingrid erkennt, ob ihre Beziehung ›funktioniert‹. Ich bin sicher, dass viele Paare zufrieden wären, wenn sich vier oder fünf von Ingrids Kriterien in der Realität ihrer Beziehung erfüllten. Bei Ingrid genügt es schon, wenn eine Bedingung nicht erfüllt ist, um die ganze Beziehung in Frage zu stellen.

Die Frau konzentriert sich auf die Verbindung zum Mann. Wozu ist diese Verbindung so wichtig? Was sucht sie darin? Sucht sie den Austausch von Liebe oder steht hinter dem Wunsch nach Liebe ein anderer, ihr verborgener Wunsch?
Sabine: *»Wir hatten schon länger keine richtige Verbindung mehr, auch nicht im Bett. Schließlich hielt ich es nicht länger aus und bin zu ihm. Ich wollte endlich wissen, was mit uns ist. Ich bin ziemlich massiv geworden und hart an ihn rangegangen. Ich habe*

getobt, ihn beschimpft und in meiner Wut auch gedroht, ihn zu verlassen. Schließlich standen ihm die Tränen in den Augen. Wie ich ihn so sah, irgendwie hilflos, eine Träne lief ihm runter, da hat sich was verändert. Ich hatte nicht mehr das Gefühl, gegen eine Wand zu reden. Das hat genügt, da war es gut. Da hab' ich ihn gespürt. Es ging mir plötzlich viel besser.«

Ein Beispiel aus dem weiten Feld des Empfindsamkeitstests. Sabines Ziel war es, ihren Freund zu spüren, und schließlich erreicht sie es, wenn auch auf aggressive und destruktive Weise. Was passierte in dem Augenblick, in dem sie seine Tränen sah? Sie beruhigte sich, ›da war es gut‹.
Kein Wort der Liebe war gefallen, er hat ihr nichts gegeben, war nicht zärtlich zu ihr. Die beiden sind sich nicht näher gekommen. Aber Sabine ist beruhigt, denn seine Tränen haben ihr doch etwas gegeben: die Gewissheit, dass er Gefühle für sie hat, dass sie ihm etwas bedeutet.

Berater: *»Du weißt jetzt, dass du ihm etwas bedeutest?«*
Sabine: *»Ja, dass ich ihm nicht egal bin, dass ich ihm wichtig bin.«*
Berater: *»Was gibt es dir, wenn du ihm wichtig bist?«*
Sabine: *»Das Gefühl, dass ich wichtig bin. Dass ich etwas wert bin.«*
Berater: *»Wenn er nicht auf dich eingeht, dann hast du das Gefühl, nichts wert zu sein?«*
Sabine: *»Ich bin schon was wert ohne ihn. Aber ich fühle mich als Frau abgelehnt.«*
Berater: *»Woran merkst du, dass du als Frau wertvoll bist?«*
Sabine: *»Dass er mich will. Dass er mich anschaut. Dass er mir nahe ist und ich ihn fühlen kann, auch seinen Körper.«*
Berater: *»Was ist mit dir, wenn das alles so ist?«*
Sabine: *»Dann fühle ich mich ruhig, dann fühle ich mich sicher.«*

Das war, was Sabine suchte: emotionale Sicherheit. Wenn er sie liebt, fühlt sie sich sicher. Diese Sicherheit findet sie in seiner emotionalen Zuwendung, in seiner Aufmerksamkeit, in seinem Begehren, nicht zuletzt im körperlichen Kontakt mit ihm. All dies ist mit Nähe verbunden.

Die Frau will das Gefühl haben, für den Mann wichtig zu sein. Dieses Gefühl entsteht, wenn der Mann etwas für sie tut. Er soll sagen: ›Ich liebe dich.‹ Er soll zärtlich sein, er soll aufmerksam sein, er soll sich ihr zuwenden.

Doch sobald die Aufmerksamkeit des Mannes nachlässt, sind die Gefühle der Sicherheit in Gefahr, und Unsicherheit macht sich breit. Dann versucht die Frau, den Mann zu Beweisen seiner Liebe zu veranlassen. Wenn diese ausbleiben, startet sie den Empfindsamkeitstest.

Im Bemühen um seine Liebe und im Empfindsamkeitstest sucht die Frau letztlich nicht Liebe, sondern Sicherheit. Die Sicherheit weiblicher Identität. Die Sicherheit, bedeutend und wertvoll zu sein – und zwar als Frau.

Hanna: *»Das Schlimmste für mich ist, nicht gesehen zu werden. Zum Beispiel hatten wir Kontakt. Es war schön. Wir waren nahe, und ich wartete drauf, dass das Eigentliche noch passieren würde. Dass wir uns noch näher kommen. Da steht er plötzlich auf und geht in die Küche, um sich was zu holen. Mit einem Mal reißt alles ab. Ich fühlte mich völlig missachtet. Einfach nicht wahrgenommen mit dem, was ich will, nicht gesehen.«*

Berater: *»Was bedeutet es, dass er dich nicht sieht?«*

Hanna: *»Dass ihm an mir nichts liegt.«*

Berater: *»Was sagt es über dich aus, wenn ihm an dir nichts liegt?«*

Hanna: *»Dass ich es nicht wert bin.«*

›Er geht so plötzlich in die Küche‹ bedeutete: ›Der intime Kontakt mit mir ist ihm nicht wichtig – ich bin ihm nicht wichtig – ich bin es nicht wert.‹ Und schon breitet sich Selbstunsicherheit aus.
Ein weiteres Beispiel soll zeigen, wie sehr die Frau um Sicherheit ringt. Stephanie hatte mit ihrem Freund eine zweijährige Beziehung, die endete, als Peter sich endgültig einer Frau zuwandte, mit der er schon seit Monaten Kontakt pflegte. Stephanie ist ›völlig fertig‹ und gerät in eine tiefe Depression. Erschwerend kommt hinzu, dass sie Peter am Arbeitsplatz regelmäßig sieht. Das macht es noch schwerer für sie, denn im Grunde möchte sie noch immer mit ihm zusammen sein.
»Ich kann nicht mal wütend werden, ich liebe ihn einfach zu sehr. Wenn ich wütend sein könnte, ginge es mir vielleicht besser. Aber ich kann einfach nichts gegen ihn machen. Das wäre so, als ob ich was gegen mich selbst mache. Es fühlt sich an, als ob er ein Teil von mir ist. Ich kann ihm nichts antun.«
Stephanie beschreibt, was in ihrem Inneren passiert: *»Es fühlt sich an, als ob eine Hälfte von mir ausgelaufen wäre, seit er fort ist. Als ob alle Kraft aus mir rausgeflossen wäre. Ich bin nur noch halb da, und halb bin ich leer. Es kommt mir alles so sinnlos vor.«*
Stephanie fühlt sich ›halb‹. Gegen ihren Freund kann sie keine Aggressionen entwickeln, da er ›ein Teil‹ von ihr ist. Obwohl Peter schon länger mit der neuen Freundin zusammen war und ihr das missfiel, konnte sie nicht darauf reagieren, denn ihre Aggressionen waren gehemmt. ›Du kannst doch nichts gegen jemanden machen, der ein Teil von dir ist – du würdest ja etwas gegen dich selbst machen‹ ist die verborgene Überzeugung, mit der sie ihre Aggressionen hemmt und so in die Lage gerät, dass er sich schließlich von ihr trennt.
Peter war der erste Mann ihres erwachsenen Lebens, dem sie sich geöffnet hatte. Er war der erste Mann, der sie mit den ›Augen des Begehrens‹ ansah und ihr dadurch eine Bestätigung ihrer Weiblichkeit verschaffte. Durch sein Begehren wurde sie ›ganz‹, durch seine Zuwendung füllte sich die Leere, die sie seit den Tagen ihrer

Kindheit in sich trug. Durch die Zuwendung des Mannes hat Stephanie eine bis dahin leere Hälfte von sich aufgefüllt, denn als er sie verließ, ›lief sie aus‹. Plötzlich ist da eine Leere, die ihr vor der Beziehung gar nicht bewusst war und die ihr Leben jetzt unerträglich und sinnlos scheinen lässt.

Stephanie ist in ihrem Alltag eine extrem selbstbewusste und selbstständige Frau, die immer bestens alleine zurechtkam. Schon im Alter von sechs Jahren lebte sie manchmal eine Woche allein, wenn ihre Mutter verreist war und versorgte sich selbst. Ihr Vater war im Krieg gefallen. Stephanie erinnert sich, als Kind oft auf seine Rückkehr gewartet zu haben. Doch das geschah nicht. Sie lernte, ihre Sehnsüchte zu verdrängen und sich auf sich selbst zu besinnen.

Materiell und beruflich ist Stephanie vollkommen unabhängig – bis sie einen Mann trifft, der die alte Wunde ›Sehnsucht‹ in ihr aufreißt. Als er sie verlässt, bricht Stephanie zusammen. Sie kann die unerwartet gefundene Sicherheit einer weiblichen Identität nicht unabhängig von seiner Zuwendung aufrechterhalten. Es scheint, als ob sie mit ihm auch ihre Kraft verloren habe. Sie träumt davon, wochenlang nur zu schlafen, um ›endlich Ruhe zu haben‹ vor den Schmerzen des Verlassenseins.

An Stephanies Beispiel wird deutlich, dass es ihr erst in zweiter Linie um den Austausch von Liebe geht. Wichtiger ist, was durch Peters Zuwendung in ihr geschehen war und worauf sie jetzt verzichten muss: Sie erlangte die emotionale Sicherheit, eine Frau zu sein und als Frau ganz und wertvoll zu sein. Sie erlangte weibliche Identität.

Doch wenn die Aufmerksamkeit des Mannes nachlässt, droht der Frau der Verlust einer Kraft, der sie sicher zu sein glaubte – der Kraft ihrer geschlechtlichen Identität. Hier besteht ein Unterschied zur Reaktion des Mannes, der – wenn er verlassen wird – sich als Mensch in Frage stellen kann, dessen Identität als Mann jedoch nicht in diesem Maße ins Wanken gerät.

Wenn der Mann geht, bedeutet dieser Verlust für die Frau mehr als den Verlust eines Mannes. Sein Gehen und sein Fliehen bedeuten den Verlust eines wesentlichen Teils ihres Selbstwertes.

Identität

Identität ist lebensnotwendig. Ohne Identität können wir nicht leben. Ohne Identität können wir uns nicht von anderen Menschen abgrenzen. Ohne Identität sind wir anderen Menschen ausgeliefert.
Der Prozess der Identitätsfindung ist im Leben eines Menschen ein zugleich schmerzvoller und lustvoller Vorgang, denn Identität entsteht an Grenzen. Wir empfinden es als schmerzvoll, wenn wir vom anderen abgelehnt werden und als lustvoll, wenn der andere uns annimmt. In den Auseinandersetzungen an den Grenzen unseres Kontaktes, durch die Erfahrung, von einem geliebten Menschen abgelehnt oder angenommen zu werden, entsteht die Identität, ›ein Mensch‹, ›ein ICH‹, ein unverwechselbares Individuum zu sein. Identität entsteht also im Wechsel von Grenzöffnung und Grenzziehung im menschlichen Kontakt.

Weibliche Identität

Wie soll die Frau geschlechtliche Identität finden, wenn ihr klare Zuwendung oder Abwendung vorenthalten wird? Wenn sie an den Botschaften des Ja/Nein verzweifelt? Wenn sie nichts hat, woran sie sich halten kann, verliert die Frau den Halt und wird haltlos. Sie wird orientierungs- und damit identitätslos. Kein Wunder also, dass sie den Mann bedrängt, um ihn zu spüren, denn nur darin glaubt sie, sich spüren zu können. Da sie ihn aber nicht spürt, kann sie sich nicht spüren. Da sie sich nicht spürt, kann sie sich nicht finden. Also kämpft sie weiter auf der Suche nach sich selbst.

Darin liegt das Geheimnis hinter dem Wunsch nach Nähe. Die Frau sucht nicht bloß Nähe. In der Nähe will sie sich finden, sich als Frau, ihre geschlechtliche Identität.

Ihr Versuch, als erwachsene Frau ihre Identität in der Zuwendung des Mannes zu finden, den Beweis des eigenen Wertes in seiner Liebe zu erkennen, hat aber einen entscheidenden Nachteil: Solange sie ihre Sicherheit, ihre Identität an die Zuwendung eines Mannes knüpft, befindet die Frau sich in Abhängigkeit. Solange sie glaubt, Liebe und Aufmerksamkeit vom Mann fordern zu müssen, um sich als Frau fühlen zu können, erlebt sie Liebe im Kontext der Abhängigkeit.

Thesen dieses Abschnitts

- Die Frau will Nähe, sucht Verbindung mit dem Mann.
- Diese Nähe soll sie vollständig machen, soll ihr Sicherheit geben.
- Doch hinter dem Wunsch nach Nähe steht ein tieferes Bedürfnis. Das Bedürfnis, Sicherheit im Aufbau weiblicher Identität zu finden.
- Da die Frau glaubt, weibliche Identität nur in der Zuwendung durch den Mann finden zu können, erlebt sie Liebe im Kontext der Abhängigkeit.

5

Wie Angst die Liebe erschwert

Ein Kreislauf der Reaktionen

Angst vor dem Verlust von Liebe leitet einen Kreislauf ein, der zum Verlust von Liebe führt.

Das destruktive Verhalten der Partner im Kampf um Liebe führt zur Zerstörung der Beziehung. Aber auch wenn die Partner das wissen, wenn sie es vom Kopf her verstehen – es ist ihnen fast unmöglich, sich anders zu verhalten. Wie können Mann und Frau ein derart widersinniges Verhalten aufrecht erhalten? Warum machen sie nicht einfach das Gegenteil von dem, was sie tun?

Warum nimmt der Mann sich nicht den wirksamen Abstand, den er so dringend braucht?

Warum lässt die Frau den Mann nicht los, wenn sie doch keine Sicherheit und Orientierung bei ihm findet?

Weil etwas sie daran hindert. Etwas im Inneren, das nichts mit dem Partner zu tun hat.

Rüdiger und Claudia leben seit vierundzwanzig Jahren in Ehe. In Bezug auf ihr Verhalten sind sie ein typisches Paar – er fühlt sich seit Beginn der Ehe bedrängt, sie fühlt sich seit Beginn der Ehe vernachlässigt. Trotzdem sind sie nach so langer Zeit noch zusammen, kämpfen miteinander um die Ziele Freiheit und Nähe. Ihren Kampf führen die beiden auch in den ersten Stunden der Eheberatung mit Vehemenz. Er nimmt den gleichen Verlauf wie im Alltag des Paares.

Claudia beschuldigt ihren Mann, vorwiegend an seiner Arbeit interessiert zu sein und sich nicht genügend um sie und ihre Bedürfnisse zu kümmern. Mit ihren Vorwürfen ließe sich eine ganze Buchseite füllen. *»Du fährst zu oft zu deiner Mutter ... Die ist dir wichtiger als unsere Familie ... Du schläfst nicht genug mit mir ...*

Du bist egoistisch ... Du hörst mir nicht zu ... Du siehst mich nicht ...«
Rüdiger zeigt die typisch-männliche Reaktion. Zuerst versucht er, sein Verhalten zu erklären, zu rechtfertigen und zu verteidigen. Dann wird er stiller und versinkt schließlich ganz in Schweigen, woraufhin ihn Claudia heftiger mit Vorwürfen bewirft. Schließlich hält er es nicht mehr aus. Er verschafft sich mit den Worten *»Halt den Mund, lass mich in Ruhe«* Platz. Dabei gerät er außer sich vor Wut und macht Claudia durch seinen Zorn Angst.
Claudia ist von diesem Ausbruch eingeschüchtert. Sie bekommt ein schlechtes Gewissen und hört erst einmal auf, ihn zu bedrängen. Er wird ruhiger. Ein kurzer Scheinfrieden entsteht, der jedoch bald im neu aufflammenden Konflikt zerfällt.
Am Beispiel dieses Paares können wir beobachten, wie der Geschlechterkampf auf die Spitze getrieben wird und endgültig in einen sinnlosen Kreislauf gegeneinander gerichteter Reaktionen mündet.

Rüdiger hält seine Frau in der Ja/Nein-Falle gefangen. Von seiner enttäuschten Frau lässt er sich mit Vorwürfen traktieren und versucht, diese ›vernünftig‹ zu widerlegen. Da seine Frau aber emotional und nicht rational reagiert, muss dieser Versuch zwangsläufig scheitern. Rüdiger sieht die Sinnlosigkeit seiner Versuche ein und gibt auf – er schweigt.

Claudia versucht, zu ihrem Partner vorzudringen. Da er sich zurückzieht und in der Festung seiner Argumentationen und Rechtfertigungen einmauert, rückt sie nach und wendet die Mittel des Empfindsamkeitstests an, um ihn zu erreichen.

Doch dieses Verhalten kann keiner der Partner ewig durchhalten. Irgendwann sind die Gefühle der Enge zu groß, irgendwann ist die Frau von ihren Bemühungen erschöpft. Dann kommt es zu einer extremen Gegenreaktion:

Während seine Frau ihn weiter in die Ecke drängt, zieht sich Rüdiger weiter nach Innen zurück. Bis der Punkt erreicht ist, wo er das alles nicht mehr aushält. Dann schlägt er zu und stößt Claudia von sich, um sich Platz zum Atmen zu verschaffen. Das ist sein Versuch, Freiheit zu erreichen.

Claudia erkennt die Sinnlosigkeit ihres Drängens und ihrer Bemühungen und merkt, dass sie ihn mit den Gemeinheiten und Spitzen des Empfindsamkeitstests verletzt und sich erschöpft hat. Jetzt zieht sie ihre Bedürfnisse zurück und beginnt zu warten. Das ist ihr Versuch, ihn zum Bleiben zu bewegen.

Aber auch diese Gegenreaktion können die Partner nicht lange aufrechterhalten, denn nach einer Weile

- versucht er aus schlechtem Gewissen heraus, sich ihr wieder zuzuwenden,
- hält Claudia es nicht mehr aus zu warten und beginnt von Neuem, seine Nähe zu suchen.

Dann beginnt das Spiel von vorne. Erneut halbe Nähe, erneut Mangel, erneut Enge und Bemühen – tagelang, wochenlang, jahrelang. Die Partner scheinen in ihrem Kampf lediglich zwei extreme Verhaltensmöglichkeiten zu haben, zwischen denen sie hin und her schwanken:

Der Mann lässt sich bedrängen und in die Ecke treiben – bis er die Enge nicht mehr ertragen kann. Dann stößt er die Frau von sich, um sie alsbald wieder auf Sicherheitsabstand ranzulassen.

Im Versuch, zu ihm vorzudringen, erschöpft sich die Frau. Dann hält sie sich zurück und erwartet ihn. Bald jedoch hält sie Warten nicht mehr aus und drängt erneut zum Kontakt.

Wenn Partner aus dem Kreislauf dieser Reproduktion von Enge und Mangel aussteigen wollen, kommen sie nicht umhin, eine Frage zu beantworten: ›Was steckt hinter diesem merkwürdig hartnäckigen Verhalten, das uns dazu bringt, das Karussell des Streits eine um die andere Runde zu durchlaufen?‹

Was macht es den Partnern möglich, sich so sinnlos zu verhalten? Beide wissen vom Verstand her, dass ihr Verhalten destruktiv ist. Beide würden sich gern anders verhalten, bringen es aber nicht fertig. Etwas hindert sie daran. Was also verhindert ein anderes, sinnvolleres Verhalten?

Frage an den Mann:
»Was ist die innere Überzeugung, die es erzwingt, dich bedrängen zu lassen?«

Frage an die Frau:
»Was ist deine insgeheime Überzeugung, die dich dazu drängt, dich zu bemühen?«

In den Antworten finden wir einen Schlüssel zum Verständnis der extremen Verhaltensweisen des endlosen Beziehungskampfes:

»Claudia will so viel, und ich gebe ihr schon so wenig. Wenn ich mich jetzt noch weigere, ihr zuzuhören, stehe ich ihr ja überhaupt nicht mehr zur Verfügung.«

»Wenn ich mich nicht darum bemühe, etwas von Rüdiger zu bekommen, dann tut sich überhaupt nichts. Wenn ich ihn in Ruhe lasse, kann ich warten, bis ich schwarz werde.«

Rüdiger ist davon überzeugt, sich ›das anhören zu *müssen*‹, und Claudia ist davon überzeugt, ›sich um seine Zuwendung bemühen zu *müssen*‹. Diese Überzeugungen sind so stark, dass sie keine alternativen Verhaltensweisen zulassen, was sich im Gebrauch des Wortes ›müssen‹ zeigt. Wenn sie sich so verhalten müssen, dann können sie nichts anderes tun, dann bleibt ihnen keine andere Wahl.

Welche Konsequenzen würde ein anderes Verhalten ihrer Überzeugung nach mit sich bringen? ›Ich muss, sonst …‹

»Dann würde sie mich verlassen! Sie hat es mir oft genug angedroht!«

»Dann würde ich nie etwas von ihm bekommen. Dann könnte ich genauso gut gehen!«

Dann verlässt sie mich ... bekomme ich keine Liebe ... dann bin ich allein. Es ist die Angst vor dem Verlassenwerden, die es den Partnern ermöglicht, sich bedrängen zu lassen oder sich zu bemühen. Diese Überzeugungen erkennen wir leicht als Voraussagen[4], die aus dem jeweiligen Kontext der Partner stammen.

›Wenn ich mir das nicht anhöre, werde ich sie verlieren, werde ich allein sein!‹ (und damit die Möglichkeit verlieren, zu lieben).

›Wenn ich mich nicht bemühe, werde ich seine Liebe nie erhalten‹ (und damit dauernd allein sein und meine Identität nicht finden).

Wenn ich nicht ertrage, wenn ich mich nicht bemühe, dann ... werde ich allein sein. Diese Überzeugungen binden Mann und Frau an das Verhalten des Beziehungskampfes und verhindern, dass sie etwas anderes tun. ›Ich muss mich so verhalten, MUSS es aushalten, MUSS mich bemühen, sonst ... werde ich verlassen‹.

Es ist Angst vor dem Verlust des Partners, vor dem Verlust der Liebe, welche die Kette der Reaktionen hervor bringt. Diese Angst bildet den Hintergrund des Kampfes um Liebe.

Zweifel? Dann, liebe Leserin, lieber Leser, überprüfen Sie Ihr eigenes Verhalten im Beziehungskampf durch die Frage ›Welche innere Überzeugung erzwingt meine Reaktion? Welche Überzeugung fordert mich auf sie/ihn anzuschreien, sie/ihn zu beschuldigen, sie/ihn mit Verachtung zu strafen?‹

4 Zur Bedeutung von Voraussagen siehe unter ›Reproduktion von Enge und Mangel‹, wo die Entstehung der Erfahrung beschrieben wird.

Wenn Sie sich etwas Zeit nehmen, den Antworten aus Ihrem Inneren zu lauschen, werden Sie erstaunt sein. Erstaunt über die Ängste, die sich hinter Ihrem Verhalten verbergen, erstaunt über die Voraussagen, die Sie aufgrund dieser Ängste treffen – und sich nicht mehr über die daraus resultierende Reaktion wundern.
Unschwer erkennen wir hinter den Überzeugungen der Angst die Erfahrungen, die wir als Kinder gemacht haben.

›Wenn ich mich mit Mutters Vorschriften nicht abfinde, wenn ich sie nicht aushalte, werde ich ihre Liebe verlieren!‹

›Wenn ich mich nicht um Vaters Aufmerksamkeit bemühe, wird nichts passieren, wird er mich nicht wahrnehmen!‹

Die Überzeugungen der Angst stammen aus einer Zeit, da Liebe im Zusammenhang mit Abhängigkeit vorkam, denn wir waren von der Zuwendung unserer Eltern abhängig. Doch auch wenn wir heute glauben, die Vorgänge der Kindheit hinter uns gelassen zu haben: Auf emotionaler Ebene erklären wir uns die Dynamik der Liebe auf die gleiche Weise, in der wir sie als Kind erlebt und erfahren haben.
Unsere Ängste und Gefühle erweisen sich dabei als mächtiger als unser schlauer Kopf. Sie zwingen uns zu einem Verhalten, unter dem wir leiden.

ERDULDEN – DIE QUAL DES MANNES

Wie groß die Angst des Mannes ist seine Frau zu verlieren, können wir am Ausmaß seiner Erleidens- und Erduldensfähigkeit ermessen:

Mann: *»Ich muss ihr ständig das Gefühl geben, dass sie jemand ist.«*

Berater: *»Wie geschieht das?«*

Mann: *»Indem ich mir alles anhören soll, was sie zu erzählen hat.«*

Berater: *»Was musst du dir anhören?«*

Mann: *»Zum Beispiel den ganzen Ärger, den sie mit ihrer Familie hat. Sie schimpft auf allen rum und ich soll zuhören und ihr Recht geben. Wenn nicht, ist sie beleidigt.«*

Dieser Mann hört seiner Frau zu, zähneknirschend zwar, aber er spielt mit. Er fürchtet ihr Beleidigtsein und die Konsequenzen.

- Wenn ich ihr nicht zuhöre, ist sie beleidigt,
- dann glaubt sie wieder, ich würde sie nicht mögen,
- dann macht sie mir Vorwürfe, ich wäre nicht an ihren Gefühlen interessiert,
- stellt die Beziehung in Frage
- und droht mir, zu gehen,
- das erspare ich mir lieber
- und nehme ihren Ärger in Kauf.

Wie Perlen auf einer Kette reihen sich die Ängste des Mannes aneinander. Am Ende der Kette steht die Angst verlassen zu werden. Diese Angst taucht in verschiedenen Formen auf.
Erich: *»Ich fühle mich dafür verantwortlich, dass es ihr gut geht.*

Ich kann es nicht ertragen, wenn sie leidet. Sie wirft mir ja auch immer vor, wegen mir zu leiden. Dann versuche ich ihr zu helfen. Ich diskutiere mit ihr, mache ihr Vorhaltungen, versuche, sie davon zu überzeugen, dass es keinen Grund gibt zu leiden, ziehe sie auf. Ich versuche alles, sie da rauszuholen, damit diese Last von mir genommen ist, denn ich fühle mich immer schuldig an ihrem Zustand.«

Dieser Mann findet keine Ruhe, wenn seine Frau leidet. In seinem Fühlen übernimmt er die Verantwortung für ihren Zustand. Er glaubt, ein schlechter Mann zu sein (der seine Frau nicht glücklich macht) und versagt zu haben (in seiner Pflicht, sie zu lieben und dadurch glücklich zu machen).

Erich macht etwas, was vielen Männern passiert: Erst zieht er sich einen Schuh an, der ihm viel zu eng ist, dann versucht er, ihn loszuwerden. Er bemüht sich, findet aber keine Wege, seiner Frau zu helfen. Ihr zu helfen ist auch nur sein sekundäres Interesse. Primär will er sich vor allem von der Last seines schlechten Gewissens befreien. Wir können annehmen, dass auch das Kind Erich gegenüber seiner Mutter mit den gleichen Schuldgefühlen zu kämpfen hatte, wenn sie litt. ›Mutter leidet‹ heißt für das Kind ja auch, die Liebe von Mutter ist in Gefahr = ich bin in Gefahr. Auch daher stammt die Überzeugung: ›Ich muss ihr helfen – ich muss etwas für sie tun – sonst bin ich in Gefahr sie zu verlieren.‹

Der Mann Erich ist innerlich gelähmt, wenn seine Frau leidet. Seine Frau weiß, bewusst oder unbewusst genau, wie sie ihren Mann unter Druck setzen kann. Sie ist schwach und hilflos. Sie sagt nichts, sie klagt nicht, aber ihr Blick spricht Bände.

»Ich habe mich in meiner ersten Ehe siebzehn Jahre lang so unter Druck setzen lassen. Wenn ich heute die Worte Migräne und Kopfschmerzen höre, sträuben sich mir immer noch die Haare.«

(Kommentar Rudolf)

Die unausgesproche Botschaft an Erich lautet: ›Mir geht es so schlecht, weil du mich nicht genug liebst, weil du dich nicht genug um mich kümmerst. Ich leide so sehr, weil du so egoistisch bist und nur an dich denkst.‹

Berater: *»Was bedeutet ihr Zustand für dich?«*

Erich: *»Sie deckt mich mit ihrer Wehleidigkeit völlig zu. Dauernd diese diffusen Anklagen, es macht mich wahnsinnig.«*

Berater: *»Bist du schuld? Wenn ja, was bedeutet es für dich?«*

Erich: *»Ich denke nicht, dass ich schuld bin. Aber ich fühle mich schuldig. Das heißt dann, dass ich was für sie tun muss.«*

Berater: *»Was musst du tun für sie?«*

Erich: *»Ihr helfen. Es ist wie eine Art Lastenausgleich für mich.«*

Sein Verstand, sein Denken sagt Erich, dass er nicht schuld ist. Doch seine stärkeren Gefühle sprechen ihn schuldig. Das belastet ihn derart, dass er ihr Klagen kaum ertragen kann und nur einen Wunsch fühlt: Weg von hier, weg von ihr. Aber auch wenn er in die Kneipe oder zu Freunden geht, sein schlechtes Gewissen nimmt er mit. Deshalb ist er schließlich doch zum Lastenausgleich bereit nach dem Motto: ›Wenn ich sie schon nicht richtig liebe, muss ich sie zumindest ertragen, sonst ... wird sie gehen.‹

Erich steht beispielhaft für Männer, die sich aufgegeben haben. Im Glauben, zu der geforderten Liebe verpflichtet zu sein, haben sie ihre Freiheit aufgegeben. Die Freiheit, zu fühlen und zu tun, was ihnen entspricht – und zwar auch unabhängig vom Zustand oder der Zustimmung der Frau. Die Überzeugungen der Angst, verlassen zu werden und allein zu sein, wenn sie nicht erdulden, haben sie dazu gebracht, ihre Freiheit aufzugeben.

Bemühen – die Qual der Frau

Wie groß die Angst auch der Frau ist, die Liebe des Mannes nicht zu bekommen, können wir am Ausmaß ihres Bemühens und Verzichtens erkennen:

Frau: *»Das Schlimmste ist, wenn ich merke, dass ich mich verliere.«*

Berater: *»Wie geschieht das?«*

Frau: *»Indem ich etwas für ihn mache, was mir eigentlich nicht gefällt.«*

Berater: *»Was machst du für ihn, was dir nicht gefällt?«*

Frau: *»Zum Beispiel wenn ich müde bin und mich doch nicht ins Bett lege, weil er noch nicht da ist. Dann warte ich, bis er kommt, weil ich weiß, wie enttäuscht er ist, wenn ich schon schlafe.«*

Diese Frau tut etwas ›für ihn‹. Sie merkt, dass sie sich im Bemühen um den Partner verliert, aber ihre Angst vor seiner Enttäuschung ist groß. ›Wenn ich schon vor ihm schlafe, enttäusche ich ihn – wenn ich das zu oft tue, will er mich nicht mehr – wenn er mich nicht mehr will, verliere ich seine Liebe.‹

Am Beispiel von Ruth zeigt sich, was Frauen ›für die Liebe‹ aufgeben. Ruth ist felsenfest davon überzeugt, einen selbstsüchtigen und gewissenlosen Mann zu haben.

»Werner denkt nur an sich. Ich würde gern so viel mit ihm unternehmen, aber er ist kaum interessiert. Das macht mich sehr oft traurig. Dann macht er mir Vorhaltungen oder nimmt mich nicht ernst. Es macht mich rasend, wenn er meinen Arm tätschelt oder mir eines seiner flüchtigen Küsschen verpasst, diese ›Nun-lass-mal-gut-sein-Beschwichtigungs-Küsschen‹, mit denen er mich abwimmeln will. Ich werde dann völlig verzweifelt und weiß nicht, wie ich ihm verständlich machen soll, was ich will.«

Sobald Ruth Lust hat etwas zu unternehmen, versucht sie ihren Mann dafür zu interessieren. Da dieser meist auf Abwehrhaltung geht (›Was soll ich denn jetzt schon wieder tun‹), wird Ruth traurig. In ihrem Erleben ist tatsächlich ihr Mann Verursacher dieser Traurigkeit. Sie glaubt, *»... Dass er nicht richtig versteht, was ich will – oder mich nicht verstehen will«*. Ihre Versuche, sich verständlich zu machen, bleiben im Kreislauf von Druck und Abwehr stecken. So hatte sie sich ihren Mann und die Beziehung zu ihm nicht vorgestellt:

Berater: *»Eure Beziehung hat sich nicht so entwickelt, wie du es dir vorgestellt hast?«*

Ruth: *»Natürlich habe ich vor unserer Heirat gemerkt, dass wir verschieden sind. Wir hatten uns ja über ein Jahr gekannt. Aber ich habe geglaubt, das würde sich mit der Zeit ändern.«*

Berater: *»Wie sollte das geschehen?«*

Ruth: *»Ich dachte, wenn wir uns Mühe geben, können wir alle Schwierigkeiten aus dem Weg räumen.«*

Berater: *»Wie hast du selbst versucht, das zu tun?«*

Ruth: *»Indem ich in die Beziehung investiert habe. Ich hab' geglaubt, wenn wir es schaffen uns zu ändern, wenn jeder nicht nur an sich denkt, kann es nicht schief gehen.«*

Was hat Ruth nicht alles ›für ihren Mann‹ getan. Sie hat sich schön gemacht ›für ihn‹, ihre Freunde und Bekannten aufgegeben ›für ihn‹, ihre Arbeit vernachlässigt ›für ihn‹. Natürlich hat sie Entsprechendes auch von ihm erwartet – dass er sich ›für sie ändert‹. Sie glaubte, wenn sie sich nur genügend darum bemüht und ihre Kraft in die Beziehung ›investiert‹, im Laufe der Zeit zum Mittelpunkt seines Lebens zu werden. Wozu? Um zu bekommen, worauf sie seit den Tagen ihrer Kindheit wartet: die ganze, ungeteilte Aufmerksamkeit und Zuwendung eines Mannes und dadurch die Gewissheit, als Frau wertvoll zu sein.

Seit sie ein Mädchen war, trägt die Frau ein genaues Bild in sich, wie eine Beziehung sein soll und was darin für sie geschehen muss. Zu lange hat sie ihre Hoffnungen und Erwartungen aufgeschoben, zu lange auf die Erlösung ihrer Sehnsüchte gewartet, als dass sie jetzt noch länger warten könnte. Dieser Mann soll ›ihr Mann‹ sein und ihr geben, worauf sie bisher verzichten musste. In ihren Fantasien hat sie Werner zum Erfüller ihrer Wünsche und Sehnsüchte bestimmt. Heute versucht sie, ihn nach dieser Vorstellung zu formen. Werner merkt das:

»In Wirklichkeit meint sie doch gar nicht mich. Sie hat ein Bild von mir, wie ich sein soll, wie sie mich haben will. Das hat mit mir nicht viel zu tun.«

Anstatt zu werden, wie sie es sich erträumte, anstatt sich zu ändern, verschließt sich Werner und geht auf Distanz. Seine Weigerung, sich ihrem Idealbild anzupassen und sich ihren Vorstellungen entsprechend zu ändern, lässt ihn in Ruths Augen zum Egoisten werden, von dem sie sich ausgebeutet fühlt.

Im Bemühen, den Mann zu ändern, ihn zu formen, und in der Hoffnung, von ihm zu bekommen, was sie brauchen, haben sich viele Frauen ganz dem Mann zugewandt. Ihn geheiratet, ihr Leben auf ihn oder die Beziehung eingestellt, ihre Unabhängigkeit nicht nur finanziell aufgegeben. Jetzt erwarten sie, dass der Mann die ihm zugedachte Aufgabe, sie zu lieben, erfüllt und gebrauchen ihre Kraft, den Mann dazu zu zwingen, dazu zu verführen, dahin zu manipulieren. Sie versuchen dies auf zwei unterschiedliche Weisen.

Zum einen ist das Bemühen der Frau positiv auf den Mann gerichtet. ›Kann ich noch was für dich tun? Gefalle ich dir so? Soll ich mich ändern? Bin ich dir so recht? Gern warte ich darauf, dass sich etwas ändert! Gern warte ich darauf, dass du mich liebst! Ich weiß doch, wie schwer du es hast! Wenn wir uns nur bemühen, wird es schon klappen!‹

Zum anderen ist ihr Bemühen negativ gegen den Mann gerichtet. ›Das solltest du nicht tun! Das enttäuscht mich! Das hätte ich nie von dir gedacht! Es ist nicht recht von dir, das zu tun!‹ Paradox am Bemühen der Frau ist, dass sie eigentlich selbst nicht weiß, worum genau es ihr geht. Was sie genau vom Mann will. Sie will ›gesehen werden‹, ›als ganze Person geliebt werden‹, sein ›Ein und Alles sein‹. Ihre Wünsche sind diffus, ihre Vorstellung unkonkret. Sie drängt den Mann mit unkonkreten und undifferenzierten Vorstellungen, stellt aber selten konkrete Forderungen, zu denen der Mann Ja oder Nein sagen kann. Sie fordert *»Tu etwas mit mir!«* Und wenn der Mann fragt: *»Was möchtest du denn tun?«*, entrüstet sie sich: *»Wenn du mich lieben würdest, wüsstest du das!«*
Die Frau weiß nicht, was hinter dem Traum von Aufmerksamkeit und Nähe steckt. Woher sollte sie auch den wahren Charakter ihrer Wünsche kennen. Sie hat sich ja stets am Mann orientiert. Selbst wenn ihr konkrete Bedürfnisse bewusst waren, hat sie diese selten direkt und offen vertreten. Dadurch blieben ihre wirklichen Bedürfnisse undeutlich und unerfüllt.
Wie auch immer, alle Bemühungen, ob sie sich selbst oder den Partner verändern will, in jedem Falle zahlen sich die Investitionen der Frau nicht aus. Frauen stellen früher oder später fest: Sie können den Mann nicht ändern. Und sie können auch sich selbst nicht ›für die Liebe‹ ändern, wenn sie sich nicht verlieren wollen, denn sich über den Mann zu definieren bedeutet, sich auf Dauer von ihm abhängig zu machen.

Sich aufgeben

So geht es allen Partnern. Sie geben ›für die Beziehung‹ etwas auf, das ihnen wertvoll war. Sie geben ›für die Liebe‹ etwas auf, das sie schließlich vermissen. Dann geben sie die Schuld dem Partner. Doch der kann wirklich nichts dafür. Es sind die eigenen insgeheimen Überzeugungen, es ist die eigene Angst, verlassen zu werden, die ihnen faule Kompromisse aufzwingt und die fragwürdige Bereitschaft der Selbstverleugnung abverlangt.

Aus Angst, die Partnerin würde ihn sonst verlassen, erduldet der Mann ihre Übergriffe und gibt seine Freiheit auf.

Aus Angst, der Partner würde ihr sonst seine Liebe nicht geben, bemüht sich die Frau um ihn und gibt ihre Unabhängigkeit auf.

Erdulden und Bemühen sind Ergebnisse der Angst, den Partner zu verlieren, wenn wir uns ihm nicht anpassen. Wenn Angst Grundlage dieses Verhaltens in schwierigen Situationen ist, dann bestimmt Angst einen großen Teil von Beziehungen. Dann bestimmt Angst das Denken, Fühlen und Handeln der Partner an den vielen Punkten, an denen Probleme auftauchen, an denen sie – bewusst oder unbewusst – fürchten, den anderen zu verlieren. Dann werden die Partner Opfer ihrer Ängste und dann motiviert Angst vor Einsamkeit den Kampf um Liebe.

Liebesbeweise

Angst kann Partner sogar so weit bringen, dass sie in der Bereitschaft, sich aufzugeben, Beweise ihrer Liebe sehen. Gerhard und Christine sind nach fünfzehn, mitunter von langen und schwierigen Auseinandersetzungen begleiteten, gemeinsam verbrachten Jahren noch davon überzeugt, den Partner zu lieben. Sie fühlen sich aber vom Partner nicht entsprechend geliebt. Die Frage, woran der andere ihre Liebe denn erkennen könnte, beantworten sie im Brustton der Überzeugung folgendermaßen:

»Daran, dass ich nach fünfzehn Jahren und all dem Streit immer noch bei dir bin!«

»Daran, wie viel Energie ich in unsere Beziehung gesteckt habe, damit sie wieder etwas wird!«

Die Antwort des einen empört den anderen Partner. Daran soll er Liebe erkennen? Aber es stimmt:

Durch sein Aushalten einer oft unerträglichen Situation, und dadurch, dass er – trotzdem er leidet – bleibt, zeigt der Mann sein Interesse am Erhalt der Beziehung.

Durch ihr liebevolles oder verzweifeltes Bemühen, durch ihr Bohren und Drängen und durch ihre Bereitschaft, zu warten, warten, warten, zeigt die Frau ihr Interesse an der Fortführung der Beziehung.

Mit der Fähigkeit, ›für die Liebe‹ zu leiden, wollen Partner ihre Liebe beweisen. Mit der Fähigkeit, sich ›für die Liebe‹ aufzugeben, wollen sie den Partner halten.

Doch die Fähigkeiten des Erduldens und Bemühens gehören nicht zum Wesen der Liebe. Sie gehören zu einer Liebe im Kontext von Abhängigkeit, im Kontext von Enge und Mangel.

Sich aufzugeben erweist sich im Laufe der Partnerschaft als schlechter Tauschhandel. Die Kalkulation ›Liebe durch Anpassung‹ geht nicht auf. Die eigenen Verhaltensweisen des Erduldens und Bemühens, die Liebe sichern sollen, führen schließlich zu Enge und Mangel, denn früher oder später

vermisst der Mann die Freiheit, die er aufgegeben hat, hält er die Enge nicht mehr aus,

hat die Frau sich im Bemühen, ihn oder sich zu verändern, erschöpft und anstatt sich zu finden, sich verloren.

Dann fühlt jeder sich betrogen und beginnt erst recht, gegen den Partner zu kämpfen. Dabei fügen sich die Partner tiefe Wunden zu.

Thesen dieses Abschnitts

- Im Kampf um Liebe produzieren die Partner ein fatales Verhalten:
  - der Mann erduldet ›für die Liebe‹,
  - die Frau bemüht sich ›für die Liebe‹.
- Wenn die Partner dieses Verhalten nicht mehr durchhalten können,
  - stößt der Mann die Frau von sich,
  - beginnt die Frau zu warten.
- So schwankt der Mann zwischen Erdulden und Wegstoßen, die Frau zwischen Sich-Bemühen und Warten hin und her.
- ANGST ist die Triebfeder dieses widersinnigen Verhaltens, denn Mann und Frau glauben, den Partner zu verlieren, wenn sie etwas anderes tun.
- Mann und Frau glauben sogar, dass sich in ihrer Bereitschaft zu erdulden oder sich zu bemühen das Ausmaß ihrer Liebe zeigt.

Die Wunden des Geschlechterkampfes

Wie in jedem Kampf scheint auch im Kampf um Liebe Angriff die beste Verteidigung zu sein. Im Visier der Partner befinden sich Herz und Bauch.

Ihren Kampf um Freiheit respektive Nähe führen die Partner auf unterschiedliche Weise. Jeder kämpft mit seinen Waffen und Fähigkeiten. Er kämpft wie ein Mann, sie kämpft wie eine Frau.

Kämpfen wie ein Mann heißt, hart aufzutreten, Gefühle zu leugnen, den Verstand vorzuschieben, zu argumentieren, sich zu verteidigen, sich zu rechtfertigen, Schmerzen und Traurigkeit zu unterdrücken; kurzum, der gesellschaftlichen Botschaft an den Mann zu folgen: Sei stark!

Kämpfen wie eine Frau heißt, die Kraft ihrer Gefühle einzusetzen, um ihr jeweiliges Ziel zu erreichen. Sei es, einen Mann zu bekommen, ihn zu behalten, ihn zu verändern; kurzum, der gesellschaftlichen Botschaft an die Frau zu folgen: Du musst einen Mann haben!

Im Kampf Ratio gegen Emotion, Verstand gegen Gefühl, fügen wir uns gegenseitig tiefe Wunden zu.

Die Wunden des Mannes

Dietmar liegt im Dauerstreit mit seiner Frau, der sich seit Elkes Drohung, ihn endgültig zu verlassen, zugespitzt hat. Elke weiß sich nicht anders zu helfen. Nachdem alle Versuche des Empfind-

samkeitstests und alles Warten und Gedulden nichts nutzt, setzt sie ihrem Mann das Messer ›auf die Brust‹. Die Drohung, ihn zu verlassen, bewirkt zumindest, dass Dietmar in die Beratung geht, wo er von seinen Gefühlen erzählt:
»Ich fühle mich irgendwie gespalten. Mein Empfinden teilt sich in Tag- und Nachtgefühle auf. Wenn sie tagsüber vor mir steht und mir droht zu gehen, reagiere ich nicht drauf. Oder ich entgegne ihr kühl, es wäre ihre Entscheidung und nicht meine. Aber nachts liege ich dann im Bett und wälze mich herum. Ich muss ständig an ihre Drohung denken und finde keinen Schlaf.«

Berater:	*»Dir machen diese Drohungen etwas aus!«*
Dietmar:	*»Irgendwie schon. Es trifft mich.«*
Berater:	*»Wo in deinem Körper trifft es dich?«*
Dietmar:	(schließt die Augen, legt die Hand auf die Brust) *»Es fühlt sich an wie ein Stich hier.«*
Berater:	*»Ein Stich womit?«*
Dietmar:	*»Wie mit einem Messer.«*
Berater:	*»Steckt es noch drin?«*
Dietmar:	*»Ja.«* (Gemeinsam ziehen wir ein imaginäres Messer aus seiner Brust)
Berater:	*»Tut es noch weh?«*
Dietmar:	*»Ja, aber es ist gut, dass es draußen ist.«* (Beginnt zu weinen)

Dietmar erlaubt sich zu weinen und zu spüren, wie verletzt er ist. Zum ersten Mal seit Jahren nimmt er Kontakt zu seinem Herzen auf und spürt die Traurigkeit und Schwere dort, wo Elke ihm tatsächlich ›das Messer auf die Brust gesetzt‹ und in ›sein Herz gebohrt‹ hat. Er verschließt sein Herz, um den Schmerz nicht zu fühlen und kämpft auf diese Weise gegen die Angriffe seiner Frau an.
Er kämpft ›wie ein Mann‹. Tags, wenn er wach ist, lässt Dietmar die Drohungen seiner Frau nicht an sich herankommen, lässt die

Gefühle seiner Frau an sich abprallen. Nachts aber, wenn seine Kontrolle, seine Abwehr, nachlässt, steigen die verdrängten Ängste empor und lassen ihn nicht zur Ruhe kommen. Auch wenn er lieber ›stark‹ wäre oder erscheinen würde. Er ist auch empfindsam. Ein Mann hat im Allgemeinen so wenig Kontakt zu seinem Herzen, dass er oft nicht spürt, ob, wann und wodurch er verletzt wird, wie wir an Helmut sehen können.
Helmut lebt seit drei Jahren mit seiner Freundin zusammen. Bald nachdem er Regina kennen gelernt hatte, wurde sie schwanger. Da beide das Kind wollten, bezogen sie eine gemeinsame Wohnung. Die folgenden Monate werden eine Zeit großer Belastung. Das Paar ist durch die neue Situation verunsichert, und Regina ist aufgrund der Schwangerschaft besonders empfindlich. Sie beansprucht die Aufmerksamkeit ihres Freundes oft über dessen Kräfte hinaus. Helmut fühlt sich überlastet. Er nimmt das zwar wahr, stellt seine Bedürfnisse aber zurück:
»Ich habe ihr eine Art Schwangerschaftsbonus gegeben. Manchmal war sie so verzweifelt, dass sie auf mich eingeschlagen hat. Ich habe mir gesagt, das muss an der Schwangerschaft liegen, und es mehr oder weniger ertragen. Auf jeden Fall wollte ich es ihr nicht übel nehmen. Als das Kind da war, wurde ein Kleinkindbonus daraus. Irgendwann habe ich dann gemerkt, dass ich ganz verschlossen für Regina bin. Ich habe mich emotional weit von ihr entfernt.«

Berater: *»Wie weißt du, dass du dich entfernt hast?«*
Helmut: *»Ich fühle nichts mehr für sie. Es fühlt sich betäubt an.«* (Berührt seine Brust).

Helmut ist durch den ›Terror‹ seiner Freundin verletzt, aber er macht diese Belastung mit sich selbst aus und versucht, stark zu sein. ›Stell dich doch nicht an – sie ist schwanger‹, sagt er sich selbst.

»Stell dich nicht so an – sie ist doch schwach und hilflos. Das habe ich mir auch immer gesagt. Und ich war überzeugt davon, stark sein zu müssen und dass mir ihr Drängen nichts ausmachen würde.«

(Kommentar Gerd)

Warum zeigt dieser Mann seine Verletzung nicht? Weil er sie selbst gar nicht wahrnimmt und dem Gefühl der Belastung keine Bedeutung zumisst. Es dauert fast zwei Jahre, bis er in der Taubheit seiner Brust die Folgen ihres ›Terrors‹ und seines Erduldens entdeckt.

Der Mann spürt die Angriffe der Frau im Herzen, weil sich ihre Angriffe dorthin richten. Ihre Waffen treffen ihn wie Stiche, wie Messer in die Brust; oder aber als das schleichende, zersetzende Gift ihres Bohrens und Nörgelns. Der ›Terror‹ ihrer Gefühle, ihre Enttäuschung, wenn ihr Idealbild vom Mann zerbricht, ihr Hass, wenn er sich ihren Erwartungen verweigert, ihre Wut, ihre Schuldzuweisungen haben seine Liebe durchlöchert und zersetzt, sein Herz angegriffen und belastet. Die Folgen dieser Angriffe spürt der Mann als Enge der Brust, als Ring um die Brust, als Atemnot, als Taubheit und Stumpfheit des Herzens.
Frauen können sich kaum vorstellen, wie empfindsam Männer in Bezug auf ihr Herz sind. Sie sind im Gegenteil davon überzeugt, sie müssten die Abwehr des Mannes knacken. Wie Einbrecher einen Tresor aufschweißen, verätzen oder sprengen, um an die wertvollen Dinge heranzukommen, versuchen Frauen an die wertvollen Gefühle des Mannes zu gelangen: mit Ausdauer und notfalls mit Gewalt.
Der Mann kämpft um seine emotionale Unversehrtheit und verschließt sich. Hinter dem Schutzpanzer seiner Abwehr bleibt sein Herz jedoch nicht unbeschadet. Es ist vielmehr beengt, eingeschnürt und kann sich nicht bewegen. Es kann nicht atmen (du nimmst mir die Luft) und verkümmert.

Das Herz hat, wie jedes Organ unseres Körpers, eine doppelte Funktion. Auf körperlicher Ebene pumpt es Blut durch den Körper und versorgt ihn so mit Leben. Auf psychischer Ebene ist es Zentrum eines anderen lebenswichtigen Elixiers – der Liebesgefühle. Liebe strömt, fließt, bewegt sich. Liebe braucht Platz und Raum, um sich entfalten zu können.

Auch wenn er es nicht bemerkt oder nicht zeigen kann: Der Mann nimmt sich die Vorgänge im Kampf um Liebe sehr zu Herzen. Die Drohung, ihn zu verlassen, die ausgesprochen oder unausgesprochen in den meisten Konflikten aufkommt, ist eines der schwersten Geschütze der Frau. Sie wird nur von einer weiteren Drohung übertroffen: der Drohung, ihn durch Selbstmord zu verlassen (wenn du mich nicht liebst, hat das Leben keinen Sinn für mich) und sich ›deinetwegen‹ umzubringen.

Die Drohung, ihn zu verlassen: ›Wenn du tust, was mir Angst macht, wenn du etwas ohne mich tust, wenn du mich nicht genug beachtest, werde ich dich verlassen‹, vermittelt die Botschaft: ›Du musst mir geben, was ich brauche, sonst wirst du mich verlieren.‹

Verlassen werden bedeutet für den Mann nicht nur, in seiner Aufgabe die Frau zu lieben, versagt zu haben. Zugleich mit der Frau verliert er auch die Möglichkeit, Zugang zu den weichen Gefühlen der Liebe zu haben, denn ohne Frau ist er in der gefühlsarmen Männerwelt isoliert.

In der Enge-Wahrnehmung des Mannes ergibt die Drohung des Verlassenwerdens nur einen Sinn: ›Ich darf nicht ich selbst sein, ich darf nicht sein, wie ich bin, ich muss mich nach ihren Vorstellungen richten, ich muss meine Freiheit (zu fühlen, was ich fühle) aufgeben – wenn ich ihre Liebe nicht verlieren will.‹ Dieser Druck schnürt das Herz des Mannes ein, macht es unbeweglich und starr.

Die Wunden der Frau

Auch die Frau wird im Kampf der Geschlechter verletzt. Ingrid kommt in die Beratung, weil sie in ihrer Beziehung zu Manfred ›nicht mehr weiß, woran ich bin‹. Sie ist Opfer der Ja/Nein-Falle ihres Freundes geworden und ›hängt in der Luft‹:
»Es ist zum Verrücktwerden. Ich muss erahnen und erdeuten, was in ihm vorgeht. Ich weiß nie, warum er gerade eingeschnappt ist. Ob ich ihm etwas angetan habe oder warum er gerade muffelig ist. Vor allem, wenn es mir nicht gut geht, weicht er mir aus. Das ist besonders schlimm für mich. Da fühle ich mich gerade dann weggestoßen, wenn ich ihn bräuchte.«
Ingrid will wissen, woran sie ist. Ob Manfred sie noch liebt oder nicht. Wozu ist das wichtig?

Berater: *»Was ist, wenn er dich nicht mehr liebt?«*
Ingrid: *»Dann weiß ich, woran ich bin.«*
Berater: *»Was ist anders, wenn du das weißt?«*
Ingrid: *»Dann kann ich gehen.«*

Dann könnte sie gehen. Dann würde sie sich nicht mehr um seine Liebe bemühen müssen, weil es offensichtlich sinnlos wäre. Zum einen ist das der Grund, warum Manfred seine Freundin im Ungewissen lässt – er befürchtet, sie zu verlieren. Zum anderen weiß er selbst nicht, warum er so abweisend reagiert, wenn es seiner Freundin schlecht geht. Erst in der Beratung erfährt er es:

Manfred: *»Es stimmt. Ich kann schlecht aushalten, wenn sie sich nicht gut fühlt. Dann zieh' ich mich lieber zurück.«*
Berater: *»Wozu ist es gut, sich in solchen Momenten zurückzuziehen?«*
Manfred: *»Ich will nicht das Gefühl haben, dass ihr Zustand von mir abhängt. Ich will diesen Druck nicht haben, etwas für sie tun zu müssen, wenn es ihr schlecht geht.«*

Manfred hat das Gefühl, Ingrids emotionaler Zustand hinge von seiner Zuwendung ab. Er wehrt sich gegen diese vermeintliche ›Pflicht zu lieben‹, indem er auf Distanz geht und darauf wartet, dass seine Freundin ›von selbst wieder auf die Beine kommt‹. Gerade, wenn Ingrid auf Worte oder Gesten des Verständnisses wartet, entzieht sich Manfred. Unerträglich wird diese Situation für seine Freundin vor allem dadurch, weil er sich zu seinem Verhalten nicht äußert. Er lässt Ingrid in völliger Desorientierung und schweigt.

Gegen die Mauer seines Schweigens kämpft Ingrid. Schweigen ist etwa das Schlimmste, was Manfred ihr in dieser Situation antun kann, denn jetzt lässt er jede Deutlichkeit vermissen. Ingrid hat kaum eine Möglichkeit, sein Verhalten zu deuten und sich zu erklären. Sie kann seine Reaktion letztlich nur auf sich selbst beziehen, wenn sie ihren Mann nicht für gestört erklären will. Sie kann sein Verhalten nur durch ihren Mangel-Kontext deuten[5], denn nur in diesem Zusammenhang ergibt es einen Sinn: ›Ich muss etwas falsch gemacht haben! Bin ich falsch? Stimmt etwas mit mir nicht? Soll ich was anderes tun?‹

Doch der Mann schweigt, selbst wenn er spricht. Die Frau erhält von ihm keine Antwort, die ihr helfen könnte. Im Gegenteil – die Waffen seines Verstandes lassen die Gefühle der Frau nicht zu, lassen sie nicht gelten. Sein Kopf stoppt Gefühle, analysiert sie, zerteilt sie, bewertet sie, beurteilt und verurteilt sie. Seine scheinbare Kälte, seine Unnahbarkeit, seine scheinbare Unberührtheit, seine gefühllose Logik treiben die Frau zur Verzweiflung und tiefer in heftige Gefühle hinein.

Das Schweigen des Mannes, sein Reden, ohne etwas zu sagen, die Blockade seines Hirns gegen ihre Gefühle verletzen die Frau, denn jetzt wird sie orientierungslos. Nichts ist für die Frau schwerer zu ertragen als Orientierungslosigkeit. Ohne Orientierung zu sein heißt, ohne Informationen über den eigenen Wert (für den Part-

5 Zum Thema »Deutung« siehe Abschnitt ›Reproduktion von Enge und Mangel‹.

ner) zu sein, heißt, den eigenen Wert (für den Partner) nicht bestimmen zu können, heißt letztlich, den eigenen Wert (als Frau) nicht bestimmen zu können.

»Es ist so, als ob man sich auflöst und nichts dagegen tun kann.«
(Kommentar Gabriele)

Die fehlende Orientierung an der Aufmerksamkeit des Vaters und die fehlende positive Identifikation mit der Mutter bescherte dem Mädchen ein zu wenig ausgeprägtes Selbstwertgefühl und damit große Unsicherheit. Für die Frau kommt hinzu, dass ihr selbst die letzte mögliche Sicherheit, die Gewissheit, dass der Mann sie nicht liebt, verschleiert bleibt. Könnte sie sich sicher sein, dass er nicht mehr an ihr interessiert ist, könnte die Frau ihr Warten und ihre Bemühungen aufgeben und ihn verlassen.

Aber er schweigt, und sie bemüht sich weiter um Klarheit. Die Frau erschöpft sich völlig im Versuch, Liebe oder Klarheit vom Mann zu erhalten. Nach Jahren des Bemühens, sich selbst oder ihn zu verändern, es ihm recht zu machen, ihn aufzuweichen, ihn aufzubrechen, ist die Frau ausgehungert und geschwächt.

Im Hin und Her der Ja/Nein-Falle gefangen, vor der verschlossenen Tür seines Herzens stehend, wird die Frau ohnmächtig, wird zur Frau ohne Macht. Ohne Macht kann sie nichts machen, kann sie nicht handeln. Sie fühlt sich ausgeliefert und kraftlos, ohne Mitte.

Der Bauch ist das Zentrum unserer Kraft, unsere Mitte. In seiner körperlichen Funktion der Verdauung gibt er uns Kraft und Stärke, uns zu bewegen, aktiv zu sein, zu leben. In seiner psychischen Funktion gibt er uns die Stärke der Selbstbehauptung und Unabhängigkeit.

Die Frau spürt die Wunden des Kampfes in Orientierungslosigkeit, Haltlosigkeit, Ungewissheit, Selbstzweifel und Erschöpfung. Sie fühlt sie als Wut, Verzweiflung, Unsicherheit, Hilflosigkeit und Ohnmacht, als das Gefühl, in der Luft zu hängen, den Boden unter den Füßen zu verlieren, hängen gelassen zu werden. Die körperlichen Schmerzen des Eindrucks, nicht geliebt zu werden, machen sich als Loch im Bauch und als das Gefühl, die eigene Mitte verloren zu haben, bemerkbar.

Herz und Bauch sind verwundbare, sensible Bereiche. Sie verdienen unseren Schutz, gerade weil sie durch die Vorgänge der Kindheit zu Schwachpunkten wurden. Mann und Frau ahnen nicht, dass der andere gerade dort, wo sie selbst stark sind, schwach ist. Deshalb ist ihnen meist nicht bewusst, wie sehr sie sich im Kampf um Liebe verletzen.

Thesen dieses Abschnitts

- Der Mann kämpft mit der Kraft seines Verstandes, um sein Herz zu schützen. Sein Kampf ist ›kalt‹. Er verletzt die Frau durch Kälte.
- Die Frau kämpft mit der Kraft ihrer Emotionen um Orientierung. Ihr Kampf ist ›heiß‹. Sie verletzt den Mann durch Hitze.
- Indem sie sich gegenseitig verletzen und zulassen, verletzt zu werden, zerstören die Partner ihre Liebe (Herz) und ihr Vertrauen (Bauch) zueinander.

6

Die Alternative – Freude als Grundlage der Liebe

Brauchen

Wie sähe Liebe auf dem Hintergrund von Unabhängigkeit und Freude aus? Wie würden Partner lieben, wenn sie sich nicht so sehr brauchten, dass sie für Liebe kämpfen?

Im Kampf um Liebe stellen die Partner zwei Forderungen aneinander. Zum einen fordern sie Liebe. Zum anderen fordern sie Freiheit respektive Sicherheit (Nähe).

Gib mir Liebe und Freiheit!	Gib mir Liebe und Sicherheit!

Wir wollen lieben, wir brauchen Liebe und wir fordern Liebe. Es sei dahingestellt, ob sich Liebe überhaupt fordern lässt. Sicherlich besteht ein Sinn unserer Beziehungen im Austausch von Liebe. Wie aber sieht es mit der Forderung nach Freiheit beziehungsweise Sicherheit aus? Kann die Frau dem Mann Freiheit, die Möglichkeit, sich zu fühlen, geben und der Mann der Frau die Sicherheit einer weiblichen Identität? Wir können es auch so sehen:

Was für eine Freiheit soll das sein, die von jemand anderem gegeben wird?	Was für eine Sicherheit soll das sein, die von jemand anderem abhängt?

Freiheit und Sicherheit, die von anderen abhängen, können nicht wirksam Freiheit und Sicherheit sein. Wirkliche Freiheit und wirkliche Sicherheit kann uns niemand geben, wir können sie nur haben.
In der Verbindung zweier sich gegenseitig ausschließender Erwartungen liegt die eigentliche Ursache des Geschlechterkampfes.

Vielleicht können wir Liebe voneinander erwarten, wenn wir uns aufeinander beziehen. Gewiss aber können wir weder Freiheit noch Sicherheit vom Anderen verlangen.

Solange wir davon überzeugt sind, außer Liebe könnten wir vom Partner auch Freiheit und Sicherheit erhalten, solange erleben wir Liebe im Kontext von Abhängigkeit.

Die Partner fordern etwas vom anderen, das dieser nicht geben kann, weil es nicht in seiner Macht liegt, es zu geben.

Männer wünschen sich unabhängigere Frauen, die nicht zu viel von ihnen erwarten.

Frauen wünschen sich Männer, die den Mut zum Fühlen und zur Auseinandersetzung haben.

Es wäre schön, wenn der Partner ganz von allein diesen Weg einschlagen würde. Dann brauchte man sich nicht mit sich selbst zu befassen. Wenn der andere geben würde, was man erwartet, brauchte man keine Angst zu haben. Ja, wenn der Partner sich ändern würde ...
Darauf, dass der andere sich ändert, warten Partner. Manchmal ein halbes, manchmal ein ganzes Leben lang. Doch der Partner wartet auch. So wartet jeder auf den anderen. Es kann sich nichts bewegen. Irgendjemand muss den ersten Schritt machen.

Männer beklagen sich über abhängige Frauen. Aber: Wie abhängig muss ein Mann sein, um mit abhängigen Frauen zu leben?

Frauen beklagen sich über ängstliche Männer. Aber: Wie ängstlich muss eine Frau sein, um mit ängstlichen Männern zu leben?

Selbstverantwortung ist das Letzte, was Partner freiwillig übernehmen wollen: Der andere ist schuld. Diese Sichtweise ist zwar einfach, aber wenig hilfreich.

Die Wahrheit ist, dass der Mann nicht frei ist. Wäre er innerlich frei, könnte keine Frau ihn bedrängen. Wäre er innerlich frei, würde er Freiheit haben und bräuchte nicht darum zu kämpfen.

Die Wahrheit ist, dass die Frau nicht selbstsicher ist. Wäre sie innerlich sicher, könnte kein Mann sie verunsichern. Wäre sie sich selbst genug wert, würde sie Sicherheit haben und bräuchte nicht darum zu kämpfen.

Wenn ... der Mann frei und die Frau in sich selbst sicher wäre ..., wenn wir nicht solche Angst hätten ..., wenn wir uns nicht so sehr bräuchten, dass wir uns füreinander, ›für die Liebe‹ aufgeben müssten ... – wie sähe dann unsere Liebe aus?

Nicht so sehr brauchen

Begleiten wir ein Paar aus der Sackgasse des Kampfes hinaus auf das Feld möglicher Alternativen.
Reiner und Gerda geht es wie allen Partnern, die in die Beratung kommen. Die inneren Vorgänge, welche sie zum Verhalten des Verschließens und Bedrängens veranlassen, sind ihnen nicht bewusst. Schließlich entdecken sie in den Sitzungen die Angst hinter ihren Überzeugungen, die ihnen einflüstert:

›Du musst dir das gefallen lassen, sonst geht sie.‹

›Du musst dich bemühen, sonst bekommst du seine Liebe nie.‹

Die Partner sind durch einige Sitzungen vorbereitet. Sie haben ihr Verhalten so weit reflektiert, dass sie wissen, was sie tun (sich vor dem anderen verschließen, beziehungsweise ihn bedrängen) und haben realisiert, wohin dieses Verhalten führt – in die Sackgasse.
Die Schlüsselfrage an diesem Punkt lautet nun: ›Was möchtest du eigentlich am liebsten tun? Wie würdest du lieber reagieren, als zu erdulden/dich zu bemühen?‹
Was würdest du tun, wenn du den anderen nicht so sehr brauchtest, dass du ... dich bedrängen lässt ..., dich bemühst?

Reiner: *»Ich würde dafür sorgen, dass sie aufhört, mich zu beschuldigen und niederzumachen.«*

Gerda: *»Ich würde ihn stehen lassen und weggehen. Mich nur noch um mich kümmern.«*

»... nicht mehr betteln um Liebe.«

(Kommentar Renate)

Am liebsten würden wir ... nicht erdulden und leiden, uns nicht bemühen und leiden, nicht warten und leiden, nicht verzichten und leiden. Am liebsten würden wir das genaue Gegenteil von dem machen, was wir tun. Wir haben nämlich keine Lust darauf, sondern vielmehr Lust ...

Lust

Die Frage ›Was würdest du lieber tun?‹ ist die Frage nach der Lust der Partner. Wann immer ich diese Frage stelle, sind Mann und Frau erst einmal verwirrt. Lust? Da ist keine Lust, da ist nur Unlust, Ärger, Angst – glauben sie.
Wenn ich jetzt und im weiteren von *Lust* spreche, ist damit nicht sexuelle Lust gemeint. Lust in diesem Zusammenhang sind Impulse, die in einschränkenden Situationen auftauchen und in denen zumeist der Lösungsansatz enthalten ist. Lust ist das, was man ›am liebsten‹ tun würde (wenn da nicht diese Angst vor dem Verlust des Partners wäre).
Je nach Situation kann die Lust des Menschen etwas völlig Verschiedenes sein. Es kann der Impuls sein, zu weinen, wenn wir Weinen unterdrücken. Es kann sich um die Lust handeln, Kraft auszudrücken, wenn diese Kraft zurückgehalten wird. Es kann die Lust sein, gegen den Partner aufzubegehren oder auch, sich ihm zu öffnen und anzuvertrauen.

Die Lust *von Mann und Frau im Beziehungskrampf ist das, was sie spontan machen würden – wenn sie nicht von ihrer Angst gehindert wären.*

In den Büchern *Change* und *Selbsttherapie,* die ich gemeinsam mit meiner Frau geschrieben habe, ist die Dynamik von Angst und Lust und deren Auswirkung auf das Leben des Menschen eingehend beschrieben. Dies würde hier den Rahmen sprengen. So viel sei angedeutet: Wenn Partner ihre Lustimpulse entdecken und diesen folgen, finden sie Alternativen aus sich selbst. Diesen inneren Impulsen zu folgen nenne ich ›der Spur der Lust folgen‹.

Die ›Spur der Lust‹ besteht aus einer Reihe von nacheinander auftauchenden Impulsen, welche den Mann aus der Engewahrnehmung und die Frau aus der Mangelwahrnehmung herausführen.

Zurück zu unserem Paar. Betrachten wir, wohin die Spur der Lust die Partner führt. Wie allen Partnern fällt es auch diesen schwer, die hinter Abwehr und Widerstand, Bemühen und Erwarten versteckten Impulse ihrer Lust zu entdecken. Aber diese Impulse sind da und Reiner und Gerda haben sie wahrgenommen.

Anstatt sich beschuldigen und niedermachen zu lassen würde Reiner sich lieber wehren.

Anstatt sich um seine Liebe zu bemühen würde Gerda sich lieber um sich selbst kümmern.

Reiner

Seit sieben Jahren lebt Reiner mit seiner Frau zusammen. In dieser Zeit hat sich eine Situation entwickelt, unter der er leidet:

Reiner: *»Ich kann mit Gerda nicht mehr zu Freunden gehen, ohne dass Streit entsteht. Wenn wir auf einer Party sind und ich fröhlich bin, fängt sie an, mir die Freude zu verderben. Wenn ich froh bin und sie nicht die Ursache davon ist, macht sie meine Freude kaputt. Wenn ich dann tanzen will, mag sie den Tanz nicht. Wenn ich lachen will, ist es ihr zu laut. Sie dämpft alles, was mir Spaß macht.* (Reiner erregt sich zunehmend) *Ich kann überhaupt nicht mehr froh sein!«*

Berater: *»Du möchtest wieder froh sein können?«*

Reiner: *»Ja, verdammt noch mal, ich will endlich wieder lachen können, ohne dass sie mir dazwischenfunkt.«* (Er empört sich zunehmend, ballt eine Faust)

Berater: *»Du bist empört!«*

Reiner: *»Ja sicher. Ich will froh sein können, ohne dass es ihr Angst macht. Ich will mir meine Freude nicht nehmen lassen!«* (Atmet erregt und tief)

Berater: *»Du willst dir Luft machen!«*

Reiner: (atmet noch tiefer) *»Platz, ich will mir Platz machen. Ich will mich bewegen können.«*

Reiner fährt damit fort, sich zu empören. Situationen tauchen auf, in denen er sein Lachen und seine Freude aus Angst, das könnte seiner Frau Angst bereiten und zu Streit führen, zurückgenommen und unterdrückt hat. Mit Unterstützung des Beraters empört er sich weiter und packt einiges von dem aus, was er in den Jahren der Ehe geschluckt und zurückgehalten hat.

Nachdem seine Erregung abgeklungen ist, erzählt er Gerda, wie viel ihm all das ausgemacht hat und wie sehr er innerlich verletzt ist. Gerda hört betroffen zu. Jetzt, da Reiner sich weder rechtfertigt noch verteidigt, sondern zu erkennen gibt und seine Gefühle offen zeigt, kann sie ihn fühlen und auch mit ihm fühlen. Denn selbst wenn einer Frau die Gefühle des Mannes nicht gefallen, so ist es doch besser, diese zu spüren und so Orientierung zu haben, als in der Luft zu hängen.

Die Atmosphäre entspannt sich und gestattet Reiner, mehr von sich zu erzählen und sich zu zeigen. Als Gerda als Zeichen ihres Verstehens seine Hand ergreift, rollen ihm Tränen aus den Augen. Mit den Worten *»Ich will wieder froh sein können«* beginnt Reiner zu weinen. Sein Weinen befreit ihn. Mit einem Seufzer atmet er durch und beginnt schließlich zu lächeln. Reiner hat seine Gefühle wieder gefunden, hat seine Freude wieder gefunden – weil er den Impulsen seiner Lust folgte, die ihm eine Spur zu sich selbst legten.

Viele Jahre waren Empörung und Verletztheit in ihm begraben. Da er als ein Mann seine Verletztheit nicht mitteilte, hat Gerda nicht gewusst, wie sehr ihm das alles unter die Haut ging. Sie hat sich nicht an seinen Gefühlen orientieren und Rücksicht nehmen

können, weil er diese verbarg. In der Sitzung gelang ihm ein Durchbruch. Er verschaffte sich Platz – Platz, seine Gefühle zu fühlen und seine Lust wahrzunehmen.
Seine Lust bestand zu Anfang darin, durchzuatmen. Dann folgten die Impulse, sich Raum zu nehmen, die Bedrängung durch seine Frau offen abzuwehren, die Gefühle der Empörung und Verletztheit zuzulassen und sich vollends Luft zu verschaffen, indem er die Gefühle ›rauslässt‹. Als eine Folge davon wurde sein Herz freier und er nahm bald darauf auch wieder zärtliche Gefühle für seine Frau wahr.

Gerda

So lang wie Reiner seine Gefühle vor Gerda verbarg, so lang ist die Geschichte ihrer Bemühungen, ›an ihn heranzukommen‹. Wenn er Lachen und Freude unabhängig von ihr erfuhr, nahm sie das als Zeichen dafür, dass er sie ›nicht wirklich‹ liebt. Sie wurde unsicher und ängstlich und drängte auf Beweise seiner Liebe.
Was würde Gerda tun, wenn sie, statt ihrer Angst, ihrer Lust folgte? Zuerst einmal hat Gerda keinen Zugang zu dieser Vorstellung. ›Lust? Ich habe Lust auf Reiner – er ist meine Lust.‹ Sie macht ihre Lust an Reiner fest und bemüht sich um seine Zuwendung, obwohl ihr das nicht im geringsten Lust, aber jede Menge Unlust und Frustration beschert. Was aber ist ihre Lust? Was würde sie tun, wenn sie ihren Freund nicht so sehr brauchte?

Berater: *»Macht es dir Lust, dich um seine Liebe zu bemühen?«*
Gerda: *»Es nervt mich. Er rückt ja doch nichts raus. Es ist frustrierend.«*
Berater: *»Was würdest du denn auf so einer Party tun, wenn du Reiner nicht so sehr brauchtest, dass du dich um seine Aufmerksamkeit bemühst?«*
Gerda: (überlegt) *»Ich würde Kontakt zu den anderen Leuten*

	suchen. Mit meinen Bekannten sprechen. Vielleicht jemanden kennen lernen, der mich interessiert.«
Berater:	*»Wie ist es mit tanzen?«*
Gerda:	*»Ja, tanzen auch. Aber mit jemand, der wirklich Spaß daran hat.«*
Berater:	*»Wozu hättest du noch Lust?«*
Gerda:	*»Auf jeden Fall nicht darauf, nach ihm zu schauen. Ich würde mich durch die Party treiben lassen und sehen, was auf mich zukommt. Einfach machen, was mir Spaß macht.«*

Gerda bleibt noch eine ganze Weile in ihren Fantasien, wo sie erlebt, was sie vor sieben Jahren aufgegeben hat: sich unabhängig von ihrem Partner zu erfahren und zu machen, was ihr Spaß macht.

»Die eigene Lust unabhängig vom Mann zu suchen – auf die Idee bin ich von alleine nie gekommen.«

(Kommentar Gabriele)

Seit sie mit Reiner zusammen ist, ist Gerda blind für alles andere, was auf sie zukommt, denn sie hat nur noch Augen für IHN. Seit sie zusammen sind, hat sie sich im Wortsinn an Reiner gehalten. Mit einem anderen Mann tanzen? Wozu? Schließlich bin ich doch mit Reiner zusammen!
Die Vorstellung, sich getrennt von Reiner und der Beziehung zu ihm zu erleben, ist für Gerda einerseits fremd und ungewohnt, andererseits aber auch verlockend. Sie dehnt ihre Fantasie auf den Alltag aus:
»Wenn ich mehr das machen würde, was mir Spaß macht, dann würde sich schon einiges ändern. Zum Beispiel bei Verabredungen. Ich würde öfter reiten gehen und ihm sagen, ›Du kannst mich ja vom Reitstall abholen, wenn du willst‹ anstatt den Reittermin abzusagen und mich nach ihm zu richten. Ich würde überhaupt

wieder mehr für mich tun, Freundschaften pflegen oder neue Freunde suchen. Ich würde auch aufhören, mich im Haus so viel um seine Bequemlichkeit und sein Wohlergehen zu kümmern. Er hat zwar nie verlangt, dass ich den Haushalt führe, aber ich habe es trotzdem getan. Am Anfang hat es sogar Spaß gemacht. Aber jetzt habe ich eigentlich kaum noch Lust dazu. Vielleicht würde ich den Haushalt auch ganz lassen und mir wieder eine Arbeit suchen, etwas, das mir mehr Sinn gibt, als das Haus es tun kann.«
Gerda hat zu Beginn der Ehe ihre Arbeit aufgegeben und sich um das Haus und beider Wohlergehen gekümmert, eben ›um die Beziehung‹. Dazu gehörte unter anderem, ihren Mann möglichst unselbstständig zu halten, sich für ihn unentbehrlich zu machen, um ihm zu zeigen, was sie alles ›für ihn‹ tut. Damit ihr Alltag einen Sinn bekommt. Damit er sich bei ihr wohlfühlt. Damit er bleibt. Durch ihr TUN wollte Gerda wertvoll für ihn sein, nicht durch ihr Wesen, nicht durch ihr SEIN. Dass sie für ihren Freund durch ihr Wesen wertvoll sein könnte, kam Gerda nicht in den Sinn. Den Wert ihres Wesens hat sie entsprechend ihrer inneren Unsicherheit nicht in die Waagschale der Beziehung geworfen. Das alles wird Gerda deutlicher und bewusster. Schließlich gewinnt sie eine Erkenntnis:
»Reiner hat mich nicht auf die Weise in sein Leben eingebaut, wie ich es tue. Er hat mich angebaut. Aber ich habe ihn eingebaut und mein Leben um ihn herum aufgebaut.«

»Ich bin immer davon ausgegangen, ich muss ihm etwas Tolles bieten. Dass mein Wesen für ihn wertvoll sein könnte, ist ein neuer Aspekt für mich.«

(Kommentar Helga)

Wie viele Frauen hat Gerda den Mann zum Zentrum ihres Lebens gemacht. Das war unausweichlich, weil sie ihrer Angst folgte und sich um seine Anerkennung und Zuwendung bemühte. Wenn sie jedoch ihrer Lust folgt, verschiebt sich ihre Aufmerksamkeit. Sie

macht sich selbst und ihre eigenen Interessen zum Zentrum ihrer Bemühungen – und baut den Partner an ihr Leben an.
Die Spur der Lust führt sie also weg vom Mann, in die Welt, zu Freunden, zum Tanzen oder dahin, sich eine Arbeit zu suchen.

Die Spur der Lust führt zu Freude

Im Kampf um Liebe taucht Lust als eine Reihe von Impulsen der Partner auf, die Situationen der Enge und des Mangels zu verändern und stattdessen Situationen der Weite und des Überflusses zu kreieren.

Im Erleben der Enge bestehen die Impulse des Mannes in der Lust, sich Raum und Weite zu verschaffen.

Im Erleben des Mangels bestehen die Impulse der Frau in der Lust, vom Mann abzulassen und sich statt um ihn um sich selbst zu kümmern.

Lust, wenn Partner ihr konsequent folgen, führt unvermeidlich zu Freude – indem sie befreit, was zurückgehalten und unterdrückt wurde. Ob es Tränen, Aggressionen, Träume oder Zuneigung sind. Was zurückgehalten wird, wartet tief im Inneren auf Befreiung. Und diese Befreiung wird als Freude erlebt.
Selbstverständlich kommt es in der Beziehung zu einem anderen Menschen darauf an, die Impulse der Lust angemessen auszudrücken, also eine der Verbindung adäquate Art und Weise zu finden sie mitzuteilen. Dabei kann Beratung helfen, denn es gelingt den Partnern im Alltag ihrer Beziehung oftmals nicht, wirksame Wege dieser Mitteilung zu finden.

Die Partner in den Impulsen ihrer Lust zu unterstützen, darin, ihre spontanen Impulse wahrzunehmen und ihnen zu folgen, sehe ich als eine wichtige Aufgabe der Partnerberatung an.

Der Mann auf der Spur seiner Lust

Die Lust, die auftauchenden Impulse weisen einen Weg aus Angst und Enge, aus Angst und Anstrengung, aus Angst und Leid. Doch wenn Partner im Beziehungskrampf festhängen, ist es nicht einfach, die inneren Impulse aufzuspüren. Noch schwerer ist es, sie aufzugreifen und ihnen treu zu bleiben.

Hans lebt seit neunzehn Jahren mit seiner Frau Cornelia, mit der er zwei Kinder hat. Die seit einigen Jahren immer häufiger auftauchenden Konflikte nahmen in den letzten Monaten so zu, dass Hans sich zu einer Einzelberatung entschließt. Sein Problem schildert er folgendermaßen:

»Ich komme mit ihrer Art einfach nicht klar. Ich fühle mich regelrecht belagert von ihr. Wenn sie in Fahrt ist, lässt sie mich nicht zum Zuge kommen. Dann beschimpft sie mich und macht mich nieder. Für sie bin ich der Egoist, dem egal ist, wie es ihr geht, ein gewissenloser Typ.«

Wenn es zu solchen Vorwürfen kommt, versucht Hans, seine Frau vom Gegenteil zu überzeugen. Das kann ihm nicht gelingen, denn die Beweise seiner Liebe (ich bin noch da, trotz des ewigen Streites) erkennt seine Frau nicht an. Cornelia hat genug von seinen Worten, sie wartet auf Emotionen, sie will ihren Mann spüren.

Hans nimmt sich den Streit sehr zu Herzen und versucht seiner Frau klarzumachen, dass ihm die ›Atmosphäre des Terrors‹, wie er es nennt, wehtut. Damit geht Hans sogar einen Schritt weiter als die meisten Männer, die ihre Verletztheit entweder nicht wahrnehmen oder sie vor der Partnerin leugnen. Doch seine Partnerin macht es ihm nicht leicht.

»Wenn ich versuche, ihr klarzumachen, dass mich ihr Verhalten schockiert, setzt sie noch eins drauf. Dann kriege ich zu hören: ›Du musst gerade sagen, dass dir was wehtut, wo du immer nur an dich denkst ...‹ oder ›Du nimmst dir noch das Recht raus, dich zu beschweren. Gerade du egoistischer Typ ...‹«

Wenn das passiert, wird Hans innerlich eiskalt und macht die Schotten dicht. Er weiß sich nicht anders zu helfen als den Kontakt abzubrechen und aus dem Haus zu gehen. Hans ist verzweifelt, ist von zwei Kräften gespalten.
Sein Verstand ist stark, er weiß, dass er nicht zu Liebe verpflichtet ist, und dass er im Klima von Druck und Anschuldigung nicht lieben kann. Doch seine Gefühle sind schwach, sie halten der Auseinandersetzung nicht stand. Hans fühlt sich schuldig und verantwortlich für das Leid seiner Frau.

»... ich bin dann sprachlos, mir fehlen die Worte.«
(Kommentar Klaus)

Seine Frau setzt auf seine zaghaften und ›kläglichen‹ Selbstbehauptungsversuche noch eins drauf, und Hans kippt innerlich um. Um nicht auch äußerlich umzukippen, macht er sich hart und flieht aus dem Haus.
Er fühlt sich nach solch einem Vorfall *»... regelrecht ausgeplündert und total leer. Der Vorwurf, ich sei schuld an ihrem Zustand und ihrem Schmerz, ist so mächtig, dass ich dem nichts entgegenzusetzen habe. Wenn ich ihr sage, dass ich sie nicht auf die Weise lieben kann, wie sie es sich vorstellt, droht sie mir, zum Rechtsanwalt zu gehen und mir das Haus und die Kinder wegzunehmen. Wenn es so weit ist, gehe ich besser aus dem Haus, bevor noch was passiert.«*
Cornelia weiß, womit sie Hans unter Druck setzen kann. Sie droht, ihm Kinder und Haus zu nehmen, wenn er sie nicht ihren Vorstellungen gemäß liebt. Natürlich handelt auch Cornelia aus innerer Not und glaubt, sich nur mit Drohungen helfen und Hans durch Drohungen zum Einlenken bewegen zu können. Deshalb setzt sie Hans unter Druck und lässt seine Gefühle nicht gelten, was er mit den Worten beschreibt: ›Ich komme mit meinen Gefühlen bei ihr gar nicht vor.‹ Diese Aussage stimmt tatsächlich, denn den meisten Männern gelingt es nicht, ihre Gefühle so zu vermitteln, dass die Frau diese wahrnehmen kann.

Indem er versucht sich zu wehren, hat Hans auf der Spur seiner Lust einen ersten zaghaften Schritt getan. Aber sobald er sich auf das dünne Eis emotionaler Selbstbehauptung wagt, droht er einzubrechen und unterzugehen. Er versucht es, er ist ein wenig mutig, er wehrt sich etwas, dann gibt er auf. Hans ist auf der Spur seiner Lust (ich wehre mich, so lasse ich mich nicht behandeln) seiner Angst begegnet und kapituliert, sobald seine Frau schweres Geschütz auffährt. Er bekommt Angst, die Frau, die Kinder und das Haus zu verlieren, sein gesamtes Zuhause also, wenn er weiter versuchen würde, sich emotional zu behaupten. Also gibt er nach und gibt auf. Demzufolge fühlt Hans sich ausgeplündert und leer. Nachgeben, der Angst folgen, ändert seine Situation jedoch nicht.

In den Einzelsitzungen versuchen wir deshalb konsequent, den Impulsen seiner Lust zu folgen und sie nicht vorzeitig aufzugeben. Hans erinnert sich an viele Gelegenheiten, in denen er seinen Anspruch auf Gefühle und Verletzlichkeit aufgegeben und ›der Beziehung‹ geopfert hat. In seiner Beratung gewinnt der Satz ›Ich habe auch ein Recht ...‹ zentrale Bedeutung. ›Ich habe auch ein Recht ... mit meinen Gefühlen ernst genommen zu werden ..., glücklich zu sein ..., auf Schmerz ..., zu zeigen, was es mir ausmacht ..., auf meine Gefühle.‹

Hans begreift allmählich, wie sehr er sich durch sein Nachgeben aufgab, den Kontakt zu sich verlor und innerlich leer wurde. Er erkennt, dass es so nicht weitergehen kann und entschließt sich, etwas anderes als sich selbst aufzugeben: nämlich den Versuch, es seiner Frau um den Preis der Selbstaufgabe recht zu machen, den Versuch, nachzugeben, damit sie bleibt. Zugleich macht er Cornelia klar, dass er keine Trennung will, weder auf die Kinder noch sein Heim verzichten wird und dass er für seine Rechte notfalls auch vor Gericht eintreten wird.

»Ich habe es ihr so gesagt, ohne Streit oder Vorwürfe, in aller Ruhe. Ich habe klargemacht, dass ich nicht gehen werde. Wenn sie die Beziehung beenden will, muss sie gehen, nicht ich. Ich werde

mit den Kindern bleiben, denn es ist auch mein Zuhause, das ich mir aufgebaut habe und ich bin nicht bereit, es aufzugeben.«
So hat Cornelia ihren Mann noch nicht erlebt. Ruhig, klar und deutlich hat er ihr die Grenzen seiner Belastbarkeit gezeigt und keine Zweifel an seiner Entschlossenheit gelassen, sein Recht auf Gefühle zu behaupten. Seine Botschaft, ›Ich kann so nicht weitermachen, ich gehe kaputt – ich lasse mich nicht länger von dir erpressen‹, ist wirklich (wirksam) bei ihr angekommen. Cornelia hat gespürt, dass Hans meint, was er sagt. *»Ich werde nicht gehen, du musst gehen, wenn du es willst«,* legt die Verantwortung für das Ende der Beziehung in Cornelias Hände.
Cornelia ist verwirrt. Zum ersten Mal in der langen Geschichte ihrer Auseinandersetzung kann sie die Gefühle ihres Mannes nicht mehr ›überrollen‹ und ihn zur Aufgabe zwingen. Zum ersten Mal hat Cornelia das, was sie sich immer wünschte: ein Gegenüber, einen spürbaren Mann, einen Standpunkt, an dem sie sich orientieren kann.
Hans hat sich ihr entgegengestellt, sich nicht in die Ecke oder aus dem Haus drängen lassen, sie nicht weggestoßen, sich nicht abgeschottet oder hart gemacht, sich nicht aus dem Staub gemacht. Er hat sich zu erkennen gegeben und Cornelia damit Orientierung ermöglicht. Jetzt kommt er mit seinen Gefühlen ›bei ihr vor‹.
Seiner Frau standzuhalten und entgegenzutreten wurde Hans möglich, weil er seiner Lust, seinen Impulsen, die seine innere Wahrheit ausdrücken, treu blieb und nicht länger seiner Angst nachgab, obwohl diese recht massiv war und ihn zu beherrschen drohte.
Cornelia reagiert nun anders als erwartet. Sie entspannt sich und erkennt seine Gefühle an. Sie geht nicht weg und fordert auch nicht weiter, dass er geht. Sie beginnt für möglich zu halten, was er immer schon behauptet hatte: dass sie ihm viel bedeutet.
In der Folgezeit entspannt sich die Situation der Partner zunehmend. Die Atmosphäre der Beziehung wird weicher, was es Hans

ermöglicht, nach und nach die Erlebnisse und Erfahrungen der Beratung einzubringen.

Der Hintergrund seiner Angst vor Frauen zeigt sich in den Erinnerungen von Hans: *»Mir wird heute noch ganz mulmig, wenn meine Mutter mit Stolz erzählt, was für ein gängiges Kind ich war. Dass sie mich nie schlagen musste, weil ich schon auf bloße Blicke reagiert habe.«*

Hans lernt, sich zu behaupten und mitzuteilen. Je mehr er zu seinen Gefühlen stehen kann, desto näher kann er in der Folgezeit seiner Frau kommen, ohne Angst zu bekommen, ›ausgeplündert‹ und ›verschlungen‹ zu werden.

Sicherlich dauert es noch eine Zeit, bis Hans und Cornelia wieder Freunde sein können und ihre Zuneigung sich wieder entfalten kann. Doch die festen Verhaltensmuster, die Gewohnheiten des Kampfes sind aufgebrochen und erste Handlungsalternativen werden wirksam. Es geht bergauf. Hans' Beitrag zu dieser positiven Entwicklung besteht in der Entdeckung und konsequenten Entwicklung seiner emotionalen Impulse – eben dem Aufgreifen seiner Spur der Lust.

Die Frau auf der Spur ihrer Lust

Cornelia ist fünfundvierzig Jahre alt. Sie befindet sich in einer schwierigen Lage, seit ihr Mann ein Verhältnis zu einer fünfzehn Jahre jüngeren Frau hat. In die erste Beratungsstunde kommt sie völlig deprimiert. Ihr Mann war gerade mit seiner Freundin für einige Tage weggefahren. In die zweite Sitzung kommt sie bester Laune:

Cornelia: *»Mir geht's gut. Mein Mann ist gerade mit zwei Geschäftsfreunden auf Männertour. Da weiß ich, dass nichts passieren kann.«*

Berater: *»Was gibt dir das?«*

Cornelia: *»Ein ruhiges Gefühl. Da brauche ich keine Angst haben. Ich fühle mich sicher. Im Unterschied zur letzten Woche fühle ich mich wie auf einem sanften Ruhekissen.«*

Ihr emotionaler Zustand hängt von den Handlungen ihres Mannes ab. Er kann Cornelia ein ›sanftes Ruhekissen‹ geben, es ihr auch wieder entreißen. Wenn er auf Männertour ist, fühlt sie sich sicher. Ist er bei seiner Freundin, geht ihre Sicherheit verloren und der Kampf um ihn beginnt von vorne. Heute jedoch geht es ihr gut, heute braucht sie nicht um ihn zu kämpfen, heute ist sie entspannt:

Cornelia: *»Vielleicht ist das falsch, vielleicht habe ich auch zu wenig Kampfgeist.«*

Berater: *»Du willst um ihn kämpfen?«*

Cornelia: *»Nicht unbedingt kämpfen, aber wie soll ich ihn sonst zurückbekommen? Ich will ihn nicht verlieren, aber ich will auch nicht gehen. Ich will, dass er von selbst zurückkommt.«*

Berater: *»Wieso sollte er das tun?«*

Cornelia: *»Weil es bei mir besser ist.«*

Berater: *»Was ist besser bei dir?«*

Cornelia: (zögert) *»Ich kann's dir sagen, aber ich finde es selber nicht gut, weil es so herkömmlich klingt. Ich bin besser, was die Versorgung angeht. Ich tue alles für ihn.«*

Berater: *»Und ganz persönlich, was ist gut an dir?«*

Cornelia: *»Ich bin charmant, kann gut auf Leute zugehen, kann organisieren, komme mit den Kindern gut klar, kann gut mit meinem Mann sprechen. Aber das ist ja nichts Besonderes, das kann die andere auch.«*

Berater: *»Aha, das ist nichts Besonderes. Was ist denn schlechter an dir?«*

Cornelia: *»Das kann ich dir auf Anhieb sagen. Ich bin schon mal fünfzehn Jahre älter als sie. Außerdem bin ich im Bett nicht so aktiv und sie hat eine engere Scheide als ich, sagt er. Sie himmelt ihn an und schaut zu ihm auf, das gefällt ihm.«*

Vom Verstand her möchte Cornelia nicht kämpfen, sondern warten, dass ihr Mann von selbst zurückkommt. Doch ihre Gefühle sagen etwas anderes: ›Kämpfe um ihn, sonst verlierst du ihn, denn die andere ist besser – sie kann alles, was du kannst, und sie ist jünger und attraktiver‹.
Cornelia kämpft, ›um ihn nicht zu verlieren‹, auf mehrfache Weise. Zum einen versucht sie, ihren Mann auszuhorchen und auszuspionieren, um Informationen über die Bedeutung zu bekommen, die seine Freundin für ihn hat. Zum anderen will sie ihren Wert für ihren Mann verbessern: Sie sucht einen Chirurgen auf und lässt sich wegen eines Lifting ihrer Tränensäcke und ihres Hinterns beraten.
»Ich seh' es ja, ich weiß ja, dass ich falsch reagiere. Aber auf der anderen Seite habe ich das Gefühl, dass ich in solchen Situationen nicht anders kann. Das ist doch mein Problem.«

Wie viele Frauen bestimmt Cornelia ihren Wert als Frau über den Mann. Für seine Zuwendung und das daraus resultierende Gefühl der Sicherheit ist sie sogar bereit, sich unter das Messer eines Schönheitschirurgen zu begeben. So stark sind Gefühle. Dabei weiß sie (vom Kopf her) längst, dass auch eine Operation keine Sicherheit bringen würde.

»Früher hat er mir das Gefühl gegeben, sein Ein und Alles zu sein. Ich habe alles versucht, es ihm recht zu machen. Aber auf Dauer geht das nicht. Irgendetwas fehlt immer. Ich strenge mich an und komme doch nie an ...«

An diesem Punkt geht die Beratung in Richtung Kindheit, denn an diesem Punkt steht ihr der Vater gegenüber, dessen ›Ein und Alles‹ sie sein wollte. Sie wollte für ihn ›die Einzige‹ sein, so wie er ›ihr Alles‹ war. Die Entscheidung, sich ganz und ausschließlich auf ihren Mann einzulassen, ›sein Alles‹ zu sein, hat Cornelia vor fünfzehn Jahren ›ganz bewusst‹ getroffen:

»Ich hatte damals noch einen anderen Freund, aber ich wollte endlich eine klare Linie in meine Beziehungen reinbringen und habe meinen Mann gewählt.«

Seit dieser Entscheidung – es war ja tatsächlich eine Ent-Scheidung, ein Sich-Scheiden von den Gefühlen und Bedürfnissen, die nicht zur ›klaren Linie‹ passten – stand ihr Mann im Mittelpunkt ihres Lebens. Mit IHM hatte ihr Leben ein klare Linie, einen Sinn; und an IHM hat sie sich orientiert. Solange sie sein ›Ein und Alles‹ war, war alles gut. Jetzt aber steht Cornelia vor den Folgen ihrer Entscheidung, denn jetzt scheint sie nur noch ›zweite Wahl‹ zu sein. Solange Cornelia nach ihren alten Regeln spielt (›Ich muss für IHN gut sein, IHM gefallen, schön sein, mich auf IHN einstellen‹), wird sie leiden, verzichten, abhängig sein und doch keine Chance gegen die jüngere Frau haben. Wenn sie weiterhin ihrer Angst folgt, wird sie sich weiterhin aufgeben müssen. Sie wird sich operieren lassen, liften lassen, für ihn sorgen, um ihn kämpfen. Wenn sie jedoch ihrer Lust folgt, gerät ihr Mann aus dem Zentrum ihrer Aufmerksamkeit:

Berater: *»Was würdest du eigentlich am liebsten tun, wenn du könntest? Was würdest du tun, wenn du ihn nicht so sehr brauchtest?«*

Cornelia: *»Am liebsten möchte ich, dass er zurückkommt.«*

Berater: *»Dass ER. Ich meine DICH!«*

Cornelia: *»Ich würde mir sagen, bitte, soll er doch machen, was ihm Spaß macht. Aber das geht nicht, dann wird er auf jeden Fall bei ihr bleiben.«*

Berater: *»Wieder ER. Also, er macht, was ihm Spaß macht. Und du? Was würde dir Spaß machen?«*

Cornelia: *»Das weiß ich nicht* (verwirrt, lacht). *Da bin ich ziemlich perspektivlos. Das wirft er mir ja auch vor. Ich glaube, ich bin im Laufe der Jahre stehen geblieben und habe aufgegeben, etwas für mich zu tun.«*

Es fällt Cornelia schwer, die Frage nach ihrer Lust zu beantworten. Seit sie die ›gerade Linie‹ in ihr Leben brachte, hat sie sich fast ausschließlich im Zusammenhang mit ihrem Mann erlebt.

»Klaus hat mein Leben ausgemacht. Er war alles für mich. Deshalb war es wie sterben, als er mich nicht mehr wollte. Alles war vorbei.«

(Kommentar Gabriele)

Es gibt buchstäblich keinen Bereich, in dem sie sich unabhängig von ihm erfährt. Immer wieder taucht ER auf.

Wenn ER ... nicht mit der anderen wäre, wenn ER ... nicht so egoistisch wäre, wenn ER ... zurückkommen würde.

Berater: *»Unabhängig von ihm, was würde dir Spaß machen?«*

Cornelia: *»Also, ich müsste mir sagen, dass ich restlos von mir selbst überzeugt bin. Dann würde ich es so sehen: Das* *mit der Freundin ist jetzt für ihn wichtig, und für mich ist etwas anderes wichtig.«*

Berater: *»Aha, du müsstest von dir überzeugt sein und dir sagen, dass für dich etwas anderes wichtig ist? Was denn zum Beispiel?«*

Cornelia: *»Ich glaube, ich muss ganz ehrlich sagen, wichtig wäre momentan ein Flirt. Aber ich will ja viel lieber mit ihm flirten.«*

Berater: *»Schon wieder ER. Bleib dabei, was würdest du tun, wenn du ihn nicht so sehr brauchtest?«*

Cornelia: *»Mit einer Freundin ausgehen und flirten. Ich glaube nicht, dass ich direkt mit einem anderen Mann schlafen will, aber flirten würde mir gut tun.«*

Cornelia entwickelt eine Flirt-Fantasie. Dabei erfährt sie in Bildern und Vorstellungen Zuwendung und Anerkennung von anderen Männern. Die Fantasie gefällt ihr, sie fühlt sich gleich ›etwas besser‹. In der Folgezeit der Beratung entwickelt Cornelia mehr und intensivere Fantasien. Damit tut sie, was ihr bisher fast unmöglich war: Sie erlebt sich unabhängig von ihrem Mann. Schritt für Schritt erweitert sie ihre Vision von sich, oder anders ausgedrückt, ihr Selbstbild, und erlebt sich in anderen Zusammenhängen und neuen Beziehungen.

In der Erweiterung ihrer Vorstellungskraft, ihrer Fähigkeit Bilder eines durchaus möglichen Lebens zu entwerfen, gewinnt Cornelia Zuversicht und Kraft. Sie beginnt bald darauf, die ersten Fantasien in die Tat umzusetzen. Der erste Schritt erscheint sehr klein: Sie kocht nur noch, was ihr schmeckt und räumt die Wohnung nur so weit auf, wie sie es will. Schließlich zieht sie mit ihren Freundinnen los. Als Nächstes nimmt sie ihren alten Beruf halbtags wieder auf.

Auch wenn in den Sitzungen immer wieder starke Gefühle und Ängste auftauchen – der Weg aus ihrer Misere öffnet sich für Cornelia über die Spur ihrer Lust. Ein Großteil der Beratung besteht

darin, Fragen zu stellen, die sie nur beantworten kann, wenn sie sich unabhängig von ihrem Mann fantasiert.
Am Ende einer mehrmonatigen Sitzungsreihe stellt Cornelia eine interessante Frage: ›Wieso habe ich eigentlich keinen Geliebten?‹ Und sie entschließt sich endgültig, trotz der noch vorhandenen Angst, ihren Mann zu verlieren, keine Operation durchführen zu lassen. Sie folgt konsequent der Spur der Lust. Dabei erfährt sie auch eine Menge schöne Erlebnisse und vor allem ihren Wert außerhalb der Beziehung. Sie findet wieder, was sie zum Teil aufgegeben hatte: ihre Spontanität, ihre Freude, ihre Gelassenheit.
Sie löst allmählich ihre Bedürfnisse aus der Insel der Partnerschaft und geht auf Entdeckungsreise – auch wenn sie dabei Untiefen überqueren muss und oftmals keinen Boden unter den Füßen spürt.

Was es Frauen schwer macht, den Weg der Lust konsequent zu gehen, ist die Überzeugung, der Partner wäre ihre Lust, ER wäre ihr wichtigster Wunsch, ER wäre ihr größtes Bedürfnis. Da die Frau glaubt, nur mit IHM könnte sie erleben, was sie sucht und nur von IHM bekommen, was sie braucht, scheint seine Liebe über alles wichtig. Deshalb sucht sie ständig Bestätigung seiner Liebe. Deshalb stellt sie so oft die von Männern gefürchtete Frage ›Liebst du mich noch?‹.

Berater: *»Du möchtest wissen, ob er dich noch liebt?«*
Maren: *»Ja. Seit er vor zwei Jahren mal fremdgegangen ist, bin ich mir nicht mehr sicher, ob er mich noch liebt, auch wenn er es immer wieder sagt.«*
Berater: *»Wozu brauchst du es, zu wissen, ob er dich noch liebt?«*
Maren: *»Wenn er mich nicht liebt, weiß ich auf jeden Fall, woran ich bin.«*
Berater: *»Was ist, wenn du weißt, woran du bist?«*
Maren: *»Dann kann ich machen, was ich will.«*

Berater: *»Aha, wenn du nicht weißt, ob er dich liebt, kannst du nicht machen, was du willst!«*

Maren: (nachdenklich) *»Hm, klingt merkwürdig, ist aber wohl so.«*

Sie würde machen, was sie will! Solange sie nicht weiß, sich nicht sicher ist, ob ER sie liebt oder nicht, verzichtet Maren auf etwas, das sie sonst machen würde. Es wäre interessant zu erfahren, worauf sie verzichtet.

Berater: *»Was würdest du tun, wenn du ihn nicht so sehr brauchtest, dass du wissen musst, ob er dich noch liebt?«*

Maren: *»Dann würde ich mich woanders umsehen. Mich nicht so viel um ihn kümmern. Einfach mein Leben leben, wie es gerade für mich stimmt.«*

Wenn Maren das könnte, würde sie nicht auf Beweise der Liebe ihres Freundes drängen. Sie würde einfach ihr Leben leben, ›wie es gerade stimmt‹.

Die Frau glaubt, nur dieser Mann könnte ihr geben, was sie braucht. Wenn sie hingegen ihrer Lust folgt, wird sie etwas finden, was ihr niemand nehmen kann: die Erfahrung, ihre Bedürfnisse auch unabhängig von diesem Mann erfüllen zu können und ihren Wert unabhängig von diesem Mann bestimmen zu können.
Die Fixierung auf IHN, auf einen einzigen, ganz bestimmten Mann ist deshalb von derart großer emotionaler Kraft, weil sie im Zusammenleben mit einem einzigen, ganz bestimmten Mann entstanden ist: dem Vater. Das erklärt, warum sie so schwer aufzulösen ist.
Heute aber, für die Frau, gibt es durchaus andere Wege, Bestätigung und Verbindung zu erreichen als durch einen Mann. Vor allem der Versuch, ihre Bedürfnisse durch einen Mann zu erfüllen,

der verschlossen und undeutlich ist, der sie aus seinem Herzen ausschließt und auf Abstand hält, bereitet der Frau keine Lust, er bereitet Frust.
Die Spur der Lust, die Spur unterdrückter Impulse führt die Frau in die Unabhängigkeit. Obwohl sie glaubt, der Mann wäre ihre Lust, ER wäre ihr Ziel, stellt sie fest, dass es ihr in Wirklichkeit nicht um ihn geht, sondern um das, was sie durch ihn erreichen will: Bestätigung, Verbindung, Geborgenheit, Sicherheit, Liebe, Identität.
Auf der Spur der Lust entfernt die Frau den Mann aus dem Zentrum ihrer Wahrnehmung und ihrer Gefühle. Sie macht den Mann vom wichtigsten Bereich ihres Lebens zu einem wichtigen Bereich ihres Lebens.

»Dazu gehören auch die Punkte ›sich etwas gönnen‹ und ›Geld ausgeben‹. Mit dem Bild meiner zu Verzicht bereiten Mutter vor dem inneren Auge, die wie ein Drache vor den Schätzen meiner Lust sitzt, ist es mir immer schwer gefallen, für mich zu sorgen, für mich etwas zu fordern oder gar mir etwas zu nehmen.«

(Kommentar Bettina)

Mutter war in dieser Hinsicht bestimmt kein gutes Modell für Selbstsicherheit, denn auch Mutter folgte nicht ihrer Lust. Insofern muss die Frau den ›Drachen Mutter‹ in sich erkennen und besiegen. Den Drachen Angst zu besiegen heißt aber der Lust zu folgen.

Der Weg in die Lust, in die Freude, auch in die Freude an der Partnerschaft, ist kein linearer Weg. Er führt durch Höhen und Tiefen, birgt Erfolge und Rückschläge. Es gibt jedoch nur eine Möglichkeit, nicht am Ziel anzulangen: indem man vorher aufgibt.

Thesen zum Weg der Lust

- Mann und Frau wollen eigentlich ›viel lieber‹ etwas anderes tun als zu ertragen oder sich zu bemühen. Wenn sie den anderen nicht so sehr brauchten, würden sie ihrer Lust folgen.
- In den Impulsen dieser Lust zeigt sich der Ausweg aus dem Erleben der Enge und des Mangels:
  - der Lust des Mannes, sich offen zu wehren und emotional zu behaupten,
  - der Lust der Frau, den Mann loszulassen und sich selbst in das Zentrum ihrer Bemühungen zu setzen.

Hindernisse – die Angst vor Trennung

Wenn Partner sich nicht trennen wollen, werden sie auseinander gehen. Wenn sie sich trennen können, können sie zusammenbleiben.

Wenn Partner verzichten, erdulden, sich bemühen, sich aufgeben, ist das Maß irgendwann voll. Irgendwann können sie Ärger und Enttäuschung nicht mehr zurückhalten. Dann glauben sie, nur noch durch die große Trennung Freiheit oder Orientierung zu finden. Die große Trennung, das heißt, die Beziehung beenden, das Experiment ›Partnerschaft‹ aufgeben, sich abschneiden, den Partner verlassen, Schluss machen.

Die grosse Trennung

Wenn Partner mit dem Wunsch der großen Trennung in die Beratung kommen, entdecken sie in dieser Vorstellung eine Möglichkeit.
Was würde die Trennung ermöglichen? Was könnten sie dann tun, was sie jetzt nicht können?

»Ich könnte wieder mehr mit gutem Gewissen machen, was mir Spaß macht. Ich hätte sie nicht mehr im Nacken sitzen. Ich wäre die Kontrolle los, die ständige Kritik.«

»Ich brauchte nicht mehr darauf zu warten, dass er für mich aufmacht. Die unerträgliche Situation wäre vorbei. Ich würde aufhören, für ihn da zu sein und mich nach ihm zu richten.«

Wenn sie nicht mehr mit dem Partner zusammen wären, könnten sie etwas machen, das wichtig ist und auf das sie lange verzichtet haben. Es sieht so aus, als ob der Partner Schuld an diesem Verzicht trägt.

Der Mann sagt: *»Ich muss gehen, weil sie mir keine Ruhe lässt. Würde sie mich in Ruhe lassen, könnte ich bei ihr bleiben.«*

Die Frau sagt: *»Ich muss gehen, weil ich bei ihm nicht ans Ziel komme. Meine Bemühungen sind umsonst. Es bringt nichts.«*

Doch der Partner wird vorgeschoben. Er ist nicht schuld – er hat uns nichts weggenommen und er hat nichts verhindert. Es liegt an uns, wenn es zur Trennung kommt, denn:

Der Mann will sich trennen, weil er keine Möglichkeit kennt, sich *innerhalb* der Beziehung Ruhe und Distanz zu verschaffen.

Die Frau will sich trennen, weil sie keine Möglichkeit kennt, sich *innerhalb* der Beziehung um sich selbst zu kümmern.

Trennung mangels angemessener und sinnvoller Verhaltensmöglichkeiten, mangels Alternative. Das sind die Gründe, warum die meisten Partner auseinander gehen. Ihre Motive entspringen der Enge/Mangelwahrnehmung, der Überzeugung, ER wolle sie ›auflaufen lassen‹ und SIE wolle ihn ›vereinnahmen‹; und dagegen müssten sie sich wehren. Die Partner haben alles versucht, aber ihre Versuche haben zu nichts geführt. Im Gegenteil, sie haben durch die Kette der Reaktionen die Situation nur verschlimmert. So sehen sie nur den Ausweg Trennung.
Dabei will der Mann sich in erster Linie gar nicht von der Frau trennen, sondern von Ärger und Streit, von Druck und Belastung, von Enge und Pflicht. Die Frau will sich eigentlich auch nicht vom Mann trennen, sondern von Anstrengung und Enttäuschung, von Mühe und Frustration, von Unsicherheit und Warten.
Der Wunsch nach Trennung taucht in einer Beziehung immer

dann auf, wenn Abstand vom Partner oder vom eigenen Verhalten nicht anders hergestellt werden können. Tatsächlich liegt in der großen Trennung auch eine Chance. Sie ist zwar schmerzhaft, aber sie hat positive Seiten. Sie zwingt Mann und Frau, sich mit etwas auseinander zu setzen, das sie bisher vermeiden wollten: der Aufgabe, Distanz zum Partner oder Distanz zu sich selbst, zum eigenen Verhalten, zu finden.

Der Mann hat endlich seine ersehnte Freiheit und Ruhe. Er braucht die Frau nicht mehr abzuwehren. Jetzt ist er allein.

Die Frau braucht sich nicht mehr um seine Liebe und Aufmerksamkeit zu bemühen. Jetzt ist sie allein.

Der Kampf ist zum Erliegen gekommen, der Kampf ruht, weil der Gegner fehlt. Doch die große Trennung ist eine zwiespältige Angelegenheit. Ihre Vorteile liegen darin, dass

- der Mann aufatmen und all das tun kann, worauf er verzichtet hat. Er hat Platz, kann sich fühlen und feststellen, was seine Frau ihm noch bedeutet.

- die Frau sich auf sich selbst besinnen kann, sich an sich selbst orientieren und sich unabhängig vom Mann erleben kann.

Carola nach der Trennung: *»Ich lerne allmählich, erwachsen zu werden, meine Gefühle in Einklang mit dem zu bringen, was ich äußerlich darstelle. Das heißt für mich, nicht so zu klammern. Jedes Mal, wenn ich einen Mann verliere, sage ich mir beim Nächsten: ›Klammere nicht so, mach die Beziehung nicht kaputt.‹ Ich nehme langsam Abschied von der Vorstellung, dass es einen gibt, der für mich sorgt, der mich immer liebt, der sich um mich kümmert, der mir ein Zuhause gibt und Geborgenheit vor der bösen Welt.«*

Jürgen nach der Trennung: *»Der Gedanke allerdings, dass ich in* *der Ehe nicht genügend Zuneigung und Liebe für sie empfunden habe oder ihr meine Liebe nicht genügend gezeigt habe, dass also dieser Mangel in mir stecken könnte und nun wirklich herauskommt, dieser Gedanke erschreckt mich.«*

Carola und Jürgen erleben positive Folgen der großen Trennung. Jürgen nimmt die Gefühle seines Herzens wahr und an. Carola nimmt Abschied vom idealisierten Partnerbild und entwickelt emotionale Unabhängigkeit. Ob sie diese positiven Ergebnisse aufrechterhalten können, wird sich erst in der nächsten Beziehung zeigen.

Die Nachteile der großen Trennung bestehen darin, zwar vom Partner befreit zu sein, aber nicht notwendigerweise von den Verhaltensweisen, durch welche die Situation geschaffen wurde, der die Partner durch Trennung zu entkommen suchen. Sie sind den anderen los, aber ihre innere Unfreiheit und Unsicherheit nehmen sie zu einem großen Teil in die nächste Beziehung mit.

Durch die große Trennung haben die Partner die Situation verlassen, in der sie am besten lernen könnten, mit ihren Kompromissen aufzuhören, in der es aber zugleich auch am schwierigsten ist. Sie haben Distanz gefunden aber nichts gelernt. Nicht selten mündet dies in einen längeren Abschied von der Liebe.

Irmtraut: *»Männer habe ich erst mal auf Eis gelegt. Ich bin als Beziehungsmensch ziemlich unmöglich. Wenn ich jetzt einen Freund hätte, würde ich Gefahr laufen, meine beruflichen Interessen zurückzustellen. Meine Zukunftspläne würden völlig durcheinander geraten, so nach dem Motto: ›Jetzt hast du eine tolle Beziehung, da ist der Job nicht mehr so wichtig.‹«*

Für Irmtraut besteht die einzig praktikable Möglichkeit, ihre beruflichen Interessen unbeeinflusst zu verfolgen darin, Liebe aus dem Weg zu gehen. Sie praktiziert die große Trennung auf Dauer – wie viele Männer das ebenfalls tun, indem sie sich auf Liebe und Beziehungen nicht mehr einlassen.

Die große Trennung ist in den meisten Fällen ein Produkt der Angst. Wann immer Partner die große Trennung vollziehen, ist es

ihnen zuvor nicht gelungen, die vielen kleinen Trennungen der Partnerschaft herzustellen. Hätten sie Mut zu den kleinen Trennungen gehabt, die in jedem Tag des Beziehungslebens anliegen, wäre vielleicht alles anders gekommen.
Sicherlich ist es gut, sich trennen zu *können* und nicht aus Angst beim Partner zu bleiben. Bestimmt aber ist es nicht gut, sich trennen zu *müssen,* weil keine andere Wahl, keine Alternative besteht.

Die kleine Trennung

Die Alternativen zur großen Trennung liegen in der kleinen Trennung, in den vielen kleinen Abschieden des Beziehungsalltags.
In der Vorstellung *›Was ich machen würde, wenn ich den Partner nicht so sehr bräuchte‹*, werden solche kleinen Trennungen sichtbar.
Wie sähen Beziehungen aus, wenn Partner einander nicht so sehr brauchten, dass sie bereit sind, sich ›für die Beziehung‹ aufzugeben? Diese Frage habe ich vielen Paaren gestellt. Sie mochten diese Vorstellung, denn es liegt etwas Verlockendes darin. Die Frage deutet auf Möglichkeiten hin, auf ein Potenzial. Wenn wir uns nicht (so sehr) brauchten, dann ...
»... würde ich nicht so viel Rücksicht darauf nehmen, wie er mich haben will.«
»... würde ich im Bett nicht so leicht nachgeben und darauf bestehen, dass ich auch meinen Spaß habe.«
»... würde ich mir nicht so viele Gedanken machen, ob ich noch attraktiv genug bin.«
»... würde ich nicht so viel arbeiten und mehr reisen. Leisten könnten wir es uns.«
»... würde ich nur noch mit ihr schlafen, wenn ich es wirklich will und nicht, weil ich glaube, es zu müssen.«
»... würde ich mir nicht ständig den Kopf über seine Sorgen zerbrechen. Ihm helfen, aber seine Probleme nicht zu meinen machen.«

»... würde ich viel öfter ohne ihn ausgehen.«
»... würde ich mir keine Gedanken darüber machen, ob meine Lust für ihn zu viel ist. Ich würde mich so richtig gehen lassen.«
»... würde ich öfter alleine sein.«
»... würde ich mir das Gerede nicht anhören, wenn ich keine Lust dazu hätte.«
»... würde ich ehrlich sagen, was ich denke und nicht so viele Kompromisse machen.«
»... würde ich mir auch einen Geliebten zulegen.«
»... würde ich mir die Unverschämtheiten nicht gefallen lassen.«
»... würde ich mich nicht so mies behandeln lassen.«
»... würde ich mich mit meinen Forderungen durchsetzen und nicht nachgeben um des Friedens willen, sondern nur, wenn ich es einsehe.«
»... würde ich mich mehr darum kümmern, was mir gut tut.«
»... würde ich die Hausarbeit für ihn einfach nicht mehr mitmachen!«

Die Vorstellung, den anderen nicht so sehr zu brauchen, zeigt, was Partner aufgegeben haben und zugleich auch einen Weg, wie sie wieder zu sich finden können. Der Weg zu dieser Entfaltung verläuft allerdings nicht reibungslos. Es tauchen Schwierigkeiten auf, denn in der Beziehung stellen Partner oftmals fest, dass ihre Bedürfnisse verschieden sind. Dann bekommen sie Angst.
Peter: *»Ich wollte mir schon vor zwei Jahren ein eigenes Schlafzimmer einrichten, habe es aber immer rausgeschoben. Zuerst war Gudrun dagegen, weil sie mit mir in einem Bett schlafen wollte. Ich habe es dann zurückgestellt, denn ich wollte es nicht gegen ihren Willen tun. Ihr Einverständnis habe ich aber auch nicht bekommen. Das Thema kam immer wieder zur Sprache. Schließlich war sie so genervt, dass sie einverstanden war. Aber ich habe gemerkt, dass es ihr sehr viel ausmachen würde. Also habe ich darauf verzichtet.«*
In solch einem Falle der eigenen Lust zu folgen bedeutet gleich-

zeitig, der eigenen Angst zu begegnen. Dann taucht die Stimme der Angst als schlechtes Gewissen oder Befürchtung auf. ›Mach es nicht, sonst verlierst du den anderen!‹ Partner wollen keinen Streit. Sie wollen den Partner nicht verlieren und geben daher nach. Damit geben sie ihre Lust auf und ihre individuellen Bedürfnisse preis. Sie scheuen das Risiko, lassen sich zu viel gefallen, nehmen zu viel in Kauf, laden sich mit Angst und Enttäuschung auf.

An solchen Punkten erhebt die Angst Einwände gegen den Weg, welcher die Spur der Lust aufzeigt. Hier entscheidet sich, ob Partner auf ihre Angst oder Lust hören.

Ich bin durchaus nicht der Meinung, Partner müssten sich immer und ausschließlich für ihre Lust entscheiden. Manchmal ist Angst einfach zu groß. Nur sollten Partner sich über die Konsequenz im Klaren sein, welche eine dauerhafte Vermeidung kleiner Trennungen mit sich bringt.

Im Gegensatz zur großen Trennung, die alles beendet, bezieht sich die kleine Trennung auf ein bestimmtes Verhalten, auf einen bestimmten Moment, auf eine bestimmte Überzeugung. Sie stellt weder die Beziehung in Frage noch will sie die Partnerschaft auflösen. Ihr Ziel ist es, einem Partner die Befriedigung seiner Lust zu ermöglichen – und zwar auch und gerade unabhängig vom anderen.

Oft scheint es sich bei unserer Lust um ›Kleinigkeiten‹ zu handeln. Dabei sind es gerade diese Kleinigkeiten, welche über die Qualität des Zusammenlebens entscheiden. Denn es sind die vielen kleinen Rücksichten und Einschränkungen, die auf die Dauer die Beziehung belasten. Mit jedem Verzicht staut sich Unzufriedenheit auf, die sich schließlich in der großen Trennung befreien will. Wenn diese aufgestauten ›kleinen‹ Unzufriedenheiten einmal durchbrechen, sind Partner oft überrascht und sprachlos.

Ich habe in der Beratung das Erstaunen vieler Männer und Frauen erlebt, wenn der Partner auspackte, was er in den Jahren der Be-

ziehung geschluckt hatte. Oft liegen die Ereignisse, die dann zu Tage treten, Jahre oder Jahrzehnte zurück.
Manchmal haben die Partner mit dieser Offenlegung zu lange gewartet und es ist zu spät, wieder zu Verständigung zu finden. Dann hilft nur noch die große Trennung. Oft aber entspannen sich die Konflikte der Partnerschaft, wenn die Partner ihre Lust unabhängig voneinander aufdecken und beginnen, kleine Trennungen zu praktizieren.
Partner brauchen Mut, wenn sie ihrer Lust folgen wollen. Sie brauchen Mut, wenn sie kleine Abschiede praktizieren wollen, denn in ihren Gefühlen sind die kleinen Abschiede groß. Gefühlsmäßig nehmen sie eine große Bedeutung an.
Als Ulla zur Beratung kam, hatte sie den Kampf um Liebe begonnen. Sie hatte einige Vorstellungen, die sie mit ihrem Freund Gunnar verwirklichen wollte. Dazu gehörte, mit ihm zusammen zu wohnen, was den Umzug eines der Partner erfordert hätte, da ihr Freund in einer anderen Stadt wohnte. Da Gunnar sich zu diesen Punkten nicht äußerte, rief sie ihn fast täglich an und verwickelte ihn in lange und aufreibende Gespräche. Sie wollte hören, dass er sie vermisst und dass er seine Wohnung aufgibt und zu ihr zieht. Ulla empfand ihr Drängen selbst als ›unmöglich‹, konnte aber nicht davon ablassen. Aber nach einigen Beratungen hatte sie ihr Verhalten und die dahinter liegenden Ängste so weit reflektiert, dass sie den Mut sammelte, ihre Anrufe einzustellen. Sie schreibt ihrem Freund einen Brief:
»... diese Situation ist für uns beide unwürdig. Ich habe keine Lust mehr, mich zu quälen und werde dir nicht weiter auf die Nerven fallen. Wenn du Lust hast, melde dich.«
Ulla entschließt sich zur kleinen Trennung, dazu, ihn zu lassen. Sie bleibt ihrem Entschluss treu und meldet sich nicht mehr bei ihrem Freund. Zwei lange Wochen vergehen:
»Es war verflixt schwer, die Finger vom Telefon zu lassen. Ich habe mir gesagt, wenn ihm was an mir liegt, wird er sich melden. Wenn er sich nicht meldet, hat es auch keinen Sinn, ihn zu drängen.«

Der Entschluss, durchzuhalten und nicht den Einflüsterungen ihrer Angst zu folgen, die Beziehung wäre beendet, wenn sie sich nicht weiter um Gunnar bemühe, war die schwerste Aufgabe für Ulla. Nach zwei Wochen geschieht dann ein ›Wunder‹:
»Es klingelt, und er steht vor der Tür. Ich bin vor Schreck und Überraschung fast umgefallen, weil ich die Hoffnung fast aufgegeben hatte. Und dann steht er da.«
Zwei Wochen – so lange hat es gedauert, bis sich Gunnar über seine Wünsche klar werden konnte. Als er sich nicht mehr zu wehren brauchte, bekam er Gelegenheit, seine eigene Lust zu erkennen und von sich aus auf seine Freundin zuzugehen.
Zwei Wochen, die Ulla (durch die Brille Mangel) ewig und ihrem Freund (durch die Brille Enge) kurz erschienen. Einige Monate später wohnen die beiden zusammen. Ulla ist ihrer Lust treu geblieben:
»So schwer es fiel, ich habe mir lieber auf die Lippen gebissen als an ihm zu zerren und zu versuchen, ihn zu etwas rumzukriegen, das er nicht wollte. Die einzige Möglichkeit, wie ich es schaffen konnte, war einfach meinen Kram zu machen. Mit der Zeit habe ich dann gemerkt, dass es meistens funktioniert. Er ist anders. Er braucht viel mehr Zeit, als ich es mir vorstellen konnte, um eine Antwort zu geben oder etwas Verlässliches zu sagen.«
Auch wenn es ihr schwer fällt, Ulla vollzieht konsequent die kleine Trennung. Sie behält den Mut, sich abzuwenden und sich um sich selbst zu kümmern. Nach und nach erkennt sie, dass Gunnar lange Reaktionszeiten hat und bezieht sein anfängliches Schweigen und seine Undeutlichkeit nicht mehr auf sich persönlich. Zugleich wird sie von seinen Äußerungen und seiner Zuwendung in dem Maße unabhängiger, in dem sie ihre eigenen Interessen verfolgt, ganz gleich, ob Gunnar mitzieht oder nicht.
Den kleinen Abschied zu praktizieren, ist auch für den Mann eine schwierige Aufgabe. Kurt macht diese Erfahrung, als er versucht sich gegenüber seiner Frau durchzusetzen. Elisabeth treibt ihren Mann mit der Drohung, sich das Leben zu nehmen, *»wenn sich*

zwischen uns nicht bald etwas ändert« in Verzweiflung. Kurt reagiert durch Schweigen und Betroffenheit. In der Beratung erfährt er sein Schweigen und seinen Rückzug als Hilflosigkeit und entdeckt seine Impulse, sich zu wehren. Er entschließt sich, mutiger zu werden und klar und offen seinen Standpunkt zu vertreten.

»Ich habe immer geglaubt, sie müsste doch wissen, wie mich ihre Drohungen in Stress versetzen. Ich habe nicht begriffen, wie sie so etwas tun kann. Dabei habe ich nicht gemerkt, dass mein Schweigen für sie wie eine glatte Wand war, an der sie abrutschen musste. Jetzt lerne ich mich eindeutiger zu verhalten. Das Schwerste ist, zu ihr Nein zu sagen, wenn sie fordernd vor mir steht und trotzdem nicht den Vorwurf gelten zu lassen, ich würde sie nicht lieben. Das kostet mich immer noch Überwindung. Auf der anderen Seite gewinne ich dadurch ein Stück Freiheit, ein Stück Stärke für mich.«

Kurt hatte geglaubt, seine Frau müsse wissen, was Rückzug und Sprachlosigkeit bedeuten: Ratlosigkeit, Unklarheit, Verwirrtheit, Verletztheit. Seit er weiß, wie missverständlich sein Verhalten für Elisabeth ist, bemüht er sich, der Lust, ›sich zu behaupten und ihrem Druck standzuhalten‹, treu zu bleiben.

Er behauptet sich, indem er Elisabeth etwas entgegensetzt. Und das Einzige, was er ihr entgegensetzen kann, sind die Gefühle, die er jetzt hat. Er fühlt sich unklar, und auch wenn er ihr in dem Augenblick, in dem sie es fordert, keine andere Orientierung geben kann, praktiziert er die kleine Trennung konsequent:

»Der wohl wichtigste Punkt in der Beratung betraf mein Verhältnis zu dem, was ich fühle, empfinde, spüre. Dieses Verhältnis war bisher verschüttet unter Schuldgefühlen, Misstrauen und Ängsten. Entweder habe ich nicht gewusst, was in mir vorging, oder mich nicht getraut, es ihr gegenüber zu vertreten. Das ist jetzt anders. Jetzt kann ich dazu stehen, dass ich etwas fühle, selbst wenn es Unklarheit ist.«

Kurt gewinnt die Klarheit, seiner Frau in aller Deutlichkeit zu sagen ›Ich bin unklar und brauche Zeit‹ und ›Ich bin mir unklar – das muss klar genug sein!‹ Dies ermöglicht es seiner Frau, die Gründe seiner Undeutlichkeit in ihm und nicht in einem Mangel bei sich selbst zu suchen.

Durch die Auseinandersetzungen, die entstanden, als sie ihrer Lust treu blieben und den kleinen Abschied praktizierten, ohne die Beziehung dadurch in Frage zu stellen, haben Kurt und Ulla etwas begriffen, was für Mann und Frau durch die Brille ihres Kontextes Enge/Mangel so schwer zu begreifen ist: den Wert der kleinen Trennungen.

Einwände gegen die Spur der Lust

Die Spur der Lust führt zu einem neuen Verhalten gegenüber dem Partner. Es besteht für den Mann darin, sich zu behaupten und der Frau klar und deutlich gegenüberzutreten, und für die Frau darin, ihre Bemühungen um den Mann zu lassen und sich um sich selbst zu kümmern.

Für die Frau deutlich zu sein ist der erste Schritt des Mannes in Richtung seiner Lust – der Lust, sich Platz zu verschaffen und sich zu fühlen.

Den Mann zu lassen ist der erste Schritt der Frau in die Richtung ihrer Lust – der Lust, ihre Kraft für sich selbst zu gebrauchen.

Wenn ich von der Lust des Mannes schreibe, sich emotional zu behaupten (für sie deutlich sein), und der Lust der Frau, emotional unabhängig zu sein (ihn zu lassen), werden gewiss viele Einwände auftauchen. Manche Leser werden denken ›Was, das soll meine Lust sein? Gerade davor habe ich doch Angst!‹
Partner können sich jedoch fragen, ob es ihnen tatsächlich Lust bereitet, sich zu verschließen oder zu bemühen. Sicherlich nicht. Verschließen und Bemühen sind Produkte von Angst und Frustration. Es führt lediglich tiefer in die Sackgasse des Beziehungskrampfes hinein.

Für die Frau geht es um Klarheit und Deutlichkeit. Es nutzt nichts, zu schweigen und sich zu verweigern. Der Mann muss für sie, für die Frau, die ihm gegenübersteht, klar und deutlich (deutbar) sein.

Für den Mann geht es um Raum. Es nutzt nichts, ihn zu bedrängen und sich um ihn oder für ihn zu bemühen. Die Frau muss ihm Raum geben, sich zu fühlen. Das heißt, ihn zu lassen.

Die Partner sind es einander schuldig, ehrlich zu sein und eine kleine Trennung zu praktizieren, wenn ihre Lust in eine andere Richtung zeigt. Wenn der Mann für sie deutlich ist und die Frau ihn lässt, helfen die Partner dem anderen und darüber hinaus auch sich selbst.

Der Mann kann sich ersparen, bedrängt zu werden, indem er dafür sorgt, dass SIE sich orientieren kann.

Die Frau kann sich ersparen, dauernd abgewiesen zu werden, indem sie gelassen genug ist, IHN zu lassen.

Für sie deutlich sein und ihn lassen ist eine schwierige Aufgabe, die Mann und Frau nur lösen können, wenn sie konsequent ihrer Lust, und nicht ihrer Angst folgen.
Wenn der Mann seinem Bedürfnis nach Freiheit nachgeht, wird er von Seiten der Partnerin mit dem Vorwurf konfrontiert sein, sie nicht wirklich zu lieben. ›Du liebst mich nicht richtig, du liebst mich nicht genug – sonst könntest du so etwas nicht tun.‹ Jetzt gilt es, den eigenen Impulsen treu zu bleiben. Jetzt gilt es für den Mann, den Anspruch auf Liebe und Freiheit einzulösen. ›Ich liebe dich *und* ich brauche meinen eigenen Raum‹ ist ein Satz, der wohl keinem Mann leicht über die Lippen geht.
Versuchen Sie es, lieber Leser, bei nächster Gelegenheit. Versuchen Sie, diesen Satz Ihrer Frau ins Gesicht zu sagen und standzuhalten. Versuchen Sie, zu Ihrer Liebe zu stehen und gleichzeitig Ihren Bedürfnissen nach Freiheit treu zu bleiben. Ein spannendes Experiment.
Wenn die Frau aufhört, sich um den Mann zu bemühen und ihn lässt, passiert erst einmal nichts. Erst einmal ist dann Leere. Der Mann scheint nicht zu reagieren. Dann heißt die Alternative für die Frau jedoch nicht, auf ihre Bedürfnisse zu verzichten, erneut sich zu bemühen, zu warten und damit ihre Lust zu verleugnen. Ihrer Lust treu zu bleiben kann heißen, sich vom Mann fort, nach außen hin zu orientieren und sich anderen Menschen oder Dingen

zuzuwenden. Je mehr die Frau ihre Interessen unabhängig von dem einen Mann verfolgen kann, desto leichter kann sie ihn lassen.

Versuchen Sie es, liebe Leserin, bei der nächsten Gelegenheit. Versuchen Sie es, ihn zu lassen *und* trotzdem Ihre Bedürfnisse zu verfolgen. Eine Aufgabe, die Ihre ganze Kreativität erfordern wird.

Jetzt, nachdem ich Sie zu diesem Versuch aufgefordert habe, beachten Sie bitte, welche Einwände gegen meine Anregungen aufgetaucht sind. Welche Gründe haben sich in Sekundenschnelle angeboten, warum es *nicht* geht, der Lust zu folgen? Normalerweise sagen die Partner:

Ich kann für sie gar nicht deutlich sein. Das nutzt nichts, weil sie mein Bedürfnis nicht annehmen wird, weil sie mich nicht respektieren wird.

Ich kann ihn nicht lassen, weil er mein Bedürfnis ist. Ich will ja ihn, nur er kann mir geben, was ich brauche.

Weil sie, weil er ... Wenn Partner so denken, haben sie die Spur der Lust bereits verlassen – und sind bei der Angst gelandet. Und weil sie denken, es ginge nicht und das läge am Partner, vermeiden sie kleine Trennungen. Sie hören auf die Stimmen ihrer Einwände und sind überzeugt, dass das von mir vorgeschlagene alternative Verhalten nichts nutzen und nichts verändern wird.

Partner können Beweise für ihre alten Überzeugungen aufführen, dutzende, hunderte von Beweisen – ihre ganze reichhaltige und langjährige Beziehungserfahrung. Aber sie können nur beweisen, dass sie *bisher* keinen gangbaren Weg und keine funktionierenden Lösungen gefunden haben, denn diese Beweise stammen aus der Vergangenheit der Beziehung, stammen aus dem Kontext von Liebe mit Enge und Mangel.

Sie beweisen nicht, dass die Spur der Lust unbrauchbar ist, denn sie haben es bisher kaum geschafft, Deutlich-Sein und Ihn-Lassen konsequent durchzuhalten. Diese ›wertvollen‹ Erfahrungen stammen aus der Enge/Mangel-Wahrnehmung, die zur Reproduktion eben dieser Erfahrungen führt.

Partner sollten sich darüber klar sein, dass sie keine Aussage über Liebe im Kontext von Unabhängigkeit machen können, solange sie diesen Kontext nicht geschaffen haben. Erst recht können sie nicht fühlen, wie sich Liebe im Kontext von Unabhängigkeit anfühlt, solange sie diesen nicht erreicht und erlebt haben.

Wir Partner haben ein perfektes System gelernt, wie wir uns in Beziehungen nicht verhalten sollten. Es wird uns zu nichts anderem führen als zu den ›neuen‹ Erfahrungen, die wir schon so oft erfahren haben. Es wird uns nur bestätigen, was wir durch die gefärbte Brille unserer Wahrnehmung ›immer schon gewusst‹ haben.

Sobald Partner aber die Spur ihrer Lust aufgreifen und mutig weitergehen, werden sie zu neuen Erfahrungen finden.

Thesen dieses Abschnitts

- Partner wählen die große Trennung, weil sie aus Angst vor den Folgen viele kleine Trennungen vermieden haben.
- Wenn sie die kleinen Trennungen praktizieren, wenn sie ihrer Lust folgen, werden Partner einer Angst begegnen, die Einwände gegen die kleinen Abschiede des Beziehungsalltags erhebt.
- Wenn sie trotzdem diesen Impulsen nach Selbstbehauptung und Eigenständigkeit treu bleiben,
  - entwickelt der Mann die Fähigkeit, für die Frau deutlich zu werden,
  - entwickelt die Frau die Fähigkeit, den Mann loszulassen und ihre Kraft für sich selbst zu gebrauchen.

Die Aufgabe des Mannes – deutbar sein

Für die Frau deutbar zu sein ist eine Anforderung, die der Mann oft nicht begreift. ›Ich bin doch deutlich, ich habe es ihr doch schon tausendmal erklärt. Sie lässt es einfach nicht gelten‹ ist ein häufiger Einwand von Männern.

Diese Männer haben nicht verstanden. Es geht nicht bloß darum, deutlich zu sein. Es geht darum, für sie, für die Frau, die ihnen gegenüber steht, deutbar zu sein.

Die intellektuelle und emotional distanzierte Weise, in der die meisten Männer versuchen sich zu erklären, spricht Frauen nicht an. Tatsächlich zieht sich der Mann ja auf die Bastion ›Kopf‹ gerade deshalb zurück, um emotionalen Auseinandersetzungen zu entkommen. Im Vergleich zur Frau ist er in der Äußerung seiner Gefühle ein emotionaler Zwerg, auch wenn in seinem Inneren das ganze Spektrum der Gefühle vorhanden ist. Für sie, für die Frau, deutlich zu sein erfordert mehr als Erklärungen, Argumente und Meinungen. Es erfordert emotionale Bewusstheit und Behauptung.

Andreas und Renate kamen vor einem Jahr zur Beratung. In der einjährigen Pause hatten sich ihre Konflikte zwar verdeutlicht, es war aber nicht zu einer Lösung gekommen. Vor allem Andreas ist jetzt entschlossen, die neuen Sitzungen für sich zu nutzen. Bald wird er in einer überraschenden Weise direkt.

Andreas: *»So kann es nicht weitergehen. Ich lasse mich nicht mehr unter Druck setzen. Du musst endlich begreifen, dass der Raum, den du in meinem Leben einnimmst, begrenzt ist. Ich kann und will dir nicht alles geben. Ich lebe nicht für dich allein, ich lebe auch noch für mich.«*

Berater: *»Du lebst auch für dich! Was bedeutet das?«*
Andreas: *»Dass ich nicht immer und alles für sie tun kann!«*
Berater: *»Sondern?«*
Andreas: *»Dass ich verdammt noch mal auch Bedürfnisse habe!«*

Andreas wird heftig und emotional. Renate wirkt überrascht – fast schockiert. Auf jeden Fall ist sie in ihren Versuchen, Andreas zu verändern und ihren Bedürfnissen anzupassen, gebremst.

Berater: *»Du hast auch Bedürfnisse! Welche Bedürfnisse?«*
Andreas: *»Es gibt Dinge, die kann ich mit ihr nicht machen. Das will ich auch gar nicht. Ich will nicht alles mit ihr teilen müssen. Sie versteht das nicht.«*
Berater: *»Was soll sie verstehen?«*
Andreas: *»Dass es nicht gegen sie gerichtet ist, sondern dass ich das für mich brauche!«*
Berater: *»Du brauchst es für dich?«*
Andreas: *»Ja, für mich. Es ist nicht alles ›Wir‹. Ich will das ganz für mich allein!«*

Es würde Renate helfen zu begreifen, dass sein Wunsch nach Abstand nicht gegen sie gerichtet ist, sondern dass ihr Freund Bedürfnisse hat, die er mit ihr nicht erfüllen kann und auch nicht will. ›Ich habe auch Bedürfnisse – ich habe auch Gefühle – ich habe auch ein Recht‹. Da Andreas sich auf diese Weise für sie deutlich macht, kann Renate seine Bedürfnisse nicht weiter ignorieren oder ›unterbügeln‹. Auch wenn sie seinen Wunsch nach Abstand nicht teilt, fängt nun sie an, ihn zu akzeptieren.
Was ihr dies erleichtert ist, dass sie ihren Freund jetzt spüren kann. Er hat sich auf eine Auseinandersetzung mit ihr eingelassen und ihren Bedürfnissen seine Bedürfnisse offen und direkt entgegengesetzt. Er hat sich nicht auf verbale Gefechte zurückgezogen, sondern war durch seinen Ärger und seine Entschlossenheit emotional präsent. Weil er klar und direkt war, hat er auch nicht den

Eindruck erweckt, er wolle sich von Renate oder der Beziehung lösen.
»Es passiert mir leider immer wieder, dass ich gar nicht merke, wann es mir zu eng wird. Ich müsste ihr viel öfter mitteilen, wann ich mich bedrängt fühle und Abstand brauche. Oft hat sie gar nichts gemacht, da sitzt sie nur im gleichen Zimmer, und schon wird mir die Luft knapp. Dann werde ich unwirsch und sie versteht es nicht. Wenn ich ihr in dem Augenblick von meinen Beklemmungen erzählen könnte, das würde uns helfen.«
Für sie deutlich wird der Mann, indem er seine Gefühle kommuniziert. Für sie deutlich wird er, indem er sich auf eine emotionale Auseinandersetzung mit der Frau einlässt. Emotionale Auseinandersetzung bedeutet jedoch nicht, ihre Spielregeln zu übernehmen und ebenfalls mit dem Empfindsamkeitstest anzufangen. Emotionale Auseinandersetzung bedeutet auch nicht, sich klein zu machen, zu weinen, jämmerlich zu werden, sich die Wunden zu lecken oder sich ihren Forderungen zu unterwerfen.

»Ich kann mich nicht auf das einlassen, was sie von mir fordert. Sie fordert doch Gefühl. Wenn sie es fordert, kann ich es ihr nicht geben, weil ich mich dann gezwungen fühle.«

(Einwand Günther)

Sie fordert aber ein bestimmtes Gefühl. Für die Frau deutbar zu sein bedeutet, ihr emotional standzuhalten und ihren Gefühlen die eigenen Gefühle entgegenzustellen. Dabei geht es nicht darum, die Gefühle zu zeigen, die die Frau fordert. Es geht darum, die eigenen Emotionen in die Auseinandersetzung einzubringen – ob sie der Frau gefallen oder nicht.

Empörung und Wut des Mannes

Seine Gefühle zu zeigen kann natürlich auch bedeuten, sich zu empören. Empörung ist oft das erste bewusst wahrgenommene Gefühl des Mannes, denn in Empörung ist seine Auflehnung gegen die Forderungen der Frau enthalten. In dieser Empörung oder Wut liegt die Kraft zur Befreiung aus Enge und Umklammerung. Seine Gefühle zeigen mag also einmal heißen, offen wütend zu werden. Dabei kann der Mann aber nicht stehen bleiben. Hinter Wut sind immer andere Gefühle verborgen, denn Wut ist ein sekundäres Gefühl. Wut entsteht als Reaktion auf enttäuschte Erwartungen, Sehnsüchte und Bedürfnisse.

Verletztheit

Gefühle zeigen kann auch bedeuten, traurig zu sein, in aller Ruhe und Empfindsamkeit mit ihr zu sprechen, die eigene Betroffenheit zu äußern, deutlich zu machen, ›was es mir ausmacht, so behandelt zu werden‹.
Seine Verletztheit, also die Wunden seines Herzens aufzudecken ist der schwierigste Teil für den Mann, denn es bedeutet ja auch die Aufgabe des Selbstbildes vom starken, unverletzlichen Mann. Wie auch immer, auf jeden Fall heißt Deutlich-Sein dazu zu stehen, dass ›ich auch Gefühle habe‹, dass ›ich nach anderen Regeln funktioniere und Zeit brauche, mir über mich klar zu werden‹, dass ›ich etwas anderes brauche, als du es willst‹. Deutlich-Sein konnte der Mann in seiner Kindheit nicht lernen, weil sein Vater ihn darin nicht unterstützte und seine Mutter ihn daran hinderte.

»Ich verhalte mich oft wie mein Vater damals. Ich sage ›jaja‹ und denke ›Halt doch endlich deinen Mund‹.«

(Kommentar Gerd)

Wenn es dem Mann gelingt, deutlich aufzutreten, kann und will die Frau seine Gefühle nicht ignorieren, denn jetzt hat sie etwas, woran sie sich orientieren kann: einen spürbaren, präsenten Mann, ein anfassbares Gegenüber.

Einen Mann, der auch einmal eine Tür zuschlägt, wenn er bisher kontrolliert war, der auch einmal ärgerlich ist, wenn er bisher immer vernünftig war, der sich auch einmal empört, wenn er bisher ›verständnisvoll‹ war, der vielleicht auch einmal über den Ausbruch seiner Gefühle lachen oder sich über seine eigene emotionale Intensität wundern kann. Einen emotional gleichwertigen Mann.

Das Schweigen des Mannes wertet die Frau oft als Zeichen dafür, er hätte keine Gefühle. Doch weit gefehlt. Der Mann hat der Frau den Gefühlsbereich überlassen; die Frau hat sich dort ausgebreitet und hält diesen Bereich besetzt. Der Mann kann aber jederzeit den Platz im Gefühlsbereich einnehmen, der ihm zusteht und den Alleinanspruch der Frau auf Gefühle zurückweisen.

Allerdings bekommt er seine Hälfte des emotionalen Raumes der Beziehung nicht geschenkt – er wird sie sich erobern müssen.

Emotionale Stärke

Wenn es dem Mann gelingt, deutlich zu werden, was zugleich bedeutet, für seine Bedürfnisse einzustehen und diese zu behaupten, lässt er allmählich die Vorstellung los, für das Glück seiner Frau allein verantwortlich zu sein. Vielmehr übernimmt er die Verantwortung für eigene Gefühle und gewinnt Vertrauen in die Fähigkeit, sich von der Frau und ihren mächtigen Gefühlen abzugrenzen.

Das Ergebnis, wenn es ihm gelungen ist, für die Frau deutlich zu sein, ist emotionale Stärke. Diese Stärke ist für die Fähigkeit zu lieben unbedingt erforderlich, denn sie erlaubt dem Mann, sich wieder mehr auf die Frau und das Abenteuer Liebe einzulassen.

Wenn er selbst emotional stark ist, kann die Frau den Mann nicht ›ausplündern‹, nicht ›aussaugen‹ oder ›festhalten‹. Dann verschwindet seine Angst vor der dunklen, emotionalen, verschlingenden Seite der Frau.

Die Aufgabe der Frau – sich abgrenzen

Sich abzugrenzen, sich vom Mann abzuwenden und sich ihren wirklichen Bedürfnissen zuzuwenden erfordert von der Frau Mut.

»Du schlägst uns also vor, wir sollten uns noch mehr zusammenreißen. Als wenn wir das nicht schon genug tun würden.«
(Einwand Hanne)

Es stimmt. Frauen reißen sich zusammen, wenn sie die Folgen ihres Außersichgeratens, also des Empfindsamkeitstests (er macht noch mehr dicht) bemerken. Sie reißen sich zusammen – und warten. Darauf, dass er von selbst kommt, aufmacht und gibt. Doch alles Bemühen und Warten bringt auf Dauer nur Frustration.

Offensein

Eine Klientin beschreibt diese leidvolle Situation sehr plastisch. *»Ich fühle mich ihm gegenüber wie ein offener Halbmond. Nach hinten bin ich rund, aber zu ihm hin bin ich immer offen. Ich schaffe es einfach nicht, ihn zu lassen.«*
Diese Frau kann sich gegenüber ihrem Mann nicht abgrenzen. Sie fühlt sich zu ihm ›immer offen‹. Sie kann die Tür zu ihm nicht schließen und sich nicht von ihm abwenden.
Tatsächlich können viele Frauen sich in der Nähe zum Mann nur schwer abgrenzen. Sie halten sich offen, sind bemüht und warten. Wenn die Frau aber begreift, dass ›es so nicht geht‹, dass ›ich mich verstricke‹, dass ›ich tun kann, was ich will und sich doch nichts ändert‹, dass, ›so sehr ich mich bemühe, er doch nicht aufmacht‹, tauchen starke Gefühle der Verzweiflung und Wut auf.

Verzweifelte Wut

Nachdem Isabel einige Monate unter der Zweideutigkeit ihres Freundes gelitten hat und ihre Versuche zur Klärung der Situation scheiterten, gerät sie in einer Einzelsitzung außer sich. Sie tobt und brüllt: *»Was bildet sich der Kerl eigentlich ein. Ich bin doch nicht seine Dienerin oder sein Bettmädchen, nach dem er nur zu pfeifen braucht, wenn es ihn juckt!«*

Isabel macht sich Luft und lässt ihrer Wut freien Lauf. Dabei schimpft sie auf ihren Freund und würde ihm – wäre er anwesend – sicherlich eine saftige Szene machen. Ihre Wut taucht in Form von Verzweiflung auf, als ›blinde Wut‹, als gegen den Freund gerichtete Emotion.

An diesen Punkt gelangen viele Frauen. Sie haben alles getan, alles versucht, und es hat nichts genützt. Irgendwann platzt ihnen der Kragen und ihre Wut überrennt sie, macht sie ›ohnmächtig‹. Dann produzieren sie Szenen. Diese Form der Wut möchte ich verzweifelte Wut nennen. Sie wird Instrument im Empfindsamkeitstest und trägt zur Zerstörung der Beziehung bei.

Gerichtete Wut

Die Alternative für die Frau heißt jedoch nicht, ihre Wut zu unterdrücken, sich weiter zusammenzureißen, wieder einmal ›brav‹ zu sein und zu warten. Die Alternative heißt ›gerichtete Wut‹.

Betrachten wir, wie Isabel zu dieser Form der Gefühlsäußerung findet. In der Einzelsitzung gestattet sie sich, weiter und ohne Hemmungen auf ihren Freund zu schimpfen. Die große emotionale Ladung baut sich ab und langsam beginnt sie, klarer zu sehen. Ihr Freund gerät dabei aus ihrer Aufmerksamkeit und ihr eigenes Verhalten rückt in den Vordergrund.

»Ich sitze wirklich da und warte, dass er sich meldet. Ich komme mir wie hinbestellt und nicht abgeholt vor. Ich komme mir total

verarscht vor. Ich muss wirklich verrückt sein. Ich benehme mich ja wie seine Dienerin. Kein Wunder, dass ich mich so fühle. Wenn der Herr ruft, eile ich zu ihm. Es ist wirklich lächerlich, was ich alles mitmache. Das hört jetzt auf. Ich lass' mich nicht mehr erniedrigen, ich lass' mir das nicht mehr gefallen. Schluss damit, aus, vorbei. Soll er doch sehen, wo er bleibt.«

An diesem Punkt schwenkt die Wut Isabels, die bisher gegen den Freund gerichtet war (du bist schlecht, du bist feige, du du du ...) um in ›ICH lasse mir das nicht mehr gefallen. ICH warte nicht mehr auf ihn. ICH bin mir zu schade für so eine Behandlung‹.

Sie drückt es in anderen Worten aus: ›Ich bestimme über meinen Wert selbst! Ich mache mich nicht weiter von deiner Zuwendung abhängig!‹ Aus dem ›du bist ...‹ wird ein ›Ich mache ...‹.

Was ihr zu dieser Umkehrung verhalf, war, dass Isabel ihre Gefühle nicht länger unterdrückte und nicht weiterhin versuchte, lieb und verständnisvoll zu sein. Sie hat ihre Gefühle gelebt, und das ist wichtig, denn zurückgehaltene Gefühle können krank machen. Allerdings hat sie diese Gefühle auch nicht blind gegen den Partner gerichtet. Sie hat deren Kraft für sich selbst genutzt, anstatt sie gegen den Partner zu richten.

Handeln: Das Ende des Wartens

Wenn die Frau die Kraft, die in ihrer Wut steckt, für sich selbst und nicht gegen den Mann gebraucht, wird aus dem Zerstörungsmittel ›Wut‹ das Selbstbehauptungsmittel ›Wut‹. Dann findet die Frau die Kraft, ihre eigenen Bedürfnisse zu würdigen und hört auf, diese den Bedürfnissen des Mannes unterzuordnen.

Da die Kraft der Frau zu einem großen Teil in ihrer unterdrückten Wut verborgen liegt, ist es für sie eine wertvolle Erfahrung, ihren Hass oder ihre Wut zu berühren. Dafür ist es nie zu spät, auch wenn das erst nach einer großen Trennung geschieht.

Gertrud ist in dieser Lage, denn ihr Mann hat sich von ihr ge-

trennt. Obwohl sie sich in der Beziehung zu ihm als abhängige und hilflose Frau erfahren hat, ist sie bis zum bitteren Ende bei ihm geblieben. In ihrer Erinnerung nimmt sie ihm vieles übel.
»Er übernahm keine Verhütung, daher musste ich dreimal abtreiben. Jedes Mal wurde ich wie Stein so schwer vor Trauer. Zum Schluss habe ich für ihn sogar die Sterilisation übernommen. Eine schreiende Ungerechtigkeit, denn er wollte keine Kinder.«
Gertrud ist in der Beziehung oft enttäuscht worden. Was hat sie nicht alles für IHN getan in der Hoffnung, dafür geliebt zu werden. Wenn sie ohnmächtig vor Verzweiflung war, machte sie ihrem Mann Szenen, erschöpfte sich im Empfindsamkeitstest. Doch die Beziehung zerfiel im Kampf.
Nach zwölf Jahren Ehe kommt es zur Trennung – der Mann beschließt das Ende. Gertrud bricht zusammen. In den darauf folgenden Wochen des Schmerzes und der Einsamkeit bekommt sie, nach all den Jahren, endlich Kontakt zu ihrer Wut.
»Mein Hass auf ihn ist ungeheuer geworden. Schon zehn Tage nach der Trennung wohnt seine Freundin bei ihm, von der er mir immer vormachen wollte, sie würde keine wesentliche Rolle für ihn spielen. Jetzt sitzt sie in unserem Haus am selben Platz, an dem ich sonst saß.«
Gertrud erkennt allmählich, wie viel sie sich gefallen ließ, wie sehr sie sich zurückgenommen und angepasst hat. Als sie realisiert, dass *»ich selbst blöd genug war, das so lange mitzumachen«*, wandelt sich ihr Zustand von Verzweiflung in Zorn. Im Ausdruck ihrer Wut gewinnt sie ihre Kraft allmählich zurück.
»Ich bin bitter, wütend, aber auch lebendiger als je zuvor, voll Angst und Hass und zugleich auch voll Zuversicht für mich.« Die Zuversicht Gertruds besteht in dem Entschluss, sich *»nie mehr wieder derart aufzugeben«*. Gertrud hat durch die Tür der Wut Zugang zu ihrer Kraft gefunden.
Der Wert von Wut und Aggression wird deutlich, wenn man sich vorstellt, es wäre unmöglich Wut zu empfinden. Dann könnte man sich niemals wehren und wäre anderen Menschen ausgelie-

fert. So fühlt sich die Frau in der Beziehung oftmals. Das ist kein Wunder, wenn wir uns vor Augen halten, wie sehr Mädchen im Gegensatz zu Jungen schon in frühester Kindheit von Aggression fern gehalten und zu ›bravem‹ und ›liebem‹ Verhalten motiviert werden.

Abgrenzen

Wut kann für die Frau ein Schlüssel zur Selbstbehauptung und Befreiung aus der Klammer der Abhängigkeit sein, wenn sie in produktive Richtungen gelenkt wird.

Wut ist Kraft. Zielgerichtete Kraft ist Handlung. Mit der Kraft ihrer Wut kann die Frau den Schritt zum Handeln machen und sich wirksam abgrenzen. Handeln ist das Ende des Wartens, das Ende des Bemühens, das Ende der Verzweiflung und der Beginn einer Abgrenzung von alten, unheilvollen Verhaltensweisen.

Handeln kann heißen, den Mann zu lassen, ihn notfalls zu verlassen, sich anders um die eigenen Bedürfnisse zu kümmern, seine Wäsche nicht mehr zu waschen, sein Essen nicht mehr zu kochen, Geld für sich selbst auszugeben, eine eigene Arbeit zu finden. Handeln heißt, die eigenen Bedürfnisse ernst zu nehmen und dafür einzustehen, der eigenen Lust zu folgen und nicht der Lähmung durch die Angst nachzugeben.

Ihre Fähigkeit zu warten und ihre Bereitschaft zur Selbstaufgabe haben es der Frau unmöglich gemacht, den Mann zu lassen. Sie konnte das nicht, denn sie glaubte, ER wäre alles, was sie will und braucht. Das Traumbild ER verband sie mit dem Mann wie ein Klebstoff. Abgrenzung ist die Kraft, die diesen Klebstoff lösen kann.

Wenn die Frau aufhört zu warten, beginnt sie zu handeln. Dann setzt sie sich und ihre Bedürfnisse ins Zentrum ihrer Bemühungen. Das bedeutet herauszufinden, was sie wirklich will. Wenn die Frau entdeckt, was sie wirklich will, was sie ganz genau will, was das konkrete Bedürfnis ist, das sich hinter dem Sammelbedürfnis ER verbirgt, gewinnt die Frau die Freiheit der Wahl, denn das jeweilige konkrete Bedürfnis kann nicht nur ER erfüllen.

Berater: *»Wie wurde es möglich für dich, ihn zu lassen?«*
Marlene: *»Zuerst fiel mir auf, dass ich ihn nie vermisst habe, wenn es mir gut ging. Aber wenn es mir schlecht ging, habe ich mich nach ihm gesehnt. Dann habe ich gemerkt, dass es nicht so sehr um ihn geht, sondern dass ich etwas ganz Bestimmtes brauche. Mal will ich mit jemand zusammen sein, mal kuscheln, mal mich unterhalten, mal einfach nicht allein sein.«*
Berater: *»Wie hast du realisiert, dass ER nicht dein eigentliches Bedürfnis ist?«*
Marlene: *»Als ich mich auf einen anderen Mann eingelassen habe und von dem auch das bekam, was ich brauchte. Das hat meine Illusion zerstört, nur er könnte es mir geben.«*
Berater: *»Wie konntest du dich auf einen anderen Mann einlassen? Was hat dir den Anstoß dafür gegeben?«*
Marlene: *»Als mir klar wurde, dass ich ein Leben lang warten und versauern kann. Ich wollte alles von ihm haben, er sollte meine Bedürfnisse befriedigen, mit mir in Urlaub fahren, mir Blumen schenken, mit mir schlafen. Dann habe ich mich dafür abgestrampelt, es von ihm zu kriegen, aber es nie so bekommen, wie ich es wollte. Ich hatte einfach die Nase voll davon zu verzichten. Jetzt merke ich, dass es viel einfacher ist, es mir da zu holen, wo ich es haben kann.«*

Alle Gefühle für IHN, alle Sehnsucht nach IHM, alles Bemühen um IHN nutzen nichts – die Frau muss die Erfahrung machen, dass es viel mehr Möglichkeiten gibt ihre Bedürfnisse zu befriedigen, als bei diesem einen Mann. Die Frau kennt diese konkreten Bedürfnisse meist nicht. Wie sollte sie auch, wenn sie sich ein Leben lang um IHN, den Mann, kümmert? Wenn sie ihre Bedürfnisse verleugnet und dem Mann gibt, um zu bekommen? Wenn sie wartet, anstatt zu handeln? Wenn sie nicht ihrer Lust folgt?

»Ich bringe es fertig, ihn zu lassen, kann mich aber dann nicht auf eine Lust besinnen. Es kommen nur Traurigkeit und Schmerz. Ich weiß nicht, ob es eine Lust ist, traurig zu sein. Ich bezweifle es.«
(Kommentar Gabriele)

Der Begriff Lust steht für die natürlichen, ungebremsten Impulse, die in konkreten Situationen auftauchen. Wenn man traurig ist, besteht die Lust möglicherweise darin zu weinen. Dieses Weinen tröstet und befreit und ist dadurch durchaus lustvoll. Nach dem Weinen kommt ein Aufatmen und ein sich Hinwenden zu Neuem. Traurigkeit ist eines der tiefsten Gefühle, in seiner Intensität dem der Liebe ähnlich. Wer nicht trauern kann, wer Schmerz nicht zulassen kann, wird auf Liebe verzichten, denn Lieben bringt Phasen von Schmerz und Traurigkeit mit sich. Traurig sein können ist eine Voraussetzung für Lebendigkeit. Wer sie zulassen kann, wird alsbald neue Impulse, eine neue Lust und das erwachende Bedürfnis nach Lebendigkeit und Freude verspüren.

Neue Identität

Wenn sie die Handlungsbarriere durchbricht, eröffnen sich der Frau neue Erfahrungen. Dann ist sie bereit, sich auf die Erfahrungen und Gelegenheiten einzulassen, die die Welt für sie bereit hält. In dieser Umorientierung relativieren sich die Gefühle der Fixierung auf einen Mann. Dann lässt sie die Vorstellung von dem Mann, der ihr alles geben kann, los und sucht Identität in ihrer eigenen Kraft.

In der Orientierung an sich selbst, an ihren eigenen Bedürfnissen, Möglichkeiten, Fähigkeiten und an ihrer Kraft besteht die einzige Möglichkeit der Frau, ihre Identität in Unabhängigkeit vom Mann in sich selbst zu finden.

Wenn es der Frau gelungen ist, den Mann zu lassen und trotzdem ihre Bedürfnisse zu erfüllen, stellt sich als Ergebnis emotionale Unabhängigkeit ein. Wie die neuen Möglichkeiten der Bedürfnisbefriedigung konkret aussehen, ist nicht vorauszusehen. Die Spur der Lust kann die Frau ins Kino, in eine Reise, ins Unbekannte führen – oder zu einem anderen Mann.

»Bevor eine Frau in die Welt zieht, tauchen tausend Einwände auf. ›Ich bin müde‹, ›Das ist sinnlos – ich lerne doch niemanden kennen‹, ›Alleine macht es keinen Spaß‹, ›Ich kann doch nicht allein in die Kneipe gehen‹, ›Wie soll ich alleine nach Hause kommen‹ usw. In der Zeit nach der Trennung von meinem Freund habe ich mühsam gelernt, wieder Dinge alleine zu tun, wie früher als Studentin. Es hat Monate gedauert, bis ich schließlich mal allein ins Kino gegangen bin.«

(Kommentar Gudrun)

Natürlich ist es schwer, die Konditionierung des Wartens und Verzichtens aufzulösen. Und doch gibt es keinen anderen Weg. Wenn die Frau erfährt, dass die Welt voller Möglichkeiten ist, verändert sich ihre Mangelwahrnehmung in eine Wahrnehmung der Alternativen. Dann kann sie die quälende Suche nach dem Ideal, nach dem, was mit einem Mann sein könnte, abbrechen und sich auf das einlassen, was ist – und wird vielleicht feststellen, dass es auch eine ganze Menge schöner Dinge gibt, die sie mit ihrem Mann verbinden und darüber hinaus so viele mehr ...

»Wenn Frauen sich für den Prozess, zu lernen ihn zu lassen, nicht ganz viel Zeit nehmen oder Hilfe holen, werden sie sich schnell

wieder schlecht fühlen. Ich sollte … müsste … ihn lassen … Das kann dazu führen, dass sie die Zähne aufeinander beißen, und das tun wir Frauen schon mehr als genug.«

(Kommentar Asta)

Das ist richtig. Es braucht Zeit, manchmal viele Jahre und viel Aufmerksamkeit und Liebe für sich selbst, den Weg der Lust zu gehen. Allerdings trifft dies auch auf den Mann zu – auch er braucht Zeit und oftmals Hilfe.

Wenn die Partner es von selbst und ohne Anstoß von außen könnten, hätten sie die Spur der Lust längst aufgenommen. Dann hätten sie eine Spaltung aufgehoben, die Mann und Frau trennt und die Fähigkeiten zurückerobert, die sie seit Jahrtausenden dem anderen Geschlecht überlassen haben.

Männliche und weibliche Qualitäten

Auf der Spur ihrer Lust begegnen Mann und Frau ihrer Angst. Wenn sie trotzdem diesen Weg weitergehen, entwickeln sie die verkümmerten Fähigkeiten ihres Geschlechts und werden vollständiger.

Es erfordert Mut sich auf eine neue Weise zu verhalten und quasi das Gegenteil des Gewohnten zu tun. Es gibt jedoch nur einen sicheren Weg, Liebe zu zerstören und den Partner zu verlieren: ihn in der Ja/Nein-Falle gefangen zu halten oder seine Gefühle im Empfindsamkeitstest zu zerstören. Angst lässt keine andere Alternative als zu kämpfen, egal ob stumm und starr oder laut und bewegt.
Partner sollten tun, was ihnen hilft:

- als Mann Gefühle zu entdecken und zu integrieren,
- als Frau Sicherheit aus sich selbst zu gewinnen.

Alternativen

Die Spur der Lust führt automatisch zur Freude, denn sie zeigt Alternativen und befreit Männer und Frauen aus dem Gefängnis der Enge und des Mangels

Die Alternative für viele Männer heißt: nicht aufgeben, nicht einbunkern, nicht abschotten, sondern der Lust zu folgen, die eigenen Gefühle zu entdecken, das Recht auf diese Gefühle zu behaupten und damit das Recht auf die eigene Verletzlichkeit in Anspruch zu nehmen.

Die Alternative für viele Frauen heißt: nicht hinter dem Mann herlaufen, ihn nicht bedrängen, sondern sich von ihm abwenden, die eigene Lust unabhängig vom Mann zu entdecken, sich an den eigenen Bedürfnissen zu orientieren und trotz auftauchender Ängste diesen Weg zu gehen.

Die Alternative für den Mann bedeutet das zu tun, was die Frau wie selbstverständlich macht: Gefühle zu entwickeln, zu äußern, zu zeigen und zu behaupten.

Die Alternative für Frauen heißt zu tun, was Männer wie selbstverständlich tun: Sich ganz den eigenen Bedürfnissen zuzuwenden und entsprechend diesen Bedürfnissen zu handeln.

Wenn der Mann sich der Frau emotional präsentiert und zu seinem Herzen steht, kann er den Gefühlen der Frau seine eigenen Gefühle gegenüberstellen. Dann steht er nicht mehr mit leeren Händen vor ihr.

Wenn die Frau sich um sich selbst kümmert, nimmt sie Abstand vom Mann. Dann hat sie die Möglichkeit, sich in andere Bereiche des Lebens zu begeben und Bestätigung und Zuwendung dort zu finden.

Die Alternative für den Mann heißt, die weiblichen Fähigkeiten in sich zu entwickeln: den Zugang zu Gefühlen und die Behauptung dieser Gefühle im Kontakt mit der Partnerin.

Die Alternative für die Frau heißt, die männlichen Fähigkeiten in sich zu entwickeln: den Zugang zur handelnden Kraft, zur Tat.

In der Alternative ›Lust/Freude‹ entwickeln Mann und Frau die verkümmerten Seiten ihres Selbst.

Der Mann findet Zugang zu seiner weichen, weiblichen Seite, quasi zur Frau in sich. Er entwickelt die Überzeugung: Ich darf fühlen!

Die Frau entwickelt ihre starke, unabhängige Seite, quasi den Mann in sich. Sie entwickelt die Überzeugung: Ich komme alleine durch!

Diese Seiten der Persönlichkeit warten seit den Tagen der Kindheit auf Befreiung. Seit der Zeit, da Junge und Mädchen lernten, sich entsprechend ihres Geschlechts auf eine von Erwachsenen vorgelebte Weise zu verhalten, sind sie innerlich gewissermaßen ›halb‹. Nun kann der Mann jenen Teil seines Selbst, den er seinem ›Mann-Sein‹ geopfert hat, und die Frau jenen Teil ihres Selbst, den sie ihrem ›Frau-Sein‹ geopfert hat, entwickeln. Mit der Entwicklung der Qualitäten des anderen Geschlechts heilen Mann und Frau zugleich die Wunden des Geschlechterkampfes, denn:

Wenn ER in der Lage ist, seine Gefühle denen der Frau gegenüber zu stellen, schützt der Mann sein Herz auf intelligente Weise. Er sperrt es nicht ein und lässt es verkümmern, sondern lässt die Möglichkeit zu lieben offen.

Wenn SIE in der Lage ist, sich zum Zentrum ihres Lebens zu machen, schützt die Frau ihren Bauch, ihre Mitte, auf intelligente Weise. Sie macht sich nicht von einem anderen Menschen abhängig und bewahrt so ihre Kraft.

Die Partner können die Tür des Gefängnisses, in dem ihre weichen, respektive starken Seiten eingesperrt sind, aufschließen. Diese Tür heißt Angst. Der Schlüssel, der sie öffnet, ist der Schlüssel der Lust.

Die Erfahrungen innerhalb meiner Partnerschaftsberatung und auch meine persönliche Erfahrung haben mich gelehrt: Wenn Partner konsequent der Spur der Lust folgen, werden sie mit Sicherheit Freude finden. Sie hören zu kämpfen auf und schaffen so Raum für Liebe. Sie treiben den Partner nicht von sich fort, sondern geben ihm Raum. Sie gestalten eine Partnerschaft, in der Liebe in Freiheit und Orientierung möglich wird.

Thesen der letzten Abschnitte

- Die Spur der Lust offenbart sich in der Vorstellung, den Liebespartner nicht (so sehr) zu brauchen, dass man sich für ihn oder seine Liebe aufgibt.
- Den Weg der Lust zu gehen verlangt
  - vom Mann den Mut, für die Frau deutlich zu sein,
  - von der Frau den Mut, sich abzugrenzen.
- Die Spur der Lust führt
  - den Mann über die Entdeckung und Äußerung seiner Gefühle zur emotionalen Behauptung gegenüber der Frau,
  - die Frau weg vom Mann, zur Orientierung an ihren Bedürfnissen, zur Entdeckung ihrer Kraft und davon, wer sie unabhängig vom Mann ist.
- Wenn sie konsequent ihrer Lust folgen, entwickelt
  - der Mann seine weiblichen Seiten und Qualitäten,
  - die Frau ihre männlichen Seiten und Qualitäten.

7

Liebe oder lieben?

Alleinsein

Die Angst vor dem Verlust der Liebe lässt die Probleme mit Liebe und Partnerschaft entstehen. Denn sobald sie lieben, können die Partner nicht mehr allein sein.

Für sie deutlich sein und ihn *lassen* sind Verhaltensweisen, die den Mut und die Bereitschaft verlangen, allein zu sein.

Wenn der Mann seine Bedürfnisse für die Frau verdeutlicht, nimmt er das Risiko des Alleinseins auf sich.

Wenn die Frau es wagt, den Mann zu lassen, nimmt sie das Risiko des Alleinseins auf sich.

Doch Partner wollen Alleinsein vermeiden, denn es tut weh. Wer einmal verlassen wurde, kennt die Schmerzen der Einsamkeit – und jeder ist in seinem Leben viele Male verlassen worden.
Der erwachsene Mensch hat Abschied genommen von der schützenden Hülle der Gebärmutter. Er hat Abschied genommen von seiner Kindheit, den Eltern, von Menschen, die starben, von Freunden, die ihn verließen, von Partnern, die sich trennten. Und da die meisten Menschen schlecht mit den mit Trennung verbundenen Gefühlen umgehen können, haben sie diese Schmerzen verdrängt. Die Angst vor Trennung beherrscht die Partner wohl auch deshalb so sehr, weil sie wie kaum ein anderes Thema unseres Lebens mit den Ereignissen der Kindheit verbunden ist.[6]

6 Die Themen Einsamkeit, Angst vor Verlassensein und ihre Zusammenhänge mit der Kindheit werden in einem anderen Buch des Autors ausführlich besprochen: Michael Mary, *Wirklich lieben*, Nordholt-Verlag, 3. Auflage 1999.

»Ich hasse es zu warten. Wenn mein Freund mich warten lässt, denke ich sofort, er kann mich nicht lieben und fühle mich einsam.«

(Kommentar Inge)

»Wenn meine Mutter mich morgens in den Kindergarten brachte, habe ich mich total verlassen gefühlt. Es war wie Verrat.«

(Kommentar Günther)

»Meine Mutter war immer sehr überlastet. Einmal zog sie ihren Mantel an und sagte, sie ginge und käme nie wieder. Ich war etwa sechs Jahre alt. Ich glaube, sie kam nachts zurück. Von der Zeit dazwischen weiß ich nichts mehr. Ich kann dem Vorfall bis heute keine Gefühle zuordnen. Es war wie ein Schock.«

(Kommentar Rolf)

Angst vor Einsamkeit scheint die größte Angst zu sein – ähnlich der Angst vor dem Tode. Wenn Partner sich so verhalten, als ob sie den andern nicht so sehr brauchten, werden sie oft vorübergehende, kleine Trennungen in Kauf nehmen müssen und solchen unangenehmen oder schmerzlichen Gefühlen wie Angst und Einsamkeit begegnen.

Aber dies sind die eigenen Gefühle. Der Partner hat sie zwar ausgelöst, aber nicht verursacht. Er ist nicht schuld daran. Trotzdem erwarten die Partner voneinander sich so zu verhalten, dass jedem die Konfrontation mit Ängsten erspart bleibt.

Sollen Angst und Unsicherheit auf jeden Fall vermieden werden, dann wird der Mann nicht deutlich werden und die Frau wird ihn nicht lassen.

Wenn die Partner jedoch die Alternativen zum Beziehungskrampf aufgreifen, wenn sie also der Spur der Lust folgen, können sie nicht vermeiden, sich auch mit Ängsten auseinander zu setzen. Wie und in welcher Form sie das tun, bleibt ihrem Geschick und ihren Fähigkeiten überlassen.

Wenn man die Beziehungsdynamik unter dem Aspekt des Alleinseins betrachtet, erscheinen die Vorgänge paradox.

- Partner haben nicht gelernt, allein zu sein, und wollen es deshalb nicht.
- Also klammern sie aneinander und vermeiden Distanz und erschweren so Nähe.
- Dann landen sie da, wo sie nicht hin wollten: im Alleinsein.

So oder so – jeder wird in Partnerschaften mit der Tatsache, *auch* allein zu sein, konfrontiert. Jeder Partner, der seine Beziehung auf Dauer erhalten will, sollte deshalb lernen, *auch* allein sein zu können.

Unser Beziehungsbild

Immer wieder, wenn es um Alleinsein geht, höre ich in der Beratung die Meinung: *»Aber ich habe keine Schwierigkeiten mit dem Alleinsein. Ich kann wunderbar allein sein, schließlich habe ich jahrelang alleine gelebt.«* Ich muss diesen Menschen Recht geben. Sie können allein sein – aber nur solange sie allein sind. Aber sobald sie eine Partnerschaft beginnen, geben sie ihr Alleinsein auf. Dann sind sie nicht mehr allein, dann sind sie ›zusammen‹.
Die Idee vom Zusammensein bildet die Idealvorstellung der Partnerschaft. In der Beratung bitte ich Klienten manchmal ein Beziehungsbild zu malen. Wie stellen sich Mann und Frau ihr Zusammensein vor?

Im Bild des Mannes tauchen zwei Kreise auf, die sich berühren, jedoch nicht durchdringen. Der Mann legt Wert auf Abstand.

Im Bild der Frau tauchen deckungsgleiche Kreise auf Die beiden Einzelkreise haben sich ineinander aufgelöst. Die Frau legt Wert auf Verbindung.

Zusammensein bedeutet für Mann und Frau etwas Verschiedenes. Wenn diese Vorstellungen aufeinander treffen, sind Probleme vorprogrammiert.

Der Mann fürchtet die Vereinigung der Kreise. Er will Eigenständigkeit bewahren.

Die Frau fürchtet Getrenntheit, sie möchte ein Verschmelzen der Kreise erreichen.

Der Realität der Partnerschaften entsprechen diese Idealvorstellungen jedoch selten. Selten gelingt es dem Mann Eigenständigkeit zu bewahren, und selten gelingt es der Frau Vereinigung herbeizuführen. Weder Nähe noch Abstand werden erreicht. Die Realität der Beziehung ist eine Vermischung beider Bilder. Das Ergebnis dieses Kompromisses entspricht weder den Vorstellungen des Mannes noch denen der Frau, es macht beide unzufrieden.

Hermann: *»Ich trage sie immer mit mir. Was ich auch tue, sie hängt immer in mir drin. Ich werde sie nicht los. Selbst wenn ich mache, was mir Spaß macht, selbst wenn ich alleine bin, ich habe immer ein schlechtes Gewissen.«*

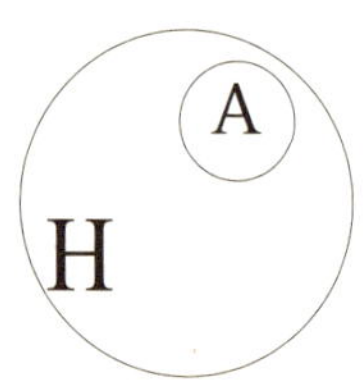

Hermann ist ein Mann, der fühlt, was er will und es auch macht. Aber er hat Probleme, denn er kann nicht genießen, was er tut. Sein Problem ist, dass er die Frau mit sich trägt, auch wenn er allein ist.
»Urlaub ist immer ein Streitpunkt. Meist geht es darum, wohin wir fahren. Ich surfe gern und will an die Küste, sie will in die Berge. Allein will sie aber nicht dorthin, also fährt sie mit mir zum Meer. Da hängt sie dann mehr oder weniger rum und ist unzufrieden und erwartet von mir, dass ich mich um sie kümmere. Das kann mir das Surfen richtig madig machen, weil ich immer das Gefühl habe, ich hätte mit ihr in die Berge fahren müssen. Ich fühle mich ihr gegenüber schuldig.«
Hermann trägt Anne immer mit sich, kann nicht frei von ihr sein und deshalb sein Surfen nicht ungetrübt genießen. Nicht anders ergeht es seiner Frau – auch sie trägt den Partner mit sich und kommt nicht von ihm los, was ihr den Urlaub und die Zeit ohne ihn verdirbt.

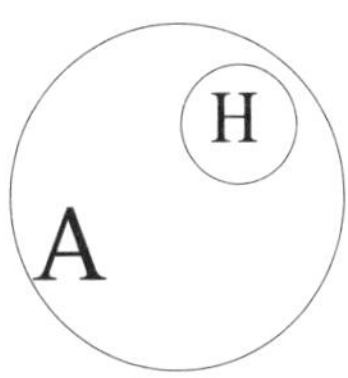

Anne: *»Ich versuche, nicht an ihn zu denken, aber es gelingt mir nicht. Was macht er jetzt? Ist er jetzt mit einer anderen unterwegs? Wie lange dauert das noch? So geht das ununterbrochen. Ich langweile mich und fühle mich überflüssig.«*

Seit die beiden zusammen sind, ist ihr Alleinsein nicht mehr unbeschwert. Bevor sie die Partnerschaft begannen, erlebten sie sich als getrennte, unabhängige Menschen. Aber seit sie ein Paar sind, erleben sie sich als dauernd verbunden und damit abhängig.
So geht es vielen – sobald sie eine Beziehung beginnen, nehmen sie den Partner in sich auf. Dann ist er immer bei ihnen. Äußerlich

mag es so aussehen, als seien sie allein, aber innerlich sind sie es nicht mehr.

Das ist unproblematisch, solange alles gut läuft. Problematisch wird diese Art der Verbindung jedoch immer dann, wenn Partner die kleine Trennung praktizieren wollen.

Partner versuchen immer gemeinsam zu sein. Als Ergebnis dieses Versuchs sind sie selten vereint, aber oft verzweifelt und zwischen ihren eigenen und den Bedürfnissen des Partners hin- und hergerissen. Weil sie nie mehr allein sind, fühlen sie sich ständig bedroht – von Enge oder Mangel, von Unfreiheit oder Unsicherheit, und kämpfen dagegen an.

Diese Unfreiheit und diese Unsicherheit sind nicht vom Partner verursacht, nicht von IHREM Drängen, nicht von SEINEM Rückzug. Es ist die innere Unfreiheit des Mannes und die innere Unsicherheit der Frau, die sie mit in die Beziehung brachten, welche die Freude am Alleinsein verdirbt. Es ist ihre Vorstellung vom Zusammengehören, die Partner hemmt die kleine Trennung zu wagen.

ALLEINSEIN IM ZUSAMMENSEIN

Es scheint im Kontext von Beziehungen buchstäblich keinen Platz für die Vorstellung ›*Alleinsein im Zusammensein*‹ zu geben.

Alleinsein? Wozu sind wir dann zusammen? Wozu haben wir dann eine Beziehung? Dann brauche ich doch keinen Partner! Wenn jeder macht, wozu er Lust hat, wozu dann eine Beziehung?

Entweder sind sie zusammen oder allein. Dazwischen scheint es in der Vorstellung der Partner – und entsprechend in ihrer Erfahrung – keine andere Möglichkeit zu geben.

Frieder und Hilde sind seit sechsundzwanzig Jahren zusammen. Er möchte ein eigenes Zimmer. Sie möchte das auf keinen Fall:

»Wenn er das macht, trenne ich mich augenblicklich von ihm. Die Vorstellung, er liegt in seinem Zimmer und ich in meinem daneben, die halte ich nicht aus. Dann mache ich lieber Schluss.«

Diese Drohung scheint absurd, denn wenn sie Frieder verlässt, ist Hilde auch allein – und zwar ganz und gar. Hilde wehrt sich mit allen Mitteln dagegen, innerhalb ihrer Beziehung allein zu sein. Was Hilde helfen könnte, wäre die Realisation, dass Partner zusammen und alleine sind. Zusammenkommen und Auseinandergehen sind Polaritäten ein und desselben Vorgangs. Nur aus der Entfernung kann man auf jemanden zugehen, und nur aus dem Abstand kann Nähe entstehen. Nähe ohne Distanz wäre bedeutungslos.
Haben Partner jedoch keine positive Vorstellung vom Alleinsein in Beziehungen, dann bewegen sie sich auch nicht in diese Richtung, dann gewinnen sie auch keine positive Erfahrung damit. Stattdessen bekämpfen sie sich im sinnlosen Versuch, zusammen zu sein und ein ›richtiges‹ Paar zu werden.
Partner brauchen eine Erweiterung ihrer Vorstellungen von Beziehung und Partnerschaft. Sie brauchen eine Vorstellung vom Zusammensein, das um die Möglichkeit des Alleinseins erweitert ist. Solange sie die Lektion ›Alleinsein‹ nicht gelernt haben und sich deshalb nicht trauen, der individuellen Wahrheit Rechnung zu tragen, werden Partner sich wie gehabt verhalten:

Der Mann wird niemanden auf sein Grundstück lassen, von dem er weiß, dass er ihn nicht mehr vertreiben kann. Er lässt niemanden in sein Herz, von dem er weiß, dass er sich dort ausbreiten und ihn ausbeuten wird.

Die Frau wird niemanden aus ihrem Haus lassen, wenn sie davon überzeugt ist, ohne ihn nur halb zu sein. Sie schickt niemanden aus ihrem Leben fort, der ihr die Sicherheit einer weiblichen Identität gibt.

Solange sie sich derart abhängig fühlen, werden die Partner kämpfen, um die Frau draußen zu halten oder den Mann drinnen festzuhalten.

Grenzkonflikte

Ich sehe für die Zukunft der Partnerschaft die Alternative, Liebe auf die Basis emotionaler Unabhängigkeit zu stellen. Partner müssen neben der Fähigkeit, sich füreinander zu öffnen, auch die Fähigkeit entwickeln, sich in der Partnerschaft voneinander abzugrenzen, sonst wird Liebe unnötig erschwert und schließlich erstickt.

Wenn der Mann weiß, dass er die Kraft hat, die Frau auch wieder wegzuschicken, wird er sie zu sich einladen, wird er sich auf das Wagnis zu lieben einlassen.

Wenn die Frau weiß, dass sie die Kraft hat, auch aus sich selbst sicher zu sein, wird sie den Mann gehen lassen, wird sie sich auf das Wagnis zu lieben einlassen.

Emotionale Stärke ist eine Fähigkeit, die der Mann entwickeln muss, ebenso wie die Frau die Fähigkeit emotionaler Unabhängigkeit. Diese Fähigkeiten gilt es zu trainieren. Und wo könnten Partner dies besser tun als in den Auseinandersetzungen der Partnerschaft, als an der Grenze zum Partner?
Katrin und Bernd befinden sich in solchen Grenzkonflikten. Beide haben eine Reihe von gescheiterten Beziehungen hinter sich und sind gewillt, es diesmal besser zu machen. Dadurch gestaltet sich ihre Partnerschaft auf ungewohnte Weise.
Katrin: *»Ich habe mir geschworen, diesmal mit allem rauszurücken, was mir wichtig ist. Das betrifft vor allem meine Bedürfnisse. Wenn ich seine Aufmerksamkeit haben will, es auch zu fordern und nicht zu vorsichtig zu sein, nicht die Art von Rücksicht auf ihn zu nehmen, die ich früher auf Männer genommen habe. Ich will nichts mehr zurückhalten, nur weil ich denke, ihn zu überfordern, und dann als frustriertes Weibchen rumsitzen und warten, bis der Herr sich bequemt, sich mir zuzuwenden.«*
Bernd: *»Katrin ist mit ihrer Direktheit und Spontanität eine echte Herausforderung für mich. Wenn ich da nicht ehrlich bin, komme*

ich in Teufels Küche. Das fällt mir gar nicht so leicht, weil sie wirklich geht, wenn es gerade nicht zwischen uns stimmt. Wenn ich also sage: ›Nein, ich will jetzt nicht mit dir schmusen, ich will jetzt lesen oder am Computer sitzen‹, dann kann es passieren, dass sie aufsteht und geht. Sie ist dann nicht sauer, aber sie geht dann. Das muss ich dann in Kauf nehmen.«

Katrin: *»Vor kurzem habe ich ihn in seinem Wochenendhaus besucht. Ich hatte mich auf das Wochenende gefreut. Es war auch sehr schön, aber er hat sich zwischendurch immer wieder entzogen, hat Kaminholz gesägt, am Haus rumgefummelt. Dann bin ich mir wie abgestellt vorgekommen und war sauer auf ihn.«*

Bernd: *»Da kommt sie auf mich zu und macht mir Vorwürfe, ich würde sie links liegen lassen, deshalb wäre sie nicht gekommen; wenn ich weiter Feuerholz machen wollte, würde sie gehen. Ich war platt. Sie hatte ja Recht, ich habe zwischendurch immer wieder Abstand gebraucht, aber gerade deshalb, weil es so intensiv mit ihr ist und mir ziemlich unter die Haut geht. Ich muss dann wieder zu mir finden, muss zwischendurch alleine sein, sonst gehe ich verloren und weiß nicht mehr, was ich will. Das habe ich ihr erklärt und es ihr dann überlassen, ob sie geht oder bleibt.«*

Katrin: *»Das Wichtigste für mich war, die Luft rauszulassen und zu sagen, was mich so wütend macht. Seine Seite verstehe ich ja auch. Aber ich fühle mich viel stärker, wenn ich meine Interessen vertrete. Er muss mir deshalb nichts geben und ich kann ja jederzeit gehen.«*

Bernd: *»Das ist ein gutes Gefühl, wenn ich meine Gefühle darstellen kann und mich nicht von ihr unter Druck setzen lasse. Diese Auseinandersetzungen sind anstrengend, aber es lohnt sich. Ich fühle mich in dieser Beziehung viel freier, viel leichter und ehrlicher.«*

Katrin und Bernd führen den Grenzstreit – mit Respekt und Liebe für den Partner, aber ohne die eigene Wahrheit zu verleugnen. Da jeder sich selbst treu bleibt, obwohl sie zusammen sind, können

sie einander nie endgültig sicher sein. Sie leben nicht in der trügerischen Gewissheit, auf jeden Fall ›zusammen‹ zu sein.
Diese Unwägbarkeit macht ihre Beziehung lebendig und wertvoll, auch wenn immer wieder der unerwünschte Begleiter ›Angst‹ auftaucht. Da sie beide das Risiko eingehen, sich im Kleinen vom Partner zu trennen und auch das Risiko in Kauf nehmen, ihn zu verlieren, bleiben sie auf lebendige Weise interessant füreinander.
Grenzziehung ist in kleinen und großen Punkten wichtig. Grenzziehung ist ein Schlüssel, der die Tür zum Inneren öffnet oder verschließt. Wenn Partner die Auseinandersetzungen an ihren Grenzen führen, werden sie es wagen zu lieben. Die Kunst des Liebens beruht wesentlich auf der Fähigkeit, zusammen zu sein und allein zu sein – *und das gerade und ausdrücklich innerhalb einer Partnerschaft.*

Kommunikation

Wenn der Mann anfängt für die Frau deutlich zu sein, und die Frau anfängt den Mann zu lassen, ist der Anfang zu einer neuen Verständigung, der Anfang zu einer neuen Kommunikation gemacht. Um es in aller Klarheit zu sagen: *Nur wenn Mann und Frau sich so verhalten, ist eine neue Kommunikation im Sinne von Verständigung möglich.* Wenn sie weitermachen wie bisher, wird weiterhin nur Missverständnis und Kampf geschehen.

Erst wenn der Mann sich emotional behauptet, und zwar in den kleinen und großen Dingen seiner Beziehung, wird die Frau ihn emotional respektieren. Erst dann wird sie ihn verstehen. Erst dann wird sie ihn in seiner Andersartigkeit anerkennen.

Erst wenn die Frau ihre Bedürfnisse behauptet und – wenn sie in der Beziehung nicht erfüllt werden – den Mann lässt oder im Extremfall verlässt, wird er auf sie zukommen und das Gespräch mit ihr suchen. Erst dann wird er verstehen, worum es ihr geht.

Dann wird der Partner überrascht und verunsichert – und damit aus der Sicherheit seines gewohnten Kampfverhaltens geworfen. Schließlich, wenn durch Grenzziehung eine neue Kommunikation und auch Abstand, Respekt und Vertrauen gewachsen sind, beginnen auch wieder Grenzöffnungen. Dann entsteht ein Wechsel von Öffnen und Schließen – der Prozess des Liebens.

Wechsel von Nähe und Distanz

Im *Prozess des Liebens* können Partner – im Gegensatz zur verdinglichten Vorstellung DER LIEBE – ihr Zusammensein genießen, solange sie zusammen sind, und Alleinsein annehmen, wenn Distanz entsteht. Da keiner sich im so genannten ›Zusammensein‹ aufgibt, wird das Vertrauen gestärkt:

als Mann zu lieben und die innere Freiheit zu bewahren,

als Frau zu lieben und Sicherheit aus sich zu schöpfen.

Vertrauen befreit, Angst sperrt ein. Im Wort Vertrauen ist trauen enthalten. Wenn Partner sich vertrauen, können sie sich auf den Wechsel von Nähe und Distanz einlassen.

Sich selbst zu vertrauen heißt für den Mann, das Bedürfnis nach Nähe zur Frau mit dem Bedürfnis nach Abstand zur Frau innerhalb seines Denkens und Fühlens zu vereinbaren.

Sich selbst zu vertrauen heißt für die Frau, das Bedürfnis nach Nähe zum Mann und das Bedürfnis nach emotionaler Unabhängigkeit vom Mann in ihrem Denken und Fühlen zusammenzubringen.

Dies geschieht tatsächlich durch eine ›einfache‹ Verhaltensweise. Indem Partner sich so verhalten, als ob sie den anderen nicht (so sehr) brauchten. Indem sie sich auf kleine Trennungen einlassen und kleine Abschiede üben. Indem sie sich auf die Auseinandersetzungen an den Grenzen der Begegnung einlassen. Indem sie aktiv Grenzen ziehen, Grenzen öffnen, Ja und Nein sagen, sich lieben und sich lassen.

Der Wechsel von Abstand und Nähe, der Wechsel von Nahsein und Fernsein ist sicherlich ein Geheimnis erfolgreicher Beziehungen. Meiner Meinung nach stellt die emotionale Akzeptanz dieses Wechsels die größte Herausforderung der Partnerschaft dar, *denn er markiert den Übergang von der abhängigen Liebe der Kindheit zur unabhängigen Liebe des Erwachsenenlebens.* Den Übergang von Liebe zum Lieben.

In der Vorstellung, den anderen nicht (so sehr) zu brauchen, und der sich daraus ergebenden kleinen Trennung finden Partner einen Wegweiser für richtiges Verhalten. In der Vorstellung, den Partner nicht (so sehr) zu brauchen, ist der andere wichtig, aber nicht bestimmend. Man lebt mit ihm, man liebt ihn, aber gibt sich nicht für ihn auf. Die Partner sind zusammen und sind allein. Sie kommen sich nahe und entfernen sich. Sie gestatten sich Nähe und Distanz.

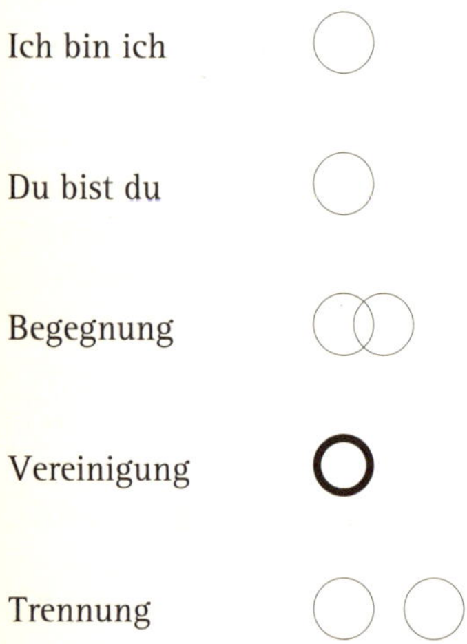

Selbstverwirklichung

Die Spur der Lust markiert den Weg zur Freude, auch innerhalb der Partnerschaft ›sich selbst zu sein‹.
Dies kann nicht anders sein, denn diese Lust ist Ausdruck innerer Impulse und innerer Wahrheit. Wer seiner Lust folgt, wird immer gewinnen. Er gewinnt die Erfahrung, er selbst zu sein. Wer seiner Lust folgt, wird im Extremfall vielleicht diesen Partner verlieren (mit dem es doch nicht klappte), aber er wird Liebe mit einem anderen, besseren Partner finden.
Ein Verhalten, den anderen nicht (so sehr) zu brauchen, vereint die Fähigkeiten zu lieben und man selbst zu bleiben. Jeder Mensch weiß selbst genau, was er braucht und was ihn in diesem Abschnitt seines Lebens glücklich macht. Dieses Wissen steht ihm zwar nicht jederzeit bewusst zur Verfügung, aber es teilt sich beständig durch die beschriebenen Impulse mit. Wenn Partner diesen Botschaften ihrer individuellen Realität innerhalb ihrer Beziehungen Aufmerksamkeit schenken, können sie lieben und doch sie selbst bleiben.
Ich habe mit alten Paaren gesprochen, Partnern, die ein Leben lang den Weg gemeinsam gingen und sich bis ins hohe Alter liebten. Ich habe sie gefragt, was sie so lange zusammenbleiben ließ. Sie waren sich in einem Punkt einig: *Weil ich so sein und bleiben konnte, wie ich bin. Mehr noch, weil der andere mir geholfen hat, ich selbst zu werden.*
Vielleicht ist das eine gute Definition von Liebe: einen Menschen auf dem Weg zu begleiten, sich selbst zu finden und sich zu verwirklichen.

Thesen dieses Abschnitts

- Wenn Partner Alleinsein im Zusammensein annehmen, wenn sie die kleine Trennung annehmen, bekommen sie den Mut, in der Partnerschaft zu ihrer Individualität zu stehen.
- Sie lassen sich auf Grenzauseinandersetzungen ein, in deren Verlauf sie die Partnerschaft neu ordnen.
- So verändern sich die Vorstellungen von Liebe und das Bild von Beziehungen.
- Aus dem Ding ›Liebe‹ wird ein lebendiger Prozess des Liebens, zu dem der Wechsel von Zusammen-Sein und Getrennt-Sein untrennbar gehört.

Befreite Sexualität

Sexualität im Kontext von Unabhängigkeit ist befreite Sexualität. Befreit von den Zwängen und Ängsten der Enge und des Mangels.

Das Thema Sexualität erfordert eigentlich ein Buch für sich. Trotzdem möchte ich einige Anregungen zu diesem Thema geben.
In Kapitel 3 habe ich beschrieben, wie Emotionen aus dem Beziehungskrampf die sexuelle Empfindungsfähigkeit der Partner belasten und nach und nach überlagern, was den Rückzug des Mannes und das Bemühen der Frau nach sich zieht.

Die Realität im Bett: männlich orientierte Sexualität

Um den Zwiespalt zwischen dem eigenen Wunsch nach körperlicher Befriedigung und der eigenen Angst vor Enge oder Mangel zu überbrücken, schließen Mann und Frau auch im Bett Kompromisse zwischen ihren Bedürfnissen und Ängsten.

Aus dem liebevollen Mann wird der schnelle Mann. Er macht ›es‹ nicht gut, aber oft und braucht es bald darauf wieder.

Aus der erfüllten Frau wird die erduldende Frau, die gelangweilte Frau, die frustrierte Frau, die bemühte Frau.

Diese Form der Sexualität kann nicht befriedigend sein. Sie kann den Partnern keinen *Frieden* bringen.

Indem der Mann sich zwingt, mit der Frau zu schlafen (Pflicht) oder sich von seiner sexuellen Gier dazu gezwungen fühlt (Druck), zugleich aber emotionale Nähe meidet, bleibt er zwangsläufig emotional unbefriedigt.

Indem die Frau sich auf die Bedürfnisse des Mannes einstellt und versucht, sein Begehren zu wecken, entwertet sie ihre eigentlichen Bedürfnisse und bleibt zwangsläufig unbefriedigt.

Langsam aber sicher wird der Sex der Partner zu einer Routine, die an den vermeintlichen Bedürfnissen des Mannes orientiert ist. Die Akte werden kürzer und passen sich der Erregungskurve des schnellen Mannes an. Die Frau gibt sich nicht mehr hin, sie gibt sich her. Im männlich orientierten Sex läuft die Frau Gefahr, sich dem Mann zur Verfügung zu stellen.

Ingrid: *»Ich glaube, dass ich mich schwanzfixierter verhalte, als es meinem Gefühl entspricht. Dass ich auf seine Art Sex einsteige und mir seine Befriedigung wichtiger ist als meine.«*

Inga: *»Es war immer wichtiger, dass er zufrieden ist. Irgendwie ist sein Orgasmus zum Maßstab geworden.«*

In *seiner* Befriedigung sucht die Frau die Bestätigung, eine attraktive, liebenswerte, begehrenswerte Frau zu sein. Doch die Befriedigung des Mannes verdient es nur scheinbar, als solche bezeichnet zu werden. Die Frau glaubt zwar, den männlichen Orgasmus herbeizuführen und den Mann zu befriedigen.

Aber wir sollten die emotionsarme Entladung des Mannes als das bezeichnen, was sie zumeist ist: als schlichten (Samen)Erguss. Allein die Tatsache, dass ein Erguss nach 10 oder 15 Minuten geschieht, macht ihn noch nicht zum Orgasmus.

»Der Orgasmus des Mannes ist ein tiefes und wunderbares Erlebnis: Aus ihm folgen oft ernsthafte Erwägungen, was als Nächstes zu tun ist.«[7]

7 Zitat aus Jolliffe/Mayle, *Sein bester Freund: Ich war ein Lustobjekt*, Knaur 1988.

Männliche Hingabe: Die unerfüllten sexuellen Bedürfnisse des Mannes

Weil seine Sexualität von Leistung bestimmt ist, weil sie ›männlich orientiert‹ ist, bleibt der Mann zwangsläufig unbefriedigt. Von den beiden Möglichkeiten sexuellen Verhaltens, der Aktivität und der Rezeptivität, steht ihm gewöhnlich nur eine zur Verfügung: die Lust, sexuell aktiv zu sein. Er kann ›tun‹ und ›machen‹. Leider ist der Mann nicht bloß aktiv, er ist überaktiv. Er ›arbeitet‹ dabei. So sehr, dass er oft kaum noch genießen kann.

Zwei Dinge machen es dem Mann schwer, sich auf eine sinnlich-symbiotische Verbindung mit der Frau einzulassen: sein Selbstverständnis und seine Angst vor Nähe. Er will Mann sein, ›stark‹ sein, will die Kontrolle über die Verbindung erhalten und fürchtet, in der Symbiose unterzugehen. Doch gerade weil er selten loslässt und sich kaum in eine Symbiose eintauchen lässt, wird er Opfer seines Dranges nach Verbindung. Er wird der schnelle Mann.

Wenn ich diese Zeilen schreibe, frage ich mich, wie viele Männer nachvollziehen können, unter welchem Leistungsstress sie im Bett stehen. Das zu fühlen fällt uns Männern besonders schwer, weil unser Kontakt nach innen nicht gut funktioniert und die aufgestaute Unzufriedenheit, bemerkbar als sexuelle Gier, uns unsensibel macht. Manchmal muss ein Mann schon viele Jahre im Bett ›geackert‹ haben, bis ihm die Schuppen von der Seele fallen.

Hans: *»Früher habe ich so unter Druck gestanden, dass ich nicht ohne Erektion neben einer Frau liegen konnte. Als sich das legte, versuchte ich, meiner Freundin wenigstens zwei Orgasmen zu machen, wenn wir zusammen waren. Dann schliefen wir irgendwann zusammen, und sie flüsterte mir ins Ohr ›ja-komm-komm‹. Es sollte mich anfeuern, mich animieren, zum Orgasmus zu kommen. In dem Augenblick habe ich gemerkt, dass sie in Wirklichkeit meint: ›Nun bring es endlich hinter dich – bring es zu Ende.‹«*

Diese Erkenntnis schockt Hans. Er kann sich nicht weiter abstrampeln. Er folgt dem Impuls aufzuhören. Die Lust des Mannes, seine ersten und unmittelbaren Impulse, wenn er feststellt, wie sehr er unter Druck steht, zeigen auch in der Sexualität die neue Richtung an.

Martin: *»Ich habe einfach keine Lust, für ihre Befriedigung zu sorgen. Entweder ich habe Lust auf sie, dann will ich auch mit ihr schlafen, oder ich habe keine Lust, dann stehe ich auch nicht zur Verfügung.«*

Günther: *»Ich sehe gar nicht ein, dass ich immer zuständig sein soll. Wenn sie wirklich so scharf darauf ist, soll sie doch die Initiative ergreifen.«*

Diese Männer möchten ›einfach nur mal da sein können‹, mal ›verführt werden‹ und ›nicht immer alles in die Hand nehmen müssen‹. *»Einfach mal mittendrin aufhören und sagen: So, das war's, ich will nicht mehr.«* Einfach mal aufhören können, die ›Nummer‹ nicht immer bis zum Ende durchziehen, ohne vor sich selbst als Versager dazustehen – das allein wäre schon ein riesiger Schritt für den Mann. Aufhören, fühlen, entspannen – die Frau übernehmen lassen. Das ist die unerfüllte Lust des Mannes, die Lust der Rezeptivität und Hingabe.

Doch diese Hingabe ist nicht problemlos möglich, denn wenn er seiner Lust folgt, tauchen Dämonen der Angst auf.

Lust	– die Initiative ihr zu überlassen.
Angst	– als jemand zu erscheinen, der nichts leistet, als schwach zu erscheinen.
Lust	– nach einer Weile aufzuhören oder eine Pause zu machen, obwohl kein Erguss stattfand.
Angst	– als jemand zu erscheinen, der nicht kann – ein Versager zu sein.
Lust	– einfach nur bei der Frau zu liegen, zu spüren, zu entspannen.
Angst	– dafür verantwortlich zu sein, dass ›nichts geschieht‹.

Lust – einmal weich zu sein, sich in ihre Arme zu legen.
Angst – als Schwächling zu erscheinen. Angst vor Ablehnung.

Weibliches Begehren: Die unerfüllten sexuellen Bedürfnisse der Frau

Weil die Sexualität der Partner oft männlich orientiert, auf den so genannten Orgasmus des Mannes fixiert ist, bleibt die Frau oft unbefriedigt. Auch ihr steht von den beiden Möglichkeiten sexuellen Verhaltens, der Aktivität und der Rezeptivität, nur eine vollständig zur Verfügung: die Lust, sexuell rezeptiv zu sein. Die Frau kann geschehen lassen, aufnehmen, zulassen. Doch oft ist die Frau nicht rezeptiv, oft ist sie passiv.

Anne: *»Ich lag da und dachte, mein Gott, warum passiert das nicht? Ich ging davon aus, wenn mich jemand liebt, passiert es von selbst. Er müsste doch wissen, was ich will.«*

Claudia: *»Ich habe immer gedacht, wenn er in mir drin ist und ordentlich rummacht, werde ich schon einen Orgasmus bekommen. Dabei geht es gar nicht so sehr um Orgasmus. Ich suche viel mehr Zärtlichkeit und Sensibilität. Ich sehne mich nach etwas Weichem und Fließendem.«*

Indem die Frau darauf verzichtet, den sexuellen Kontakt zu gestalten, verzichtet sie auf die Erfüllung ihres Begehrens. Der schnelle, drängende Mann macht es ihr zudem schwer, dieses Begehren zu entdecken, denn er ist immer schon da, bevor die Frau Zugang zu ihrer in der männlich orientierten Sexualität unterdrückten, verdrängten und geleugneten Lust finden kann.

Was ist die unterdrückte Lust der Frau, wenn sie sich bemüht, den Mann zu befriedigen? Wenn sie ihm geben will, was er vermeintlich braucht? Wenn sie sich passiv verhält im Glauben, rezeptiv zu sein? Wenn nicht passiert, worauf sie wartet? Was sind ihre körperlichen und emotionalen Impulse in diesem Augenblick des Mangels?

Claudia: *»Ich würde ihn einfach stoppen. Sagen, halt, so geht das nicht.«*
Berater: *»Was dann?«*
Claudia: *»Dann würde ich ihm zeigen, wie ich es will.«*
Berater: *»Wie würdest du ihm das zeigen?«*
Claudia: *»Ich würde es ihm sagen und nichts mit mir machen lassen, was mir nicht gefällt. Notfalls ihn aus dem Bett werfen.«*

Die Frau möchte den Ablauf des intimen Zusammenseins gestalten, um die Erfüllung ihrer Lust aktiv zu gewährleisten. Sie möchte sich nicht mehr überlassen, sondern übernehmen, sich nehmen, was sie braucht. Doch obwohl die Frau weiß, dass sie sich gegen den schnellen Mann durchsetzen möchte, traut sie sich das oft nicht, denn auch bei ihr tauchen auf dem Weg der Lust die Dämonen der Angst auf.

Lust – einzugreifen: fass mich da an, mach es so ...
Angst – dass er mich ordinär findet. Angst vor Ablehnung.
Lust – sich gehen zu lassen, ihn zu nehmen.
Angst – dass er vor meiner Kraft Angst bekommt. Angst vor ihrer eigenen Kraft.
Lust – in seiner Gegenwart zu masturbieren.
Angst: – ihm was wegzunehmen, ihm zu zeigen, dass ich ihn dafür nicht brauche. Oder Scham, zur eigenen Lust zu stehen.

Erweiterung: weiblich orientierte Sexualität

Ihre Lust in die Sexualität einfließen zu lassen fällt den Partnern nicht leicht. Es fehlt ihnen der Mut, weibliche Qualitäten in der Sexualität zu praktizieren. Diese könnten die männliche Orgasmusfixierung aufheben. Kehren wir für einen Augenblick zum Orgasmus zurück. Ich möchte den Begriff ›Orgasmus‹ jedoch nicht definieren. Mich interessiert, was Menschen im Orgasmus suchen oder finden.

»Fließen, loslassen, einfach weg sein.«
»Ich bin dann ganz weg. Ich löse mich auf.«
»Da sind keine Grenzen mehr, dann gibt es mich nicht mehr.«
»Ich verschmelze, alle Grenzen verschwinden.«
»Ich mache einen Sprung, es wirft mich weit aus mir raus.«

Das suchen Menschen im Orgasmus: das Loslassen. Aufgeben der Kontrolle des Verstandes über den Körper und die Gefühle. Hingabe an das sinnliche Erleben des Augenblicks. Über die Grenzen des Ich hinaus gelangen. Grenzenlosigkeit.
Sexualität ermöglicht die sinnlich intensivsten Augenblicke des Lebens, denn alle Sinne sind an der Verbindung zum Partner beteiligt. Sexualität kann die Erfahrung vermitteln, sich ohne Rückhalt, ohne störende Gedanken, ohne die Schatten der Vergangenheit oder der Zukunft zu erleben. Das Erlebnis, sich für Momente *ganz* zu empfinden.
Wenn Menschen solche Erlebnisse durch sexuellen Kontakt erfahren, dann sollten sie von orgiastischen Begegnungen sprechen. Dann kommen sie in tiefer Befriedigung aus der Begegnung mit dem Partner hervor. Dann haben sie Zugang zu einem Frieden, einer Stille in sich gefunden, die im alltäglichen Erleben verschlossen bleibt. In einer orgiastischen Begegnung der Partner ist der Orgasmus nicht so wichtig, auch wenn er Teil dieser Befriedigung sein kann.

Eine orgiastische Begegnung unterscheidet sich vom Orgasmus. Sie lebt von der Dichte und der Intensität des liebevoll-körperlich-emotionalen Kontaktes der Partner, von der Vereinigung von Sexualität *und* Herzlichkeit. Sich Zeit lassen, Entspannung, Freundlichkeit und Ziellosigkeit während des sexuellen Zusammenseins sind Ausdruck einer solchen, weiblich orientierten Sexualität.

Orgiastische Verbindung kann geschehen, wenn wir die einseitig männliche Sexualität um die Dimensionen weiblich orientierter Sexualität erweitern.

Auch in ihrer Sexualität müssen Partner sich früher oder später die Frage stellen: Folgen wir unserer Lust oder sind wir unserer Angst unterworfen? Und ebenso wie in den übrigen Bereichen gibt es auch in der Sexualität keinen Weg um die Angst herum.

VERSTÄNDIGUNG

Es gibt jedoch einen Weg durch die Angst hindurch, einen Weg, der Angst auflösen kann. Dieser Weg ist im Bett der gleiche wie außerhalb des Bettes. Er heißt Kommunikation. Partner können Angst bannen, indem sie kommunizieren, und sie können Lust einbringen, indem sie diese mitteilen.

Kommunikation wird im Bett noch weniger praktiziert als in anderen Bereichen der Beziehung. Im Bett herrscht Schweigen. Kommunikation bedeutet Angst und Lust mitzuteilen, bedeutet miteinander zu sprechen, wenn die Partner miteinander schlafen. Das könnte so aussehen:

Sie: Mach etwas langsamer, ich brauche mehr Zeit.
Er: Ich bin so ungeduldig (drängt).
Sie: So geht das nicht (stoppt ihn).
Er: O.K., ich lass' mir Zeit. Was möchtest du?
Sie: Fass mich hier an!

Er: *Ich fühle mich gezwungen* (indem er es sagt, geht der Druck weg).
Sie: *Wir müssen ja nicht miteinander schlafen* (lässt ihn).
Er: *Doch, ich will. Willst du?*
Sie: *Ich habe Lust, mich selbst zu erregen* (macht es).
Er: *Das macht mich heiß* (berührt sie).
Sie: *Ich will mit dir* (nimmt ihn).
Er: *Das ist schön – du kannst ruhig heftiger sein.*

Miteinander sprechen, während sie miteinander schlafen, kann Partnern dabei helfen, ihre sexuellen Vorlieben und Ängste kennen und verstehen zu lernen. Die Partner können alles aussprechen, was gerade geschieht und was sie fühlen.

- Ich brauche es anders.
- Ich fühle mich jetzt unter Druck.
- Ich wünsche mir, dass du mal ... machst.
- Das gefällt mir jetzt nicht.
- Das ist schön, mach das weiter.
- Ich spüre keine Lust mehr bei mir.
- Ich merke gerade, dass ich mich anstrenge.
- Lass uns eine Pause machen.
- Ich möchte aufhören und einfach bei dir liegen.

Obwohl Kommunikation im Bett ein Weg zu leichter und spielerischer Sexualität ist, fällt es uns schwer, diese direkte, verbale Mitteilung zu praktizieren.

Der Mann wird oft nicht merken, wenn er ›arbeitet‹, und selbst wenn er es merkt, wird es nicht leicht für ihn sein, es vor sich zuzugeben.

Die Frau wird viel eher merken, wenn etwas für sie nicht stimmt. Aber es wird ihr sehr schwer fallen, auszusprechen, was genau sie braucht und will.

Christine: *»Ich habe ein intuitives Verständnis meiner Bedürfnisse, aber es fällt mir schwer, so etwas auszusprechen.«*

»Dazu kommt der Einfluss meiner Mutter, die immer sagte: So wichtig ist Sex nicht. Darauf wirst du doch verzichten können. Bei mir entstand dadurch der Eindruck, Sex sei für Frauen nicht schön. Ich habe deshalb auch nie meine Wünsche deutlich gemacht. Die Bedürfnisse des Mannes waren dafür umso wichtiger.«
(Kommentar Hanne)

Die Frau fühlt mehr als der Mann. Aber solange sie schweigt, solange sie mitmacht, solange sie sich nicht mitteilt und durchsetzt, ist sie genau so am männlich orientierten Sex beteiligt wie der Mann.
Das Schweigen im Bett kann zu fatalen Missverständnissen führen, wie das Beispiel eines Paares zeigt. Der Mann hatte geglaubt, ›es‹ für seine Frau gut zu machen. In den Sitzungen erfuhr er jedoch, dass sie ihm jahrelang Orgasmen vorgetäuscht hatte. Seine Anstrengung und ihre Bemühungen waren umsonst gewesen. Obwohl jeder das Beste *für den anderen* wollte, hat niemand bekommen, was er *selbst wollte*. Diese Frustration hätten die beiden sich ersparen können – wenn sie sich in ähnlicher Weise mitgeteilt hätten, wie ein anderes Paar es tut.
Heide und Gerd befinden sich mitten im Prozess der Kommunikation, der Grenzziehung auf sexuellem Gebiet. Sie sind in einer sexuellen Begegnung, und Gerd möchte bei seiner Freundin eindringen. Heide flüstert ihm zu, er soll langsamer sein. Da Gerd nicht reagiert und weiterhin versucht, sein Ziel zu erreichen, wird Heide wütend und stoppt ihn. Gerd ist verwirrt und fragt, was er falsch macht. ›Ich bin noch nicht so weit‹, ist die unmissverständliche Antwort seiner Freundin. Gerd schildert später, was für ihn geschah:
»Ich spürte meine Lust und war bereit. Das Gefühl war so stark, dass es mir gar nicht in den Sinn kam, es könnte bei ihr anders

sein. Erst als sie wütend wurde und mich wegdrückte, habe ich gemerkt, dass wir nicht auf der gleichen Wellenlänge lagen. Und erst als sie sagte: ›Ich bin noch nicht so weit‹, habe ich verstanden, worum es ihr geht.«

Wenn Partner die Kommunikation im Bett beginnen, wird der ›normale‹ Ablauf ihrer Sexualität durcheinander geraten. Sie werden Konflikte erleben und die Bedingungen, unter denen sie miteinander schlafen wollen, neu aushandeln – in Form von Grenzauseinandersetzungen. Doch bei aller Verunsicherung, die notwendigerweise geschieht, diese Auseinandersetzungen lohnen sich, denn sie beenden die Kompromisse, welche Sexualität erdrücken.

Hingabe und Begehren: weibliche und männliche Qualitäten in der Sexualität

Wenn die stillschweigenden Kompromisse im Bett aufhören, wenn Mann und Frau nur miteinander schlafen, WANN und WIE sie es wollen, wenn sie nicht ›leisten‹ oder ›ertragen‹, sind sie auf dem Weg zu einer Sexualität, die männliche und weibliche Seiten integriert.

Der Mann möchte entspannen können, sich der Frau hingeben. Die Frau möchte aktiv in das Geschehen eingreifen können, den Mann direkt und offen begehren. Darin besteht ihre Lust. Um dies Ziel zu erreichen

braucht der Mann auch auf sexuellem Gebiet die Entwicklung seiner weichen, rezeptiven, weiblichen Seiten. Er braucht es, Hingabe zu lernen. Er braucht es, entspannt, ohne das Ziel OrgasMUSS in die Verbindung zu gehen. Er

braucht die Frau auch auf sexuellem Gebiet die Entwicklung ihrer aktiven, männlichen Seiten. Sie will direkt, aktiv werden. Sie will ihn stoppen, ihn leiten, ihm ihre Lust vermitteln, Initiative übernehmen, ihre eigene Lust unein-

braucht es, die Frau übernehmen zu lassen.

geschränkt mit in die Verbindung einbringen.

Indem die Partner ihre Lust entdecken und durchsetzen, wird das Ergebnis in jedem Falle eine Bereicherung sein.

Der Mann wird entdecken, wie sehr Frauen rezeptive Männer genießen.

Die Frau wird entdecken, wie sehr Männer aktive und initiative Frauen genießen.

Wenn Mann und Frau zu einer Sexualität finden, die weibliche und männliche Elemente der Rezeptivität und Aktivität integriert, werden sie Sexualität im Kontext von Weite und Überfluss erleben. Diese Sexualität ist kein Geschenk. Diese Sexualität ist das Produkt des Mutes, den eigenen Ängsten zu begegnen, und der Konsequenz, zum ganzen Spektrum der eigenen Bedürfnisse zu stehen und diese in die sexuelle Beziehung einzubringen.

Thesen dieses Abschnitts

- Die Sexualität der Partner ist einseitig männlich orientiert.
- In ihr verhalten sich Mann und Frau entsprechend ihren Konditionierungen:
  - ER strengt sich an.
  - SIE passt sich an.
- Dadurch bleiben die verborgenen Bedürfnisse der Partner unbefriedigt.
  - Der Mann möchte im Bett auch *loslassen dürfen.*
  - Die Frau möchte im Bett *übernehmen dürfen.*
- Ein Weg, diese Lust zu entdecken und ihr zu folgen, besteht darin, das Schweigen im Bett zu beenden und Angst und Lust mitzuteilen.
- Dann beginnt eine Auseinandersetzung, deren Ziel es ist, männliche und weibliche Qualitäten in die Sexualität zu integrieren.

EMOTIONALE UNABHÄNGIGKEIT

INDEM DIE PARTNER IHRE WAHRNEHMUNG UND IN DER FOLGE IHR VERHALTEN VERÄNDERN, WIRD AUS DEM ERLEBEN DER LIEBE IN ENGE DIE ERFAHRUNG EINER LIEBE IN WEITE, AUS DEM ERLEBEN DER LIEBE IN MANGEL DIE ERFAHRUNG EINER LIEBE IN ÜBERFLUSS.

Veränderungen in Beziehungen werden möglich, wenn Partner bereit sind, Risiken einzugehen. Das größte vorstellbare Risiko besteht in der Gefahr, den Partner zu verlieren und allein zu sein. Damit erweist sich die Fähigkeit, Alleinsein anzunehmen als ein Schlüssel zur Veränderung unserer Beziehungen.[8]

»Das klingt so einfach, fast zu einfach.«

(Einwand Gerd)

Einfach ist es bestimmt nicht. Es ist im Gegenteil schwer und kann viel Zeit beanspruchen. Denn die Ergebnisse stellen sich in Reinform erst ein, wenn *deutlich sein* und *ihn lassen* gelernt sind, und das geht nicht von heute auf morgen. Möglicherweise werden die Früchte dieses Verhaltens auch nicht mit diesem Partner, sondern mit einem anderen geerntet.
Vor allem dann, wenn der jetzige Partner seinen Anteil an der Beziehungsmisere verleugnet, kann Trennung eventuell angebracht sein. Dann verliert man zwar einen Partner, aber einen Partner, mit dem man sich in endlosem Kämpfen aufreibt.

8 Wer keine ausreichenden Möglichkeiten mit seiner Angst umzugehen findet, sollte sich nicht scheuen, professionelle Hilfe in Anspruch zu nehmen.

»Wenn du Kinder hast, sieht die Geschichte doch viel schwieriger aus. Wenn ich gehe, mute ich den Kindern doch etwas unglaublich Hartes zu. Sie können doch nichts für die Probleme.«

(Einwand Gitte)

Wenn Eltern ›wegen der Kinder‹ zusammenbleiben, sind sie ihren Kindern zweifelhafte Vorbilder. Denn dadurch lernen Kinder, dass Leiden und Aushalten, Erdulden und Ertragen zu Liebe und Beziehung gehören. Eltern können ihren Kindern stattdessen zeigen, wie sie trotz Angst in ihrem Leben dem folgen, was sie glücklich werden lässt.
Wenn Partner trotz auftauchender Ängste und Zweifel der Spur der Lust folgen, hört die Zerstörung der Liebe auf, denn dann tun sie etwas, womit der Partner nicht rechnet und das seine Reaktion grundlegend verändert: Sie verhalten sich entgegen seiner Voraussagen, entgegen seinen Erwartungen.

Der Mann erlebt plötzlich eine Frau, die nicht hinter ihm herläuft, die ihn nicht bedrängt, die keine Rechenschaft verlangt. Eine Frau die sagt: *»Hör zu, mein Freund, ich liebe dich. Aber ich habe keine Lust, um deine Liebe zu kämpfen. Wenn du mich nicht willst – o.k.«*

Die Frau erlebt plötzlich einen Mann, der nicht unklar ist, der nicht lügt, der nicht flieht. Einen Mann, der sagt: *»Hör zu, DAS will ich und DAS will ich nicht. Ich bin nicht dein Idealbild, ich bin nicht dein Prinz, und ich möchte meine Liebe mit dir teilen.«*

Wenn Partner sich so verhalten und es nicht aufgeben, oder zu diesem Verhalten zurückkehren, wenn sie es einmal aufgegeben haben, dann wird sich früher oder später der Erfolg einstellen. Die Erfolge sind unvermeidbar, denn indem sie deutlich sind und loslassen, beeinflussen sie die Reaktion des Partners.
Sie unterbrechen die Kette der Reproduktion von Enge und Mangel und dann ergeben die alten Reaktionen aufeinander keinen Sinn mehr.

Es ergibt keinen Sinn für den Mann sich zu wehren, wenn er nicht angegriffen, wenn er gelassen wird.

Es ergibt keinen Sinn für die Frau sich anzustrengen, wenn sie Deutlichkeit erfährt.

Es ergibt keinen Sinn für den Mann sich einzubunkern, wenn er offen zu seinem Bedürfnis nach Freiheit und Liebe steht und sich emotional behauptet.

Es ergibt keinen Sinn für die Frau sich um den Mann zu bemühen, wenn sie Sicherheit aus sich selbst erfährt und sie die Möglichkeiten des Lebens ausschöpft.

Wenn Partner sich so verhalten und so reagieren, geraten die inneren Überzeugungen in Bezug auf den anderen ins Wanken. Jene Überzeugungen, die wir aus dem Kontext der Enge und des Mangels gewannen und die uns glauben machten, der Partner ›liebe uns nicht‹, er wolle uns ›einengen‹ oder ›wegschieben‹. Die alten Reaktionen, die ja Reaktionen auf diese inneren Überzeugungen waren, werden sinnlos. Zugleich mit unseren Reaktionen verändern sich unsere Erfahrungen.

Wenn der Mann es gelernt hat für die Frau deutlich zu sein, erfährt er sich als emotional stark und frei.

Wenn die Frau es gelernt hat ihn zu lassen, erfährt sie sich als emotional sicher.

Dann entsteht eine Erfahrung von Liebe auf dem Hintergrund der Unabhängigkeit. Durch diese Brille der Unabhängigkeit verändert sich das Erleben der Liebe vollständig, denn die Partner

- treffen andere Voraussagen,
- ergreifen andere Reaktionen
- und machen andere Erfahrungen.

Dann wird aus der Kette der Reproduktion von Enge und Mangel eine Kette zur Produktion von Weite und Überfluss. Betrachten wir, was die sechs Schritte, die wir bei der Herstellung von Erfahrungen durchlaufen, unter dem Vorzeichen der Unabhängigkeit entstehen lassen. Zuerst beim Mann:

1. Ereignis:	Die Frau kommt auf ihn zu.
2. Deutung:	durch den Filter der Unabhängigkeit und emotionaler Stärke, der inneren Weite.
3. Überzeugung:	Sie sucht Kontakt.
4. Reaktion:	Je nach seinem Bedürfnis nimmt er Kontakt auf oder er lehnt Kontakt ab und macht so seine Bedürfnisse deutlich.
5. Ergebnis:	Es kommt zu Verbindung oder er bleibt allein. Seine Bedürfnisse werden erfüllt.
6. Erfahrung:	*Weite.* Ich kann so oder so sein, ich kann lieben und allein sein. Ich kann die Frau annehmen und ich kann sie wegschicken. Ich kann ich sein.

Ein gerader Weg zur Erfahrung der Weite. Ein Weg, befriedigende Erfahrungen entstehen zu lassen. Auch bei der Frau funktioniert der Kontext Unabhängigkeit:

1. Ereignis:	Der Mann wendet sich ab.
2. Bedeutung:	durch den Filter der Unabhängigkeit, der inneren Sicherheit.
3. Überzeugung:	Er braucht Abstand, er will jetzt nicht mit mir sein.
4. Reaktion:	Sie lässt ihn und erfüllt – wenn sie will – ihre Bedürfnisse an anderen Orten oder auf andere Weise.
5. Ergebnis:	Sie ist allein oder mit jemand anderem. Ihre Bedürfnisse werden erfüllt.

6. Erfahrung: *Überfluss.* Was ich brauche, kann ich bekommen. Die Welt ist ein reicher und sicherer Ort.

Der Dreh- und Angelpunkt dieses neuen, veränderten Ablaufs findet sich im zweiten Schritt, dem Schritt, in dem Ereignisse gedeutet werden.

Jetzt bedeutet die Tatsache ›Sie kommt auf mich zu‹ nicht mehr ›Sie will mich bedrängen, ich muss aufpassen‹, sondern einfach ›Sie will Nähe‹.

Jetzt bedeutet die Tatsache ›Er will allein sein‹ nicht mehr ›Er liebt mich nicht‹ oder ›Ich bin nicht gut genug‹, sondern einfach ›Er will allein sein‹.

Durch den Zusammenhang von Liebe mit emotionaler Unabhängigkeit geben die Partner den Handlungen des anderen eine ganz andere Bedeutung, einen anderen Sinn, als das im Kontext emotionaler Abhängigkeit geschah. Erinnern wir uns daran: Menschen reagieren nie auf das, was ein anderer Mensch sagt oder tut, sondern immer auf die Bedeutung, die sie dem geben, was er sagt oder tut.

Diese neue Bedeutung haben Partner vielleicht vom Verstand her immer schon verstanden. Aber nachdem sie durch den Prozess der Selbstbehauptung ihrer Lust gegangen sind, der auch ein Prozess der Konflikte war, nachdem sie gelernt haben, sich innerhalb der Beziehung zu trennen, ist die neue Bedeutung bis in die Tiefen der Gefühle vorgedrungen – und erst jetzt ist die Wahrnehmung wirklich verändert.

Wenn die Partner ihre Wahrnehmung ändern, haben sie ihre Beziehung neu gestaltet, haben sie eine neue Erfahrung von Liebe gestaltet – die Erfahrung von Liebe im Zusammenhang mit Weite und Überfluss.

Weite und Überfluss

Liebe in Weite und Überfluss ist keine Utopie. Partner, welche die Herausforderung, unabhängiger zu werden, angenommen haben, beschreiben die neue Erfahrung ›Liebe‹ so. Sie erleben Liebe mit dem gleichen Partner völlig verändert – weil sie sich selbst und ihre Wahrnehmung verändert haben. Diese neue Erfahrung fällt ihnen jedoch nicht zu. Sie muss gesucht und erworben werden, sie will erlernt werden.
Wer diese neue ›Erfahrung Liebe‹ sucht, braucht nicht darauf zu warten, dass der Partner sich ändert, dass die Gesellschaft sich ändert oder dass das Wesen der Liebe sich verändert. Um Liebe neu zu erfahren, genügt es, die eigene Wahrnehmung zu verändern. Dies ist eine echte Herausforderung, die verlangt, vom Zwerg zum Riesen zu werden.

Aus dem emotionalen Zwerg Mann, der sich vor der großen, dunklen, verschlingenden, bedrohenden Frau fürchtet, muss der emotional ebenbürtige Riese Mann werden.

Aus der emotional bedürftigen Frau, die von der Zuwendung des mächtigen Mannes abhängt und die sich vor dem Verlust seiner Liebe fürchtet, muss die emotional unabhängige, selbstsichere Frau werden.

Wenn aus Zwergen Riesen geworden sind, sieht die gleiche Welt (die Liebe) ganz anders aus. Das kann nicht anders sein, denn wie Liebe erlebt wird, ist eine Frage der inneren Perspektive.
Aus der Froschperspektive, die Partner im Erleben der Enge und des Mangels einnehmen, ist Liebe wirklich kaum zu handhaben. Wenn sie aber auf gleicher Höhe mit dem Partner leben, erscheint die gleiche Liebe annehmbar.

Wenn im Mann Weite und Freiheit sind, erfährt er die Liebe zur Frau im Zusammenhang mit Weite.

Wenn in der Frau Sicherheit ist, erfährt sie die Liebe zum Mann im Zusammenhang mit Überfluss.

Weite, weil der Mann Liebe frei von Bedrohung erfahren kann, Überfluss, weil die Frau jede Verbindung als Bereicherung zusätzlich zu ihrer inneren Sicherheit erfährt.
Neue Erfahrungen mit Liebe erscheinen möglich und auch logisch, wenn man sich erinnert, dass Erfahrungen nicht Wahrheiten beinhalten. Erfahrungen sind das, was Menschen aus Ereignissen und Vorgängen machen – Erfahrungen sind Produkte der Fähigkeit zur internen Verarbeitung von äußeren Vorgängen.
In der Stadt Hagen gibt es ein interessantes Museum. Dort hat man die Einrichtungsgegenstände eines Hauses derart vergrößert, dass erwachsene Menschen dieses Haus wie Kinder erleben können. Die Stühle sind so groß, dass Erwachsene sie nur mit Mühe erklimmen können. Die Löffel sind so groß, dass Erwachsene nur mit Mühe Suppe essen können. Die Schränke hängen so hoch, dass Erwachsene nur mit Mühe an die großen und schweren Teller gelangen können.
Wer dieses Museum betritt, erlebt die Welt aus der Perspektive eines Kindes. Dann sind alle Gegenstände groß und schwer. Dann fühlt er sich überlastet und braucht Hilfe. In solch einem Haushalt gelangt man zu der Überzeugung, ›zu klein‹ zu sein, abhängig zu sein und alleine nicht zurecht zu kommen.
Die Wahrnehmung des gleichen Hauses verändert sich völlig, wenn man als erwachsener Mensch hineingeht, wenn also die Proportionen stimmen. Dann ist nichts bedrohlich und auftauchende Probleme können in die Hände genommen und gelöst werden.
Nicht anders verhält es sich mit der Wahrnehmung der Liebe. Aus der emotionalen Perspektive eines Kindes, aus der Perspektive emotionaler Abhängigkeit also, wird man sich bedroht oder hilflos

erleben. Wer jedoch aus der emotionalen Perspektive der Unabhängigkeit in seine Beziehung geht, wird erwachsene Liebe erleben – Liebe im Zusammenhang mit Weite und Überfluss.
Emotionale Unabhängigkeit ist der Weg zu einer neuen Liebe.
Emotionale Unabhängigkeit bedeutet nicht, dass Mann und Frau von Liebe unabhängig werden. Emotionale Unabhängigkeit bedeutet, dass Mann und Frau sich nicht *so sehr* brauchen, dass sie dafür bereit wären, Individualität und Integrität ›für die Liebe‹, ›für die Partnerschaft‹, ›für einen Menschen‹ aufzugeben.
Nachdem Männer und Frauen auf wirtschaftlicher Ebene längst unabhängig voneinander geworden sind, ist emotionale Unabhängigkeit der nächste Schritt zur Umgestaltung ihrer Beziehungen, der nächste Schritt auf dem Weg zu einer Liebe, die sich auf der Freude am Zusammensein und nicht auf der Angst vor dem Alleinsein gründet.
Ausgehend von meinen Erfahrungen in der Partnerschaftsberatung möchte ich Abschnitte auf dem Weg zu einer Liebe im Kontext von Weite und Überfluss skizzieren.

Der Weg des Mannes zur Weite

Der Weg des Mannes zur Weite führt, grob gezeichnet, durch vier Phasen. Man begegnet:

1. *Männern, die nicht wahrnehmen, was sie fühlen und wollen und es schon deshalb nicht äußern können.*

Diese Männer fühlen nichts außer der Enge und Beklemmung, unter der sie leiden. Ihre Aufgabe besteht darin, sich aus der Umklammerung durch die Frau zu lösen, um dann ihre verdeckten Gefühle wahrnehmen zu können. Empörung gegen Einengung und Forderungen ist oft ein erster Schritt in diese Richtung.

2. *Männern, die ihre Wünsche wahrnehmen, sich aber nicht trauen, ihre Gefühle auszudrücken oder ihren Wünschen nachzugehen.*

Diese Männer leiden unter dem Zwiespalt zwischen Empfindung und Hemmung, zwischen den Impulsen, sich zu wehren und der Hemmung davor. Wenn sie genug geschmort und gelitten haben, werden sie erkennen, dass es keinen anderen Weg aus der Sackgasse gibt, als sich umzuwenden und der ›Bedrohung Frau‹ zu begegnen. Dann werden sie ihren Mut sammeln und ›aus sich herauskommen‹.

3. *Männern, die fühlen, die sich trauen zu tun, wonach sie sich fühlen, dann aber unter einem schlechtem Gewissen leiden.*

Diese Männer leiden unter der Angst verlassen zu werden. Ihr Gewissen flüstert ihnen zu: ›Das hättest du besser nicht getan – wenn du sie verlierst, bist du selbst schuld!‹ Oft tun diese Männer heimlich, wonach sie verlangen und scheuen auf diese Weise die Konfrontation mit der Frau. In diesem Fall hilft nur eins: offen zu sich zu stehen, offen die eigenen Bedürfnisse innerhalb der Beziehung zu vertreten. Wenn sie ihre Handlungen aus dem Dunkel der Heimlichkeit ins Licht der Auseinandersetzung führen, sich auf Auseinandersetzungen einlassen, wird sich vieles klären. Auf jeden Fall werden sie eines lernen: zu sich zu stehen so wie sie sind.

4. *Männern, die fühlen, die sich trauen und die mit gutem Gewissen tun, wonach sie verlangt.*

Diese Männer können lieben und allein sein. Sicher hat ihnen diese Fähigkeit niemand in die Wiege gelegt. Sie haben sich diese Fähigkeit erkämpft und erarbeitet – und sie haben aus ihren Fehlern in vorangegangenen Beziehungen gelernt.

Der Weg der Frau zu Überfluss

Der Weg der Frau zu Überfluss lässt sich ebenfalls in vier Abschnitten darstellen. Man begegnet:

1. *Frauen, die ihr Glück in den Partner projizieren und damit die Verantwortung für ihr emotionales Glück aus den Händen geben.*

Ihre Aufgabe besteht darin, die eigentlichen und konkreten Bedürfnisse hinter dem Wunschbild ›Mann‹ zu entdecken. Oft werden sie diese erst klar sehen, wenn mehrere Beziehungen zerstört wurden. Der Prozess dieser Desillusionierung zwingt sie, Eigenverantwortung zu übernehmen und nach ihrem Anteil am Beziehungskrampf zu suchen.

2. *Frauen, die im Zwiespalt von Wissen und Gefühl, von Verstand und Gefühl stecken.*

Diese Frauen wissen, dass sie ihn lassen sollten, können dies aufgrund starker Emotionen aber nicht. Ihre Emotionen nehmen überhand und zwingen sie dazu, in den Partner einzudringen. Wenn sie genügend Beziehungen zerstört haben, werden sie vorsichtiger werden.

3. *Frauen, die ihn lassen, die ihn nicht bedrängen, aber innerlich nicht loslassen können und leiden.*

Die Aufgabe dieser Frauen besteht darin, das ›kleine Mädchen in sich‹ an die Hand zu nehmen, ihm die Welt und die vielen Möglichkeiten, die es in der Welt gibt, zu zeigen. In der Wahrnehmung und im Ergreifen dieser Möglichkeiten relativieren sich die Gefühle des Leidens.

4. *Frauen, die den Mann loslassen können und sich selbst zum wichtigsten Menschen ihres Lebens gemacht haben.*

Auch diesen Frauen ist diese Fähigkeit nicht geschenkt worden. Sie haben schmerzhafte Prozesse durchlaufen, Illusionen verloren und sich selbst als liebenswerte und vollständige Frau gefunden.

Thesen dieses Abschnitts

- Erwachsene Liebe ist Liebe auf dem Hintergrund von Unabhängigkeit. Diese Liebe ermöglicht Abgrenzung.
- Emotionale Stärke und Unabhängigkeit, die sich in der Fähigkeit zeigt, allein zu sein, verändert die Wahrnehmung von Mann und Frau.
- Sie erlaubt es, den Ereignissen der Partnerschaft eine neue Bedeutung zu geben.
- Aufgrund der neuen Bedeutung verändert sich das Verhalten der Partner und als Folge davon machen sie eine neue Erfahrung: die Erfahrungen von Liebe im Zusammenhang mit Weite und Überfluss.

Umkehrung

Wenn sich die Abläufe im Beziehungskrampf umdrehen, sehnt sich der Mann nach Sicherheit und die Frau nach Freiheit. Dann sind Rollen und Erfahrungen vertauscht.

Ich habe quer durch dies Buch von ›dem Mann‹ und ›der Frau‹ gesprochen, und diese Pauschalisierung hat vieles einleuchtend gemacht. Mann und Frau sind aber nicht von Natur aus so. Sie sind so geworden und ihr ›Kampf um Liebe‹ funktioniert so lange, wie sie die Regeln einhalten. Bestimmte Ereignisse können die Verhältnisse jedoch auf den Kopf stellen. Wenn die Frau zum Beispiel aufhört, sich um Liebe zu bemühen oder auf Liebe zu warten, wenn die Frau den Mann lässt, vor allem aber, wenn sie ihn verlässt, kehrt sich das Spiel oftmals um.

Jürgen: *»In jüngster Zeit gibt es von Claudia Mitteilungen, die die Möglichkeit einer Trennung beinhalten. Sie kann sich vorstellen, für lange Zeit fortzugehen. Es ist das erste Mal, dass ich einen sehr tiefen Schmerz, eine Leere dabei empfunden habe, wenn sie solche Andeutungen macht. Mir kam der Gedanke, dass ich bisher ihrer ja immer sicher war und die Vorstellung, sie könnte wirklich aus meinem Leben heraustreten, erfüllt mich mit einer tiefen Traurigkeit, wie ich sie noch nicht empfunden habe.«*

Zum ersten Mal in der langen Geschichte ihres Kampfes droht Claudia nicht bloß damit, Jürgen zu verlassen. Ihre Drohung ist nicht verzweifelt oder taktisch, sie meint es wirklich. Und diese Vorstellung ist positiv und verlockend für sie. *Sie droht ihm nicht zu gehen, damit ihr Mann sich ändert. Sie will gehen, damit es ihr selbst besser geht.*

Jürgen spürt die Ernsthaftigkeit ihrer Ankündigung und reagiert mit Trauer und Betroffenheit darauf. Da er nicht bedrängt wird, da er sich nicht wehren muss, kann Jürgen sich fühlen – und fühlt die Leere und den Schmerz in sich ›zum ersten Mal‹.

Wenn Claudia ihrer Lust treu bleibt, wird sie einen Mann erleben, der auf sie zukommt oder gar einen Mann, der hinter ihr herläuft und sich um sie bemüht. Dass er das vorher nicht tat, hat einen einfachen Grund: Um jemandem hinterherlaufen zu können, braucht man jemanden, der weggeht, jemanden, der sich abwendet. Da Frauen das selten tun, können Männer sie selten bedrängen.

Kommt es aber dazu, dass Frauen sich abwenden, dann bricht die sichere Welt des Mannes zusammen und er befindet sich plötzlich in der Position, die bisher die Frau einnahm. Die beiden haben die Rollen getauscht.

Damit beginnt für die Frau eine neue Erfahrung, denn jetzt kann sie erleben, wie es ist, bedrängt zu werden. Der bedrängende Mann ist für die Frau jedoch nicht weniger qualvoll, als die bedrängende Frau es für den Mann war.

Heike: *»Er hat mir den Spiegel vorgehalten: ›Du kommst doch noch? Kann ich mich ganz bestimmt darauf verlassen?‹, ›Bist du auch wirklich da, oder soll ich vorsichtshalber nochmal anrufen?‹ So ging das ohne Ende. Er hat genau gemacht, was ich sonst machte und ist mir furchtbar auf die Nerven gegangen. Er war wie eine Klette, die an mir hing und die ich loswerden wollte.«*

Die Geschichte der Rollenumkehrung brauche ich allerdings nicht neu zu schreiben, denn alles bisher Gesagte trifft darin zu. Sie brauchen nur die Wörter Mann und Frau auszutauschen, dann stimmt es wieder, denn wenn es zur Umkehrung kommt, fängt der Mann zu klammern an und die Frau fühlt sich bedrängt.

Eine wertvolle Erfahrung, die jeder Partner einmal gemacht haben sollte.

Über den Autor

Michael Mary, geboren 1953, ist seit 1979 als Berater tätig. Er lebt gemeinsam mit seiner Frau, der Psychotherapeutin Henny Nordholt, in Schadeland unweit von Hamburg. Hier führt er Seminare und Beratung für Einzelne und Paare durch. Informationen über seine Arbeit finden Sie im Internet unter:

http://www.michaelmary.de

Die Bücher von Michael Mary

- *Faszination Beziehung,* Nordholt-Verlag
- *Begegnungen mit dem Inneren Kind,* Nordholt-Verlag
- *Zwölf Beziehungskiller und wie man sie vermeiden kann,* Kreuz-Verlag
- *Wie Lebensträume wahr werden,* Kreuz-Verlag
- *Change – Lust auf Veränderung,* Kreuz-Verlag
- *Selbsttherapie,* Kreuz-Verlag
- *Wirklich lieben,* Nordholt-Verlag
- *Fünf Lügen, die Liebe betreffend,* Hoffmann & Campe
- *Fünf Wege, die Liebe zu leben,* Hoffmann & Campe

Kassetten zum Buch

Zum Buch sind Kassetten erschienen, die insgesamt vier Übungen enthalten. Interessenten wenden sich bitte an den Autor per Internet oder Fax unter 03 88 51-8 06 06.

Das Praxisbuch zur Egoisten-Bibel

JOSEF KIRSCHNER

Das Egoisten-Training

»GLAUBE KEINEM, NUR DIR SELBST«

Nach dem sensationellen Erfolg seiner Egoisten-Bibel legt der provokante Lebensphilosoph Josef Kirschner jetzt ein Trainingsprogramm mit sieben effektiven Übungen vor.
Eine zwingende Strategie, sich aus der Bevormundung durch die Gesellschaft zu befreien, um als gesunder Egoist das Leben zu führen, das man schon immer führen wollte.

Ein unglaublicher Lebensbericht –
spannend, lebensbejahend, humorvoll

Y. C. KUAN

Mein Leben unter zwei Himmeln

EINE LEBENSGESCHICHTE
ZWISCHEN SHANGHAI UND HAMBURG

In »Mein Leben unter zwei Himmeln« erzählt Y. C. Kuan seine abenteuerliche Lebensgeschichte. 1931 geboren, erlebt er als kleiner Junge in Shanghai die japanische Invasion, als Heranwachsender die chinesische Revolution und kommt nach dramatischer Flucht über Ägypten in das Deutschland der siebziger Jahre. Der deutschen Sprache nicht mächtig und nahezu mittellos, begegnet er seiner neuen Heimat zunächst misstrauisch. Er ahnt noch nicht, wie dieses Land sein Leben verändern wird ...

»Von der ersten bis zur letzten Seite fesselnd!«
Die Zeit

VICKI IOVINE

Beim ersten Kind gibt's tausend Fragen

ALLES, WAS ÄRZTE NICHT SAGEN, MÄNNER NICHT WISSEN UND NUR DIE BESTE FREUNDIN VERRATEN KANN

Das erste Mal schwanger? Da stellen sich tausend Fragen. Doch wer soll sie beantworten? Vicki Iovine, selbst vierfache Mutter, weiß Rat. Offen und ehrlich, einfühlsam und mit viel Humor informiert sie über alles, was jetzt wichtig ist: vom Schwangerschaftstest bis zum Tag der Geburt.

telbar durch Gottes innere Belehrung erleuchtet, die „geistig“ ist. Damit scheint sie zugleich manchen auf ihre Berühmtheit eingebildeten Professoren ihrer Zeit einen Dämpfer zu geben. Bei Hildegard wie anderen schreibenden Frauen des Mittelalters handelt es sich aber keineswegs um so etwas wie Esoterik. Sie betonen, jede auf ihre Art, daß sie ihre Erfahrungen weitergeben, um anderen den Weg zu ähnlichem zu weisen. Sie schreiben also für alle, keineswegs nur für einen kleinen Kreis von Eingeweihten, und sagen dies auch deutlich.

Mittelalterliche christliche Schriftstellerinnen, die wußten, daß ihnen das Schreiben theologischer Traktate verwehrt war und die sich zudem durch die kirchliche Bildkunst und das liturgische Leben des Kirchenjahres angeregt fühlten, konnten lernen, ihre imaginativen Fähigkeiten auszubilden und in einem mystischen Rahmen zu schreiben, was sie mit Sicherheit als göttlichen Auftrag empfanden. Das zeigen im Jahrhundert nach Hildegard die gelehrten Nonnen des Klosters Helfta, Gertrud die Große und Mechthild von Hackeborn, aber auch die erst im Alter dort eingetretene Begine Mechthild von Magdeburg in ihren Schriften. Die Empfänglichkeit für bildhafte Impressionen war bei all diesen Frauen sehr intensiv. Daß Hildegard aber ebenfalls traktathaft schreiben konnte, wenn sie dazu aufgefordert wurde, zeigen verschiedene ihrer Briefe sehr deutlich, wo sie auf theologische Fragen ihrer Zeit, die ihr gestellt wurden, antwortete.

Hildegards als „Visionen“ bezeichnete Kapitel ihrer drei mystischen Werke, des Buches Scivias, des Buches von den Lebensverdiensten (heute übersetzt als: Der Mensch in der Verantwortung) und des Buches vom Wirken Gottes (heute übersetzt als: Welt und Mensch) sind sorgsam ausgearbeitete literarische Einheiten. Was sie vielleicht im Augenblick als visionäre Impression empfing, hat Hildegard in ihren

Visionsbeschreibungen liebevoll ausgemalt; im Anschluß an die ihr das Gesehene erklärende Stimme hat sie dann auch selbst gedeutet und dabei ihre eigene Bibelauslegung zur Sprache gebracht, wie es alle ihre Kolleginnen in ähnlicher Weise taten. Hildegard als Mensch und als Schriftstellerin ist dabei durchaus gefordert. Wenn man das bedenkt, fallen viele Schwierigkeiten weg, die heutige Menschen mit „Visionen" haben, und die hämische Ausdrucksweise mancher profaner Zeitungen, die von „angeblichen" Visionen mittelalterlicher Mystikerinnen schreiben, erübrigten sich längst.

Ein Irrtum, den man immer noch bekämpfen muß, ist der, Hildegard habe selbst nicht schreiben können und ihre Werke diktiert. Das widerlegt sich nicht allein aus den verschiedenen Berufungsvisionen: In diesen bezeugt sie einen göttlichen Auftrag des Schreibens wie des mündlichen Verkündens dessen, was sie „in mystischer Vision" gesehen hat. Auch das erste Bild im Rupertsberger Kodex beweist das Gegenteil: Hildegard sitzt zwischen zwei Säulen, mehrere übereinanderliegende Schreibtäfelchen auf dem Schoß, den Griffel zum Schreiben angesetzt, und ihr Sekretär lugt von außen herein, den Pergamentband unter dem Arm, um auf das Pergament zu übertragen, was Hildegard geschrieben hat. Soweit die Handschriften zu Hildegards Lebzeiten im Rupertsberger Kloster entstanden sind, hat Hildegard sie auch noch selbst mit Korrekturen versehen.

Hildegards bildhafte Sprache war leicht in Buchmalerei zu übersetzen. Sie hat aber die Bilder zu den Visionen nicht selbst gemalt. Sie entstanden in ihrem Kloster und unter ihrer Aufsicht, solange sie lebte. Mehr wissen wir nicht. Erst nach Hildegards Zeit begannen Schreiber/innen und Maler/innen mittelalterlicher Handschriften, auch ihre Namen einzutragen.

Aber warum sprechen wir denn von den meisten schreibenden Frauen des Mittelalters als Mystikerinnen? Das hängt nicht nur mit ihrer Festlegung auf die prophetisch-visionäre Ausdrucksweise zusammen, sondern auch damit, daß manche von ihnen, wie z.B. Hildegards jüngere Zeitgenossin Elisabeth von Schönau, in ihren Schriften von sich bezeugen, in Ekstase gefallen zu sein. Dergleichen liegt Hildegard fern. Sie versichert mehrfach ausdrücklich, daß sie keine Ekstatikerin ist, sondern ihr Alltagsbewußtsein ununterbrochen behält. Dennoch identifizieren manche wissenschaftlichen Arbeiten von heute Mystik mit Ekstase und schließen Hildegard von der Mystik aus. Damit wird man ihr aber nicht gerecht. Denn sie selbst sagt ja, daß ihr in mystischer Vision die Mysterien Gottes gezeigt worden seien.

Es ist eine originelle Idee der Verfasserin dieses Buches, den Frauengestalten in Hildegards Visionen einmal ausdrücklich nachzugehen. Viele von ihnen haben ja nach Hildegards Verständnis auch Sinnbildcharakter für das Göttliche oder die Gottheit, die von ihr nicht einseitig männlich geschaut oder symbolisiert wird. Denn wenn Mann und Frau gottebenbildlich geschaffen sind, wie im biblischen Schöpfungsbericht zu lesen ist, dann muß es nach Hildegard etwas Entsprechendes in der Gottheit geben. Die Frauengestalten in Hildegards Visionen können also für heutige Frauen über die Jahrhunderte hinweg ermunternd und ermutigend, ja sogar vorbildhaft sein.

Gottes Geist ergießt sich in das Kind im Mutterschoß

Das Visionsbild

Auf dem Hintergrund dieses Bildes sehen wir im oberen Teil einen dunkelblauen Himmel mit Sternen übersät, im unteren Teil die braune Erde. Im Vordergrund füllen zwei geometrische Figuren das ganze Bild aus: Oben sehen wir ein Quadrat, das auf der Spitze steht, und unten ein Oval, eine Eiform, in der sich verschiedene Menschen aufhalten.

Betrachten wir nun zunächst das Quadrat. Es hat einen goldenen Grundton. Darauf sind unzählige Augen zu sehen. In der Mitte zieht sich ein rotgoldener Streifen von der oberen Spitze nach unten. Das Gesicht eines Menschen ist erkennbar.

Aus diesem Streifen ergießt sich rotgoldenes Licht in das untere Bild.

Dort liegt am Boden links eine Frau. Sie hat ihre Hände in einer Gebärde des Empfangens erhoben. In ihrer Gebärmutter sehen wir ein Kind, das kurz vor der Geburt zu sein scheint, denn es ist ganz ausgereift. Der Lichtstrahl von oben gelangt direkt in das Herz und das Gehirn des Kindes und strömt von dort durch alle seine Glieder.

Im Oval über der Mutter stehen rechts und links Frauen und Männer in Gruppen. Sie tragen drei Schüsseln, in denen wir unterschiedlich große Kugeln erkennen. In die Schüssel links oben legt gerade eine unheimliche Gestalt etwas Dunkles hinein.

Gedanken Hildegards zum Bild

Das auf der Spitze stehende Quadrat ist ein Sinnbild für die Gottheit, denn sie erstreckt sich bis an die Enden der

Erde. Mit ihren unzähligen Augen blickt die Gottheit auf alle Menschen, sei es daß sie in der Verirrung leben oder daß sie die Erlösung angenommen haben. Die Farbe Gold weist auf die Heiligkeit Gottes hin.

Mitten in diesem Glanz ist ein anderer Glanz, wie Morgenrot, ein rotgoldener Streifen. Er ist ein Bild für Christus, dessen Gesicht auch erscheint. Sein Kommen hatte Gott in seinen ewigen Heilsplan mit einbezogen. Der Feuerstrom erreicht die Seele des Kindes und sendet Erkenntnisse der göttlichen Welt in sein Herz und in seine Glieder. Das bedeutet: Christus ist die Verbindung zwischen Gott und den Menschen. Die göttliche Liebe wird ausgegossen in das Herz eines jeden Kindes.

Von dieser Berührung aus ernährt die Seele den Körper, und so verleiht der Geist der Gottheit den Menschen die Lebenskraft.

Um dies zu veranschaulichen, vergleicht Hildegard den Vorgang mit einem Baum:

„Die Seele durchfließt den Leib wie der Saft den Baum. Der Saft bewirkt, daß der Baum grünt, blüht und Früchte trägt. Die Erkenntnis gleicht dem Grün der Zweige und Blätter, der Wille den Blüten, das Gemüt ist wie die zuerst hervorbrechende, die Vernunft wie die voll ausgereifte Frucht. Die Sinne endlich gleichen der Ausdehnung des Baumes in die Höhe und Breite."

Der Mutterschoß ist gleichsam ein Ort für das Kommen und die Nähe Gottes, ein Sinnbild der Geborgenheit im Glauben.

Für uns recht ungewöhnlich, stellt Hildegard die verschiedenen Erbanlagen der Kinder als runde Käseballen vor, das sind die Kugeln in den Schüsseln. Unterschiedliche Menschentypen gehen aus ihnen hervor: Aus fettem Käse erwachsen tatkräftige, sehr begabte Menschen. Aus der dünnen Milch gerinnen dünne Käse, das sind schwache Menschen ohne Entschlußkraft, ohne Suchen nach Gott.

Die mit Fäulnis vermischte Milch wird zu bitterem Käse. Das sind Menschen voller Bitterkeit und Schwermut. Ihnen hilft Gott, indem er sie in seine Schule nimmt und sie auf den Weg des Heils führt.

Die Botschaft des Bildes heute

Jedes neugeborene Kind ist ein Wunder Gottes. Staunend betrachten wir das kleine Gesicht, das wie eine Rose erscheint, die aufblühen will. Wir freuen uns, wenn nach einiger Zeit die Augen wach blicken. Wir freuen uns über die Händchen, die ganze kleine Person. Laute der Bewunderung brechen aus uns hervor. Und dann das erste Lächeln! Ein Fenster tut sich auf, das uns schauen läßt in die Welt der kindlichen Seele: Seine Freuden und Ängste, sein Lachen und Weinen, Hoffnung und Mutlosigkeit.

Mit ernsten Fragen überraschen uns die Zwei- und Dreijährigen: Warum ist das so und woher kommt das? Frühe Erkenntnisse lassen uns aufhorchen. Ein Vierjähriger sagt: „Mama, das Leben ist nur halb schön, nicht schön sind die Nacht und der Tod." Kinder fragen nach dem Woher und nach dem Sinn, nach Gott und den Engeln.

Auch Kinder, die in atheistischer Umwelt aufwachsen, suchen nach dem Sinn und sind bewegt von der Sehnsucht nach dem Wunderbaren.

Und nun fragen wir uns: Das Kind wurde doch von Mutter und Vater gezeugt und geboren. Das ist biologisch erklärbar. Doch woher kommen die geistigen Erkenntnisse, die Sinnfragen, das Bewußtsein um die Dimension der Tiefe im Leben? Woher kommt die Seele?

Es ist eine Entlastung für die Eltern, zu wissen, daß Gott selbst den Reichtum des Glaubens in die Herzen der Kinder ergießt. Gott schenkt den Glauben und läßt uns die Freiheit, den eigenen Weg zu gehen. Dabei läßt er seine Liebe allen zukommen.

Hildegards Vision macht uns darauf aufmerksam, daß Kinder sehr unterschiedlich stark mit diesen Fragen und den möglichen Antworten umgehen. Nicht alle Kinder von religiösen Eltern sind gleich religiös!

Hildegard zeigt uns in dieser Vision auch, daß es möglich ist, Gott in einem geometrischen Bild zu sehen. Hier ist es ein Quadrat, in der letzten Vision ist es ein Kreis oder ein Rad. Mit diesen Ganzheitssymbolen wird das Wesen Gottes ausgedrückt wird.

Damit weitet Hildegard unseren Blick aus der Verengung der Familienbilder, der Vater- und Mutterbilder. Dem ersten Gebot, daß wir uns kein Bild von Gott machen und es anbeten sollen, entsprechen diese geometrischen Figuren: Gott ist das Allumfassende, die Weite des Kosmos und die Geborgenheit der Liebe.

Die Menschen sind nach ihrer Geburt vielen Gefahren ausgesetzt, hier dargestellt als Unholde, die die junge Frau bedrängen. Hildegard nennt die Frau „Tochter Sion". Oben sehen wir die Hand der „Mutter Sion", der Gottmutter, die aus dem Himmel der Tochter den rechten Weg weist, sie stärkt und tröstet. Der Name „Sion" kommt von dem Heiligen Berg in Israel, auf dem die Gottheit wohnt.

Mutter Sion rettet ihre Tochter aus furchtbarer Gewalt

Das Visionsbild

Fünf Bilder stehen übereinander. Sie werden von unten nach oben betrachtet. Die unteren drei Bilder sind Ausdruck schlimmster Gewalterfahrung.

Wir beginnen mit der Betrachtung beim untersten Bild: Rechts im Bild steht eine weiße Gestalt, eine Frau. Links und rechts außen sehen wir zwei bösartig aussehende rötliche Männer mit großen Nasen, wildem Haar und langem Bart. Der eine zieht die Frau an einer schweren langen Kette, die sie um den Hals trägt. Sein Kumpan schiebt sie von hinten zu zwei Schweinen hin.

Auf dem Bild darüber sehen wir nur noch den Kopf der Frau, die in einer Kelter gefoltert wird. Die beiden Unholde drehen rechts an den Schrauben, ein anderer fängt links das Blut in einer Schüssel auf.

Im dritten Bild von unten setzen sie die Frau wilden und giftigen Skorpionen und Nattern aus. Diese bespritzen die Frau mit Gift.

Im nächsten Bild, dem zweiten von oben, erfährt das Schicksal der Frau eine Wende: Links sehen wir, wie sie sich in einem schmalen Spalt verbirgt und die Hand an die Stirn legt. Dann steigt sie auf einen hohen Berg. In der Mitte des Bildes ist ein großes Meer zu sehen, dahinter die Unholde. Rechts die braunen Spitzen stellen den schmalen Pfad mit Dornen und Disteln dar, den die Frau nun gehen muß.

Im obersten Bild sehen wir das Zelt der Mutter. In seiner Mitte steht ein Turm mit roten Schilden und Posaunen in den Fenstern. Rechts kommt die Tochter mit zwei großen Flügeln herangeflogen. Links bedroht immer noch ein Unhold mit Pfeil und Bogen das Zelt.

Gedanken Hildegards zum Bild

Im Anschluß an das vorherige Bild sieht Hildegard in der Frau das Kind, das nun geboren ist und heranwächst. Viele Stürme dringen auf es ein und wollen es bis zur Erde niederbeugen. Unsichtbare Versuchungen beunruhigen es. Hildegard nennt die Frau „Tochter Sion“. Diese berichtet von ihrer gefährlichen Pilgerschaft. Gefährtin der Engel hätte sie sein sollen, doch sie wandte sich von Gott ab. Darum muß sie furchtbare Qualen leiden. In einer erschütternden Klage berichtet die Tochter Sion ihrer Mutter von ihrem Leiden:

„Die mich gefangen nahmen, schlugen mich mit Fäusten, ließen mich mit den Schweinen fressen und schickten mich so in die Wüste. Sie gaben mir in Honig getauchte Bitterkräuter zur Speise. Dann legten sie mich auf die Kelter und folterten mich schwer. Sie zogen mir die Kleider aus, brachten mir viele Stöße bei. Dann lachten sie mich aus und sagten: Wo ist jetzt dein Ehre?“ In dieser furchtbaren Not erinnert sich die Tochter an die Mutter: „Wenn ich aber deiner gedenke, Mutter Sion, in der ich wohnen sollte, so schaue ich auf die bitterste Sklaverei, der ich unterworfen bin.“ Im zweiten Bild von oben geschieht die Wende: Die Tochter erkennt, daß sie selbst aus dieser Situation und Gewalterfahrung herauskommen muß: „Da ging ich einen schmalen Pfad, wo ich mich in einem kleinen Loch verbarg, bitterlich weinend, weil ich meine Mutter verloren hatte. Dort besann ich mich auf all meinen Schmerz und meine Wunden. Weinend und abermals weinend habe ich dort solche Tränenströme vergossen, daß all mein Schmerz und aller Schmutz meiner Wunden davon überschüttet wurden. Und siehe, ein süßer Duft wie ein sanfter Lufthauch, von meiner Mutter ausgesandt, berührte meine Nase.“ Sie steigt auf einen Berg und stößt ein Freudengeheul aus, das die Berge erzittern läßt. Doch ihre Feinde lassen nicht von ihr ab. Ein wildes Meer braust vor ihr auf. Und wieder ist es der Duft, der von der Mutter Sion kommt, der ihr die Kraft schenkt, einen schmalen Pfad zu gehen, der voller Dornen und Disteln ist. Die Feinde lassen nicht nach, sie zu verfolgen. In ihrer großen Verzweiflung ruft die Tochter erneut nach der Mutter und diese antwortet ihr: „O Tochter eile, Flügel zum Fliegen sind dir vom höchsten Geber verliehen." Mit den Flügeln des Glaubens, die Gott ihr wachsen läßt, fliegt sie nun über alles Giftige und Todbringende hinweg und kommt zum Zelt der Mutter Sion.

Weil die Feinde auch jetzt noch nicht von ihr ablassen, bringt sie Schutzvorrichtungen an: Sie behängt den Turm mit roten Schilden und elfenbeinernen Trompeten. Dann mischt sie aus Honig und Aromata eine kostbare Salbe, die das ganze Zelt mit einem starken Duft erfüllt. Sie ruft ihren Feinden zu: "Wer dieses Zelt fabriziert hat, war weiser und stärker als ihr. Weicht also, weicht, denn ihr könnt mich künftig nicht haben!"

Der süße Duft, der der Tochter die Kraft zur Umkehr geschenkt hat, ist ein Sinnbild für die Weisheit der Gottheit und ihrer Gnade.

Diese erschütternden Bilder stellen ein inneres Geschehen im Menschen dar, lassen aber auch an äußere Gewalt denken. Hildegard sieht in ihnen auch die Erfahrungen der Kirche, des Volkes Gottes auf seiner Wanderung.

Die Botschaft des Bildes heute

Die Bilder sprechen uns heute sehr direkt an in ihrer Gewaltdarstellung. Sie erinnern uns an erschreckende Erfahrungen, die Frauen zu allen Zeiten machen müssen, wenn Gewalt und Brutalität über sie hereinbrechen.

Ebenso sind wir Frauen und Männer gleichermaßen erschüttert, wenn uns mit einem Mal bewußt wird, daß wir von früh an unter Gewalt zu leiden hatten, sei es physische oder psychische Gewalt. Und wenn wir schutzlos sind, haben die bösen Mächte noch mehr Gewalt über uns.

Welche Gewalterfahrungen haben wir?

Zunächst denken wir an körperliche Gewalt, Züchtigungen, Schläge, Überfälle, Vergewaltigung.

Auch Bilder können gewalttätig sein, Bilder in Film und Fernsehen, in unserer Phantasie und in unseren Träumen.

Und Worte können gewalttätig sein, heimtückisches Gerede, oft gerade von Frauen, und dumme Sprüche, gezielte Beleidigungen und Gemeinheiten.

Blicke können gewalttätig sein, aggressiv tödlich oder sexuell vergewaltigend.

Strukturen und Gesetze können gewalttätig sein, es ist dann kein Durchkommen durch das Gestrüpp von Vorschriften.

Im Lied „Sah ein Knab ein Röslein stehn" wird ein Gleichnis für Gewalt und Ohnmachtserfahrung verwendet. Der Knabe bricht die Rose gegen ihren Willen: „Röslein wehrte sich und stach, half ihr doch kein Weh und Ach, mußt es eben leiden."

Und wir haben die Erfahrung gemacht, daß es ein unbeschreibliches Glücksgefühl ist, wenn wir spüren, wie der Leidensdruck langsam weicht und eine neue Freude am Leben aufblüht. Wir sind außer uns vor Glück, können es gar nicht fassen.

Bei schwer neurotischen Menschen, die am Leben leiden, ist dieses Glücksgefühl stärker als der Leidensgewinn. Es ist der Anfang auf dem Weg zur Heilung.

Doch bald merken wir, daß das Leiden nicht ein für allemal weg ist. Wir müssen auf der Hut bleiben, das Zerstörerische benennen und dagegen ankämpfen, manchmal auch fliehen. Aber das Glücksgefühl kommt wieder und schenkt uns immer wieder Mut zum Leben.

Wir sollen die Nähe der göttlichen Kraft suchen, denn allein schaffen wir es nicht. Der Duft, der von der Gottheit ausgeht, ist ein Sinnbild für die Beziehung zu Gott und zu den Menschen. Die Flügel, die Gott schenkt, sind das Sinnbild für die positive Einstellung zur eigenen Kraft.

Diese Bilderfolge erinnert uns an das Gleichnis vom verlorenen Sohn. Doch während der Sohn sein Geld verpraßt, muß die Tochter unter Gewalt und Bedrohung leiden. Und während dort Gott in der Gestalt eines Vaters erscheint, begegnet er hier als Mutter Sion.

Das Gleichnis von der verlorenen Drachme (Lk 15,8,9) spielt hier auch mit hinein. In diesem Gleichnis wird Gott verglichen mit einer Frau, die ihre Freude über die wiedergefundene Drachme mit ihren Nachbarinnen und Freundinnen teilt.

Im Mutterschoß der Kirche werden Menschen gereinigt und wiedergeboren

Das Visionsbild

Wir sehen eine sehr schöne Frau, die eine Krone trägt. Sie hält die Hände offen, als wolle sie etwas empfangen oder segnen.

Ihr Unterleib ist wie ein Netz gestaltet. Darin sehen wir dunkle Köpfe. Von links schwimmen bzw. laufen eilends dunkle Menschen wie Fische in das Netz hinein.

Aus dem Mund der Frau gelangen die Menschen wieder ins Freie. Sie sind durch den Atem der Frau weiß worden.

Links oben im Bild sehen wir eine Scheibe. Sie erinnert mit ihren konzentrischen Kreisen an ein Mandala, das ist ein Sinnbild für die Seele in ihrer Beziehung zur Mitte, zum Göttlichen. Die Kreise sind in den Farben Silber, Gold und Blau gehalten.

Darunter ist noch einmal die Szene dargestellt, wie das dunkle Kleid von dem Menschen abgestreift wird und eine helle Person erscheint, wie es ähnlich im Leib der Frau schon geschehen ist.

Der Hintergrund des Bildes ist in dunklem Blau gehalten, Sterne leuchten darin auf.

Gedanken Hildegards zu diesem Visionsbild

Hildegard stellt in diesem Bild das Taufgeschehen in drei verschiedenen Symbolen dar: Als Wiedergeburt im Mutterschoß, als Reinigung durch den Atem und als Stärkung durch den Kraftbereich der Dreieinigkeit.

Die Frau ist die Mutter Kirche. Sie liebt ihre Kinder zärtlich und hat Mitleid mit ihnen, auch wenn diese Irrtümer begehen. Sie nimmt ihre Kinder auf in ihrem Schoß. Dann tut sie einen tiefen Atemzug. Der Atem ist der Heilige Geist. Er reinigt die Menschen. Danach gehen sie durch den Mund wieder heraus. Das weist darauf hin, daß das Wort Gottes der Lebensquell ist. In Jesus Christus begegnet uns dieses Wort als die umarmende Mutterliebe Gottes.

Daß die Menschen weiß und neu geboren an der Lichtscheibe vorbeischwimmen, das bedeutet, daß sie vom Licht der Dreifaltigkeit erhellt werden: Der Vater ist weiß, der Sohn blau und der Geist der Weisheit golden.

An dieser Stelle wendet Hildegard unseren Blick auf Beispiele in der Natur, wo auch die Dreiheit in der Einheit wirkt, damit wir das Zusammenwirken der Dreieinigkeit besser verstehen:

Drei Kräfte finden wir im Stein: die feuchte Grünkraft, die tastbare Geschlossenheit, das funkelnde Feuer.

Drei Kräfte sind auch in der Flamme: Sie brennt in glänzendem Licht, sie flammt in purpurnem Hauch und in feuriger Glut.

Die Dreiheit in der Einheit ist auch im Wort: Im Wort wirken Schall, Prägung und Hauch miteinander.

Die Botschaft des Bildes heute

Welche Bedeutung hat die Taufe in unserem Leben?

Die meisten von uns wurden als Säuglinge getauft und erinnern sich nicht mehr daran. Deshalb sind Firmung und Konfirmation dazu da, diese Erinnerung wachzuhalten.

Die Tauferinnerung kann eine große Kraft sein:

In Krisenzeiten stärkt sie unser Selbstbewußtsein: Ich bin getauft! Gott bleibt mir treu.

Mit einem harten Wort, einem fertigen Urteil, können wir über uns selbst, unsere Lebensleistung, über den Wert unseres Lebens den Stab brechen. Selbstmordgedanken kommen auf.

Gott bietet uns aber einen Weg an, auf dem wir nicht verurteilt, sondern erneuert werden: Es ist der Weg der Wiedergeburt. Das ist die Möglichkeit, eine andere Einstellung zum Leben zu bekommen. Wir können im Schoß der mütterlichen Kirche noch einmal abtauchen in die Geborgenheit von Liebe und Wärme. Wo aber finden wir diesen Schoß? Eine Person, ein Frauenkreis oder eine Gemeinde schenkt uns Verständnis und Angenommensein, aus ihr spricht Gottes Liebe. Sie macht uns nicht abhängig von sich, sondern zeigt uns, wie wir mit neuen Impulsen und einer neuen Lebenseinstellung weiterleben können.

Bei Fehlern, die wir anderen gegenüber begangen haben und die uns schwer belasten, schützt die Taufe uns vor der Verzweiflung: Ich bin getauft! Die Gnade Gottes reinigt mich von meiner Schuld.

In Not und Gefahr macht sie uns wachsam: Ich bin getauft! Ich verfalle nicht der Ohnmacht und der Lähmung.

Durch die Taufe wurde uns zugesprochen, daß wir Bürgerinnen und Bürger in Gottes Reich sind und aus seinem Kraftstrom leben. Es ist ein Wärmestrom, der gegen den Kältestrom unserer Zeit wirkt. Was still steht, kommt wieder in Fluß, was tot ist, wird wieder lebendig, was verschmutzt ist, wird wieder rein.

Das Wasser ist ein Sinnbild für die Taufe, denn es deutet hin auf die Wandlung. Wasser enthält die Tränen der Schmerzen und der Reue, Wasser ist Reinigung und Erfrischung. Ohne Wasser ist Leben nicht möglich. Durch das Vertrauen in die lebenspendende Kraft des Wassers lösen sich die Verfestigungen, die Verkrustungen werden weggespült, die Ängste verlieren ihre Macht. Nun leuchtet die Freude am Leben wieder auf.

In der Taufe wird uns auch Gottes Geist geschenkt. Das Wort „Geist" geht in der Ursprache der Bibel zurück auf „Atem". Auch der Atem, gerade das bewußte Atmen, kräftigt und belebt. Sauerstoff wird dem Blut zugeführt, tief durchatmen ist Ausdruck der Hoffnung und des Neubeginns: „Ich kann endlich wieder tief durchatmen."

Das Visionsbild ist geradezu eine Auslegung des Gespräches zwischen Nikodemus und Jesus. Nikodemus fragt: „Wie kann ein Mensch geboren werden, wenn er alt ist? Kann er denn wieder in seiner Mutter Leib gehen und geboren werden?" Und Jesus antwortet: „Es sei denn, daß jemand geboren werde aus Wasser und Geist, so kann er nicht in das Reich Gottes kommen." (Joh 3,4,5)

Gesamtbild zum Abschnitt: „Im Mutterschoß der Kirche werden Menschen gereinigt und wiedergeboren". Oben links bauen die Menschen die Kirche auf, oben rechts umarmt Frau Kirche den Altar Christi, unten links ist Christus als Lehrer dargestellt, das Bild unten rechts war im Vorhergehenden beschrieben.

Frau Weisheit spricht zu den Menschen und segnet sie

Das Visionsbild

Dieses Bild ist der linke Ausschnitt aus einem größeren Bild. Die vier Frauen auf dem Bildausschnitt betrachten wir von links nach rechts: Links steht eine Frau mit drei Köpfen, die die Inschriften tragen: „Schonungslos gegen sich selbst", „Heiligkeit" und „Wurzel des Guten".

Die Gestalt neben ihr ist mit einem Panzer bekleidet, sie hält ein entblößtes Schwert in der Hand und eine Lanze, mit der sie einen Drachen durchbohrt.

Die nächste Frau, die den Mittelpunkt unserer Betrachtungen bilden wird, steht auf einem eisernen, leicht nach oben gebogenen Sockel, der wiederum auf sieben weißen, gerundeten Marmorsäulen ruht. Die Frau hält ihre Hände segnend vor der Brust. Auf ihrem Kopf funkelt ein Lichtreif. Ihr Kleid ist eine goldene Tunika. Ein Band läuft von der Brust zu den Füßen und ist geschmückt mit grünen, weißen, roten und goldenen Edelsteinen. Ihre Füße sind nicht zu sehen.

Rechts von der Frau auf den Säulen steht eine Frau, die sehr breit und hochgewachsen ist und ein Spruchband in Händen hält.

Gedanken Hildegards zum Bild

In dieser Vision erfährt Hildegard, daß die Weisheit, die hier auf dem Sockel steht, veranlaßt hat, aus Hildegard solle die Schrift SCIVIAS hervorgehen und andere tiefe Geheimnisse sollen ihr geoffenbart werden.

Wir konzentrieren uns auf diese Gestalt der Weisheit. Sie wird umrahmt von der Heiligkeit, der Frau mit den drei

Köpfen, der gepanzerten Stärke und der sehr großen Gestalt der Gerechtigkeit.

Doch wer ist Frau Weisheit?

Im Buch der Sprüche finden wir in Kapitel 8 eine Selbstdarstellung der Weisheit. Sie sagt von sich: „Gott hat mich schon gehabt im Anfang seiner Wege, ehe er etwas schuf, von Anbeginn her. Als er die Grundfesten der Erde legte, da war ich seine Vertraute bei ihm. Ich war seine Freude Tag um Tag und spielte vor ihm allezeit." Die Weisheit schuf mit Gott die Ordnung in allem. Sie ist der Schmuck Gottes und der „abschließende Schritt im Tanz aller Gotteskräfte". Die Weisheit ist in innigster Umarmung mit Gott vereint „im Dreierrhythmus der brennenden Liebe", wie Hildegard sagt. Es ist der Rhythmus, der in allem Lebendigen aktiv wird: Erst beim dritten Mal gewinnt alles Tiefe und Kraft.

Die Weisheit leitet die Menschen und schützt alle, die ihr folgen. Sie betrachtet und beurteilt alles, was geschieht. Sie selbst hält sich zurück, weil sie nicht durch ihre Macht wirken will. Sie lenkt ihr Werk so, daß niemand ihr widerstehen kann. Frau Weisheit schaut im Bild vom Sockel in die Welt herunter zu den Menschen.

Von ihrem Gesicht geht ein Licht wie ein Blitz aus, das bedeutet: Die Gottheit ist für jede Kreatur zugleich schrecklich und lieblich.

Die Farben der Edelsteine, die das Band schmücken, sind Sinnbild für das Wirken der Weisheit durch die Epochen der Weltgeschichte: Grün steht für die Zeit des Alten Israel, Weiß für die Jungfrau Maria, Rot für die Märtyrer des Glaubens und Gold-Purpur für die Spiritualität, die in der Zeit Hildegards gelebt wird.

Die sieben Säulen, auf der Frau Weisheit steht, sind die sieben Gaben des Geistes. Frau Weisheit ruft den Menschen zu: „Ihr Säumigen, warum kommt ihr nicht? Kaum fangt ihr an, den Weg Gottes zu laufen, da schreckt euch das Brummen von Mücken und Fliegen zurück. Ergreifet doch den Fächer der Eingebung des Heiligen Geistes, und vertreibt sie so rasch wie möglich!“

Die Botschaft des Bildes heute

Wir sollen, so sagt uns dieses Bild, das Leben in Weisheit leben. Doch was erkennen wir als klug und weise?

Wir handeln zunächst so, wie wir erzogen worden sind. Wir fragen: Ist es erlaubt? Ist es verboten? Tut man das oder ist es nicht üblich? Was sagen die zehn Gebote dazu?

Eine ganz andere Fragestellung ist es, wenn wir überlegen: Ist es weise, was ich tue? Ist es weise im Blick auf die Folgen, die sich aus meinem Tun oder meinem Unterlassen ergeben können?

Ist es weise im Blick auf die Beziehungen in meiner Familie, im Freundeskreis, in der Gemeinde?

Ist es weise im Blick auf die Erhaltung der Natur?

Weisheit, so erkennen wir heute, ist für die Zukunft unserer Lebensgrundlagen sehr wichtig geworden.

Weise ist es, wenn wir die Verantwortung für unser Tun in der Schöpfung übernehmen. Das gilt im Blick auf die Folgen für die Zukunft, die unser Handeln hat. Die Zukunft, das ist das Leben der Enkel, deren Lebensgrundlage, Werteordnung und deren Glauben.

Weise ist es, wenn wir nicht dem Alles-oder-Nichts nachjagen. Statt dessen wollen wir die Balance suchen, das Sowohl-als-auch oder das Besser-als: „Besser ein Gericht Kraut mit Liebe als ein gemästeter Ochse mit Haß.“ (Sprüche 15,17) Weise ist es, den Gesetzen der Natur nachzugehen: So ist es wichtig, den Rhythmus der Jahreszeiten anzuerkennen. Hierfür ist der Baum ein gutes Vorbild, bei ihm wechseln Zeiten der Fruchtbarkeit mit Zeiten der Ruhe ab.

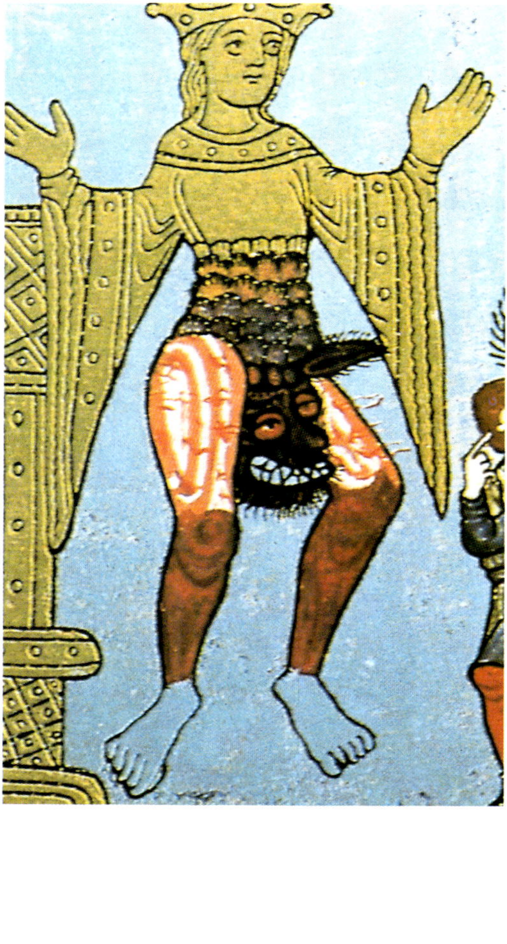

Das Böse verletzt Mutter Kirche

Das Visionsbild

Die Frau, die wir auf diesem Bild sehen, trägt eine Krone. Die Hände hat sie segnend erhoben. Ihr Kopf, ihr Oberkörper und ihre Arme sind einfarbig golden.

Das alles tritt aber beim Betrachten zurück, denn der Blick fällt sofort auf den Unterleib der Frau.

Der Bauch ist mit Schuppen überzogen. An der Stelle der weiblichen Genitalien schaut ein widerlicher schwarzer Tierkopf hervor. Seine Ohren sind wie die eines Esels, Nase und Maul wie die eines Löwen. Die Augen glühen wie Feuer, sein Maul ist aufgesperrt. Er knirscht mit seinen eisenähnlichen, schaurigen Zähnen. Die Oberschenkel der Frau sind wund und verletzt, ihre Unterschenkel bluten. Doch die Füße sind hellweiß wie der strahlende Glanz der Sonne.

Wir sehen das Bild nur im Ausschnitt. Im rechten Teil des Bildes, den wir hier nicht vor uns haben, sieht und hört Hildegard, wie der Tierkopf mit lautem Krachen herunterfällt und von einer Masse Kot nach oben getragen wird. Danach wird er mit einem Donnerschlag getötet. Eine Gruppe hilfloser Menschen schreit laut.

Gedanken Hildegards zum Bild

Überdeutlich sieht Hildegard in ihrer Schau das Böse dort eingedrungen, wo eigentlich Leben entstehen will: im Mutterschoß der Frau.

Die Frau ist die Kirche. Der Kopf ist der Antichrist; er steht für die zerstörerischen Kräfte, die die Kirche und ihre Einrichtungen vernichten wollen. Der Antichrist wird aus einer vergewaltigten Kirche geboren, nicht von den Juden oder Heiden, wie man in Hildegards Zeit oft glaubte. Die

Kirche hat allen Grund, über ihre Kinder zu weinen. Zuerst schmeichelt der Antichrist ihr und gaukelt Falsches vor, dann kämpft er offen gegen die Kirche. Die Flecken, die Verwundungen und das Blut zeugen von den Verletzungen durch das Böse. Die schlimmste Lügenkunst aber ist es, wenn der Böse selbst die Auferstehung nachahmt. Dann stirbt er scheinbar an seinen Verletzungen und erwacht wie aus dem Tod. Hierin sieht Hildegard das schwierigste Problem: daß das Böse die Gestalt des Guten annimmt und uns zutiefst täuscht. Wie sollen wir das durchschauen?

Aber die weißen Füße zeigen, daß die Kirche aus der Kraft lebt, die der reine Glaube ihr schenkt.

Alle werden zu ihr zurückkehren und es wird eine Herrlichkeit geben, die alles Irdische überstrahlt.

Der Donnerschlag ist die Offenbarung der göttlichen Macht. Christus hat dem Bösen ein Ende bereitet, als er zum Versucher sagte: „Weiche, schändlicher Satan!“

Die Botschaft des Bildes heute

Das Böse begegnet uns in der Gestalt von Menschen.

Es sind Menschen, die Macht und Krieg wollen, mit all dem Leid, das über Generationen hereinbricht, und der Zerstörung der Lebensgrundlagen.

Es sind Menschen, die Gesetze übertreten und Firmen in den Ruin treiben, so daß Arbeitslosigkeit über eine ganze Region hereinbricht.

Es sind Menschen, die die Katastrophe von Tschernobyl zu verantworten haben. Viele Menschen starben oder wurden - besonders die Kinder - krank durch die Strahlungen.

Das Böse begegnet uns in der Gestalt von Menschen, die die neuen Möglichkeiten in Wissenschaft und Technik, in Genetik und Internet, sofort zu eigenem Nutzen und in Machtgier mißbrauchen.

Das Böse begegnet uns in der Gestalt von mächtigen Menschen in politischen Systemen. In der ehemaligen DDR haben die Machthaber eine Strategie entwickelt, um die Kirche zu vernichten. Menschen haben über Andersdenkende und Andersglaubende viel Leid und Verzweiflung gebracht.

Das Böse begegnet uns auch in der Gestalt von Menschen, die unauffällig unter uns leben: Ein Lieferant belügt uns, eine Nachbarin streut falsche Gerüchte aus, eine Verwandte versucht, unsere Ehe zu vergiften.

Wenn wir gegen Menschen ankämpfen müssen, die rücksichtslos andere in jeder Art ausbeuten, dann ist es für uns notwendig, auf festen Füßen zu stehen. Nur so sind wir standhaft und beständig. Das meinen wir auch mit dem Ausdruck: Das kann mich nicht umwerfen!

Diese Standfestigkeit haben wir besonders dann dringend nötig, wenn eine Person uns dadurch täuscht, daß sie das Gegenteil von dem sagt, was sie eigentlich meint. Damit will sie ihr Ziel auf unsere Kosten erreichen. Solche Personen sind wie Wölfe im Schafspelz. Sie ziehen uns den Boden unter den Füßen weg. Aber wir stehen mit festen Füßen auf gutem Grund. Denn unser Glaube, daß Christus dem Bösen den Sieg genommen hat, fährt uns gewissermaßen kräftigend in die Füße.

Frau Synagoge trägt Israel in ihrem Schoß

Das Visionsbild

Das Bild wird völlig beherrscht von der Gestalt der Frau. Sie ist gleichsam größer als das Bild, denn ihre Füße treten aus dem Rahmen heraus. Auf dem Kopf trägt sie einen Stirnreif, der wie Morgenrot leuchtet. Die Frau hat ihre Augen geschlossen. Ihre Arme sind verschränkt und die Hände hält sie unter den Achseln. Der Oberkörper ist rötlich blaß, unten ist das Kleid sehr dunkel. Vor ihrer Brust trägt die Frau Moses, der die Gesetzestafeln hochhält. In ihrem Mutterschoß stehen Abraham und die Propheten. Sie schauen mit Bewunderung zu der Frau hinauf.

Die Füße sind rot, sie stehen in einer weißen Wolke.

Gedanken Hildegards zum Bild

Die Synagoge ist das jüdische Gebets- und Lehrhaus. Doch Hildegard sieht die Synagoge hier als eine mütterliche Frau. Sie ist die Mutter der Menschwerdung. Denn sie ging mit Christus schwanger und so wurde aus der Synagoge heraus der Sohn Gottes geboren.

Die Synagoge hat die Augen geschlossen. Sie sieht nicht das Licht, das Gott in Christus sandte. Aber von dem Stirnreif aus strahlt wie Morgenrot das Licht, das uns allen die Gestalt des Christus erhellt. Abraham bildet den Anfang der Beschneidung als Kennzeichnung des jüdischen Glaubens, und Moses legte das göttliche Gebot in die Herzen der Menschen. Auch die Propheten haben auf Christus hingewiesen. Sie alle sind versammelt im Schoß und in der Brust der Mutter Synagoge. Ihr ist die göttliche Ordnung, wie sie im Gesetz und in der Geschichte erscheint, so anvertraut, daß sie in ihr ruht.

Das Rot ihrer Füße weist auf Jesu Tod hin und die blendend weiße Wolke auf die Lehre der Apostel, die sich über den ganzen Erdkreis erstreckt.

Die Synagoge ist wie ein gewaltiger Stadtturm dargestellt, denn sie zeichnet schon die festen Umrisse der Kirche ab, die wir im folgenden Bild sehen werden.

Die Botschaft des Bildes heute

Die entsetzlichen Verfolgungen und Vernichtungen, die gegen die Menschen jüdischen Glaubens im Kulturraum der christlichen Kirche geschahen, haben ein Ausmaß, das wir nicht fassen können. Immer wieder sind wir zutiefst erschrocken über die Greueltaten, zu denen Christen fähig waren. Welche Geisteshaltung machte das möglich?

Es geht um die Grundeinstellung der Kirche gegenüber den jüdischen Menschen, gegenüber dem Judentum, repräsentiert im Bild der Synagoge.

Juden wurden als Gottes- und Christusmörder, als Verräter und Verirrte bezeichnet. Theologen haben bis in die jüngste Vergangenheit den Glauben in dieser bösen Richtung geprägt.

Hildegard sieht in der Synagoge nicht die Gegnerin, sondern die Mutter der Kirche. Mit überwiegend positiven Bildern sieht und malt sie sie: nicht mit einer Augenbinde, wie sie in mittelalterlichen Darstellungen häufig zu sehen ist, sondern mit geschlossenen Augen. Das bedeutet, daß sie eine innere Schau des zukünftigen Heils hat. Der Stirnreif ist nicht heruntergefallen, er leuchtet noch. Der Stab ist auch nicht zerbrochen, wie sonst auf den Darstellungen.

Statt dessen trägt diese Synagoge in sich die Wurzeln, aus der auch der christliche Glaube erwachsen ist. Der christliche Glaube ist ein aufgesetzter Zweig am Baum des Glaubens der Erzeltern Sara und Abraham. Beide Religionen ziehen die Kraft aus derselben Wurzel, durch sie fließt derselbe Saft, der sie zum Blühen bringt. Paulus hat es im Brief an die römische Gemeinde ähnlich ausgedrückt: „Wenn aber du, der du ein wilder Ölzweig warst, in den Ölbaum eingepfropft worden bist und teilbekommen hast an der Wurzel und dem Saft des Ölbaums, so rühme dich nicht gegenüber den Zweigen. Rühmst du dich aber, so sollst du wissen, daß nicht du die Wurzel trägst, sondern die Wurzel trägt dich.“ (Röm 11,17,18)

Dieses Visionsbild von der Synagoge warnt uns vor Überheblichkeit und falschem Urteil über die jüdische Religion.

Mutter Kirche trägt die Gläubigen in ihrer Brust

Das Visionsbild

Eine kräftige Frau, groß wie ein Stadtturm, steht vor uns. Der Blick konzentriert sich sofort auf die Brust der Frau. Hier birgt sie eine Gruppe von Menschen. Von der Brust aus gehen Flammen nach beiden Seiten hoch.

Das Bild ist nicht ganz fertig gemalt. Hände und Ärmel sind nur angedeutet. Die Frau hält die Hände hoch wie zum Segnen.

Ihr Oberkörper ist umgeben von einem schneeweißen Glanz. Vom Hals bis zur Brust schimmert sie wie Morgenrot, Purpur und Hyazinthblau. Vom Mutterschoß an abwärts wird sie von einer blendend weißen Wolke umhüllt.

Das Folgende ist auf dem Bild nicht zu erkennen, es ist der Beschreibung entnommen, die Hildegard hierfür selbst gibt: Die Frauen, die in der Mitte der Brust versammelt sind, tragen Stirnreifen, auf denen das Bild der Dreifaltigkeit zu sehen ist. Über ihren Augen ist das Gotteslamm eingezeichnet, am rechten Ohr tragen sie einen Cherubim, am linken einen Engel.

Das Bild steht nicht still. Denn in der Mitte der Flamme erscheint nun ein Mädchen von besonderer Anmut. Ein Glanz breitet sich aus und Stufen und Treppen werden sichtbar.

Gedanken Hildegards zum Bild

Im Gegenüber zur Synagoge ist diese Frau jetzt Ekklesia, die Kirche. Hildegard vergleicht sie mit dem Mond: Die Kirche ist wie die Luna - im Lateinischen ist Mond ein weibliches Wort -, die beständig wächst und abnimmt, aber nicht aus sich selber brennt, sondern ihr Licht an dem Sonnenlicht entzündet. So ist auch die Kirche in stets wechselnder Bewegung und lebt vom Licht des Gottessohnes.

Alle Männer, Frauen und Kinder zusammen werden „Töchter Sion“ genannt. Hildegard hört, wie eine Stimme über das Mädchen in der Mitte sagt, die sie als Maria deutet: „Mutter wird sie sein und doch eine Rosenblüte und Lilje der Täler, du wirst dem erlauchtesten Kinde Mutter sein!“

Die leitenden Kirchenmänner vergleicht sie mit Salbenmischern, denn sie mischen eine Salbe, aus der der Wohlgeruch Christi zu den Menschen dringt. Dadurch können Menschen Christen werden.

Die Laien sind im Schoß der Mutter Kirche verborgen. Aus ihnen kommt hervor, was in der Kirche neues Leben bringt.

Hildegard wird von der Wucht dieses Bildes stark getroffen. Sie schreibt: „Bei diesem Anblick befiel mich ein solches Zittern, daß mir die Kräfte schwanden. Ich sank zu Boden und war nicht imstande zu reden. Da nahte ein hell leuchtender Glanz, berührte mich wie mit einer Hand, und so kam ich zu Kräften und fand die Sprache wieder.“

Die Botschaft des Bildes heute

Wir blicken auf die weltweite Christenheit - von Basisgemeinden im brasilianischen Urwald bis zu den Christinnen und Christen in Japan.

Jeden ersten Freitag im März wird uns im Weltgebetstag die Situation und der Glaube der Christinnen eines anderen Landes nahegebracht. Wir spüren, daß wir mit unserem kleinen Leben in eine weltumspannende Kirche eingebunden sind. Dabei fällt uns auf, daß der Glaube in den Ländern der Welt unterschiedliche Ausdrucksweisen, Bilder und Sprachen aufweist. Gottesdienste werden mit Trommeln und Tänzen, in erhabener Liturgie oder mit einer einfachen Predigt gefeiert.

Da sind Ordensleute, Frauen und Männer an der Basis und in der Kirchenleitung. Unterschiede überall und dennoch eine große Einheit.

Mit welchem Bild wollen wir unsere Einstellung zur Kirche ausdrücken? Ist die Kirche wie ein Leib mit seinen Gliedern, ist sie wie ein Schiff, das uns trägt, ist sie wie ein Netz, das uns alle verbindet?

Ist die Kirche wie eine Pyramide, bei der oben die Männer und unten die Frauen im Volk angeordnet sind? Oder ist sie wie ein Kreis, in dessen Mitte Christus ist?

Hildegard lädt uns ein, die Kirche im Bild einer Frau zu sehen. Wie eine Mutter schenkt sie uns Geborgenheit in ihrem Schoß, sie läßt uns an ihrer Brust trinken von der Milch der Weisheit. Diese Mutter hat viele Kinder, die in sehr unterschiedlichen Verhältnissen leben, auch in unterschiedlichen Lebensformen. Mag es zu Hildegards Zeiten nur zwei Möglichkeiten für eine Frau gegeben haben: verheiratet oder Nonne, so können Frauen und Männer heute in vielfältigen Beziehungen leben.

Uns ist es wichtig, ein lebendiges Bild von der Kirche zu haben. Die alltägliche Praxis, die starre Hierarchie, die Macht der ewig Gestrigen, das alles könnte uns von der Kirche entfernen.

Wir bedürfen für unser Leben und für unseren Glauben einer Quelle, aus der wir einen Sinn schöpfen. Wir bedürfen dieser geistlichen Nahrung. Die Kirche ist ihrem Wesen nach eine solche Quelle

Das Bild der Kirche als mütterliche Frau vermittelt uns die Lebendigkeit des Glaubens. Aus ihrem Schoß wird immer wieder neues Lebens geboren. Sie ist zugleich menschlich und dennoch Ehrfurcht gebietend. Sie schenkt Geborgenheit und Stärke, denn sie läßt uns teilhaben an ihrer Kraft.

Sieben Frauen sind Sinnbild für die sieben Gotteskräfte

Das Visionsbild

Eine Himmelsleiter steht im Mittelpunkt des Bildes. Frauen gehen auf und ab, tragen Bausteine hinauf und hinunter. Oben werden sie von einer Gestalt empfangen, die mit einem bischöflichen Umhang bekleidet ist. Rechts von der Himmelsleiter sind vier Frauen abgebildet und links drei. Sie sind bekleidet mit Symbolen derjenigen Tugend, die sie versinnbildlichen. In der Mitte sehen wir weitere Frauen auf- und absteigen.

Die Frau rechts oben ist mit grünen und roten Edelsteinen und mit weißen Perlen geschmückt. Sie trägt auf ihrer Brust das Bild Christi.

Darunter ist eine Frau in hyazinthfarbigem tiefem Blau. Zwei Streifen, in die Gold und Edelsteine verwoben sind, fallen ihr von der Schulter auf die Füße.

Die dritte Gestalt rechts hat nichts Menschenähnliches. Sie ist über und über mit Augen bedeckt.

Die Frau unten rechts ist mit weißen Bändern um den Hals, um Hände und Füße gefesselt.

Auf der linken Seite oben hat die Frau eine rote Kette um den Hals.

Darunter ist eine Frau, vor der das Kreuz Christi schwebt.

Schließlich sehen wir links unten die Frau, auf deren Schoß ein Kind sitzt. Über ihr fliegt eine Taube. In der rechten Hand hält sie ein Zepter. Sie erstrahlt wie eine Wasserfläche, wenn die Sonne ihr volles Licht darauf ergießt.

Gedanken Hildegards zum Bild

Die Frauen sind Sinnbilder für die Gotteskräfte, die im Menschen wirken und mit denen der Mensch Gott seine Taten entgegenbringt.

Hildegard beschreibt die sieben Frauen und läßt sie dabei selbst zu Wort kommen.

Die Demut sagt: Ich bin die Königin der Tugenden. Denn wer beim Erklettern eines Baumes zuerst nach dem höchsten Zweige greift, der wird in plötzlichem Sturze fallen. Wer aber bei der Wurzel anfängt, der kommt nicht so leicht zu Fall, wenn er Schritt für Schritt vorsichtig weitergeht. Ich trage Christus auf meiner Brust zum Zeichen, daß er mein gütiges Haupt ist.

Die Liebe trägt eine Stola mit zwei Streifen, das ist die Gottes- und die Menschenliebe. Sie sagt: Wie lichtester Glanz leuchtete ich im Sohn Gottes auf, der Gott und Mensch ist. Und da ich zart und fein bin, erspähe ich die kleinsten Spalten derer, die mich liebend üben, und dringe bis in ihr Innerstes hinein.

Die Gottesfurcht sagt: Ich bin über und über mit Augen bedeckt, denn ich lebe ganz in der Weisheit. Ich schaue ringsumher, um Gott in seinen Wundertaten zu erkennen. Ich fliehe den Tod, lasse die Ungerechtigkeit hinter mir und baue weise mein Haus im Leben.

Die Gehorsamshaltung sagt: Mit der Fessel, die meine Hände und Füße umschlingen, binde ich mich an das Werk Christi. Ich trage wunderbar leuchtende Kristallschuhe, um auf dem Pfad Christi zu schreiten.

Die Glaubenshaltung sagt: Ich trage eine rote Kette, denn treu glaube ich an Gott und vertraue auf ihn.

Die Hoffnung sagt: Wir, die wir auf Gott vertrauen, werden nicht zugrunde gehen. So schaue ich auf das Kreuz des

Gottessohnes. Ich trage eine mattfarbene Tunika, denn die Zuversicht ist wie ein Schatten auf das zukünftige Leben.

Die Keuschheit sagt: Ich bin frei, kein Band fesselt mich. Ich setze meine Hoffnung ganz auf Gott. Die Flügel verleihen mir die Kraft, über die Nachstellungen des Bösen hinwegzufliegen. Ich bin rein und unversehrt wie das Kind auf meinem Schoße.

Oben am Ende der Leiter spricht nun die Gnade: Ich bin die Gnade Gottes. Das Licht der Seele gebe ich denen, die mein Wort fassen. Ich bewahre sie in dieser Segnung, damit sie nicht zum Bösen zurückkehren.

Die Botschaft des Bildes heute

Wir kennen zwei grundsätzlich verschiedene Wesensmerkmale des Glaubens: Zum einen ist Glauben ein Für-wahr-halten von Glaubensinhalten, wie wir sie im Glaubensbekenntnis sprechen. Zum anderen ist Glauben eine Beziehung, ein Vertrauen und Kraftschöpfen. Diese zweite Bedeutung liegt der Vision von den Gotteskräften zugrunde.

Wenn wir sagen, Gott ist die Quelle der Kraft zum Leben, dann suchen wir von uns aus den Zugang zu dieser Quelle, wir gehen hin und trinken daraus. Hildegard benutzt ein ähnliches Bild. Sie läßt die Gnade sagen: „Sobald die Menschen meine Berührung empfinden, eilen sie zu mir wie der Hirsch zur Wasserquelle."

In der Vision wird das Bild vom Auf- und Absteigen auf der Himmelsleiter verwendet.

Welches Engagement bringen wir ein auf dem Weg zur Quelle der Lebenskraft Gottes?

Die sieben Frauen symbolisieren Tugenden, die immer noch oder immer wieder aktuell sind.

Die Demut ist nicht die Unterordnung wie sie von Frauen verlangt wurde. Sie ist der Mut zur Wirklichkeit und Nüchternheit. Mit der Demut stellen wir uns darauf ein, daß wir ein Teil des großen Ganzen sind. Die Ehrfurcht mit ihren vielen Augen ist ein Sinnbild dafür, daß wir mit offenen Augen die Schöpfung in der Natur wahrnehmen und sie ehren. Die Keuschheit schenkt uns deshalb Freiheit, weil wir uns nicht einer Sucht unterwerfen. Mit dem Gehorsam bleiben wir in Beziehung zur Quelle der Kraft und zum Grund unseres Seins. Durch Glauben wachsen wir. Die Liebe bindet uns ein in die Beziehung zu Gott und den Menschen.

Dieses Visionsbild mit seinem Auf und Ab, seinem Kommen und Gehen, stellt uns deutlich vor Augen, daß Glauben keine starre Ordnung ist, sondern ein ständiger Prozeß.

Gesamtansicht des nächsten Visionsbildes: Hildegard sieht die neue Stadt Jerusalem, in der der Geist der drei Frauen Liebe, Demut, Friede wirkt.

Liebe-Demut-Friede
Drei Frauen am Brunnen

Das Visionsbild

Die beiden letzten Bilder sind dem Alterswerk Hildegards, dem Buch vom Wirken Gottes, entnommen. Sie sind deutlich in einem differenzierteren Stil gemalt, die Frauen sind zarter.

Wir sehen einen Brunnen, der in Stein gefaßt ist. An beiden Seiten ist eine Öffnung, aus der das Wasser herausfließt. Im Wasser und auf dem Rand des Brunnens stehen drei Frauen.

Die Frau links ist umgeben von purpurnem Schimmer, die andere von einem blendend weißen Glanz, der so stark ist, daß der Blick ihm nicht standhalten kann. Die dritte Frau rechts steht am Rand des Brunnens, sie trägt auch ein weißes Gewand, ihr Gesicht strahlt von großer Herrlichkeit. Die Frauen haben jeweils die rechten Hände segnend erhoben und weisen mit der linken zum Wasser hin.

Über ihnen blickt eine Gruppe von Heiligen auf sie herab.

Das Motiv der drei Frauen erinnert uns an die vorchristlichen Drei-Frauen-Sagen, an die drei Bethen oder die drei Jungfrauen in Südtirol und an die keltischen Matronen.

Diese Frauendreiheiten sind ebenso wie Hildegards drei Frauen verbunden mit Wasser, Stein und Baum.

Gedanken Hildegards zum Bild

Die drei Frauen sind Sinnbilder für Liebe, Demut und Friede. Sie stehen an der Quelle des Wassers zum Leben und sind im Wasser verwurzelt wie Bäume.

Hildegard sieht das Antlitz der Frauen in solch großer Herrlichkeit strahlen, daß sie davor zurückweichen muß.

Links die Frau ist die Liebe. Sie wird gleich für die ganze Gruppe sprechen. In der Mitte steht die Demut und rechts auf dem Rand schwankend der Friede.

Die Quelle schenkt uns das Wasser des Lebens. Sie ist Gottes Geist. Sie hält in der Seele der Menschen alles in Bewegung: die Erkenntnis, das Denken, Sprechen und Handeln. Die Urbilder aller Dinge und Wesen waren schon in diesem Geist-Wasser da, bevor sie geboren wurden.

Die Ordnung aber, mit der alle Dinge geschehen, ist das Gesetz der Weisheit. Wieder verweist Hildegard auf die Stelle im Buch der Sprüche, wo es heißt „Der Herr hat mich schon gehabt von Anfang seiner Wege, ehe er etwas schuf, von Anbeginn her. Ich bin eingesetzt von Ewigkeit her, im Anfang, ehe die Erde war.“ (Spr. 8,22)

Deshalb stellt sich nun die linke Gestalt vor als Liebe und Weisheit zugleich. Die Liebe gewinnt hier die Bedeutung einer Philosophin, denn sie spricht über Fragen der Erkenntnis.

„Ich bin die Liebe, ich bin die Herrlichkeit des lebendigen Gottes. Die Weisheit hat mit mir ihr Werk gewirkt. In mir spiegelt sich alles Sein. Ich habe die Menschen entworfen, deshalb haben sie in mir ihre Wurzeln.

Die Demut ist meine Gehilfin, auch sie ist in der lebendigen Quelle, dem Geist Gottes, verwurzelt. Die Demut raubt nichts, sie hält alles zusammen.

Die Friedfertigkeit ist der Demut innerlich verbunden. Sie steht schwankend am Rande, denn sie kann nur schwer gehalten werden.

Weil Gott in Liebe, Demut und Frieden alles erschaffen hat, soll der Mensch die Liebe gern haben, die Demut erstreben und den Frieden halten. So kann der Mensch der Schöpfung Gottes entsprechen.“

Hildegard wird in dieser Vision vorgestellt als eine Frau, durch die die Weisheit ihre tiefen Geheimnisse offenbart. Damit steht sie geradewegs in der Reihe der Propheten und Apostel.

Dies bedeutet im Bild gesprochen: Durch sie alle sollen die Flüsse des lebendigen Wassers über die ganze Welt hin ausgegossen werden. Durch sie können dadurch die Menschen wie Fische zum Heil zurückgeführt werden.

Die Botschaft des Bildes heute

Im naturkundlichen Unterricht in der Schule wurde uns die Welt als eine erklärbare und funktionierende Sache vorgestellt. In den Fächern Biologie, Chemie, Erdkunde oder Physik lernten wir, wie die Elemente in einem komplizierten Wechselspiel miteinander verbunden sind. Wir haben untersucht, woraus das Wasser besteht, wodurch es verschmutzt wird und welchen Kreislauf in der Natur es durchmacht, vom Bach zum Meer und wieder als Regen zurück zur Erde.

Doch es gab auch den anderen Blick, wie wir ihn im Deutsch- und Religionsunterricht, in der Kunst und Musik gezeigt bekamen: Es ist der Blick, der das Ganze sieht, die geistigen Zusammenhänge im Auge behält. So erkennt auch unsere Seele die Wirklichkeit in Sinnbildern.

Wir fragen dann nicht: „Wie funktioniert etwas, welches sind die Tatsachen?“, sondern: „Welcher Geist waltet in der Welt, wie erkennen wir die Grundordnung und wie gehören wir selbst hinein in diese Zusammenhänge?“

Dieser andere Blick nimmt die Welt in Bildern und Symbolen wahr.

Da ist das Wasser ein Sinnbild für das Lebendige, für die Leben erhaltenden Kräfte. Der Baum ist Sinnbild für die

Wandlungen im Leben der Menschen, der Stein wird zum Sinnbild für die Festigkeit der Seele.

Die Welt des Geistigen kann auch in Menschengestalten Ausdruck finden. So hat es die kirchliche Lehre von der Dreifaltigkeit versucht: Vater, Sohn und Heiliger Geist sind Sinnbilder für Schöpfung, Erlösung und Heiligung.

Eine andere Dreiheit hat Hildegard in dieser Vision gesehen: die Dreiheit von Liebe, Demut und Frieden in der Gestalt der drei Frauen, die wiederum verbunden sind mit Wasser, Stein und Baum.

Zunächst einmal sind sie einfach anmutig und schön, diese drei Grazien. Eine Freude für das Auge der Betrachtenden.

Dann lenken sie die Aufmerksamkeit darauf, wie wir die Wirklichkeit betrachten können. Nicht nur nach Ursache und Wirkung sollen wir fragen, wie es die Naturwissenschaft tut. Die Frauendreiheit lenkt den Blick auf die Beziehungen in allem Lebendigen. Sie lehrt uns, nach der Weisheit zu suchen, die in der Schöpfung waltet. Was ist weise? Alles, was den Frieden fördert. Was ist weise? Die Einsicht in die eigene Endlichkeit. Dies ist der eigentliche Sinn der Demut. Demut meint demnach nicht, sich zu unterwerfen - wie es Frauen angelernt wurde.

Was ist weise? Immer wieder zur Quelle der geistigen Erkenntnis zu gehen, um den Zugang zu den tragenden Kräften des Lebens zu erhalten.

Die drei Frauen am Brunnen öffnen uns den Blick für das Wesentliche, wonach wir unser Leben ausrichten können: Weisheit in Liebe, Demut und Friede. Die Heiligen in der Wolke bestätigen gleichsam diese Erkenntnis.

Zum Heiligen Geist
Ein Lied Hildegards von Bingen

Feuer du und Tröster-Geist,
Leben des Lebens aller Geschöpfe!
Heilig bist du, du belebst die Gebilde.

Durch dich wogen die Wolken
und fliegen die Lüfte ,
träufeln die Steine,
bringen die Quellen die Bäche hervor,
läßt sprossen die Erde das Grün.

Du bringst auch immer
Menschen voll Einsicht hervor,
beglückt durch den Odem der Weisheit.

Und darum sei Lob dir,
du Klang allen Lobes
und Freude des Lebens,
du Hoffnung und machtvolle Ehre,
da du die Gaben des Lichtes verleihst.

Frau Weisheit-Liebe ist die Ruhe im Weltgeschehen

Das Visionsbild

Wir sehen eine große runde Scheibe. Sie stellt ein Rad dar, einen Kreis, der in mehrere Abschnitte unterteilt ist. Eine dunkle Linie teilt das Rad waagerecht in der Mitte in einen oberen und einen unteren Bereich. Im oberen Teil sind die Farben Grün, Rot, Weiß, im unteren Teil kommt noch ein wässriger und schwarzer Streifen hinzu.

Auf der Mittellinie sitzt erhaben und würdevoll eine Frau. Ihr Gesicht leuchtet wie die Sonne, ihre Kleider glänzen in Purpur, ein Band um den Hals, die Ärmel und der Saum sind mit Edelsteinen geschmückt, die Schuhe blitzen. Ihr rechtes Ohr ist sehr groß. Sie hält die eine Hand segnend hoch und trägt in der anderen eine Tafel.

Beim Betrachten machen wir uns bewußt, daß wir unvergleichlich weniger wahrnehmen, als Hildegard während dieser Vision erfährt. Denn plötzlich sieht sie ein blendend weißes Licht. Dann gerät der Kreis in eine ungeheuer große Bewegung. Dazu spricht eine Stimme, die ihr alles erklärt, was sie sieht.

Gedanken Hildegards zum Bild

Der Kreis weist auf Gott hin, denn die Gottheit ist ohne Anfang und Ende. Gott trägt die Welt in sich. Gleichzeitig ist Gott auch ein lebendiges Feuer, durch das die Menschen atmen und leben.

Oben ist der göttliche und unten der weltliche Bereich. Der rote Abschnitt im oberen Bereich deutet hin auf die Weltordnung in ihrer Beständigkeit. Das Grün ist die Lebenskraft, die in allem wirkt. Sie ist die Gabe des Heiligen

Geistes und ermöglicht, daß alle Kreatur schöpferisch ist und Neues hervorbringt.

Im unteren Teil sind die Epochen der Weltgeschichte von der Sintflut bis zu Christus in den verschiedenen Farben aufgezeichnet.

Über die Frau, die wie ein ruhender Pol im Zentrum des Weltgeschehens sitzt, schreibt Hildegard: „Und siehe: Mitten in diesem Rade erblickte ich abermals die Gestalt, die mir als Liebe genannt wurde. Denn die Liebe ist der Macht Gottes ruhend verbunden."

Der Schmuck der Frau deutet auf die Tugendkräfte, die im Menschen wirken. Sie zeigen die Liebe wie mit Schmuckstücken geziert, da alles Gute aus Liebe geschieht.

Das Gesicht der Frau leuchtet wie die Sonne und mahnt uns, daß jede Absicht des Herzens sich auf die wahre Sonne richten soll.

Die Kleider glänzen wie Purpur. Der Mensch macht sich aus dem Herzen der Barmherzigkeit ein Kleid, mit dem er jedem Bittsteller so weit entgegenkommt, wie er vermag.

Das goldene Band, das die Frau um den Hals trägt, ist Zeichen der Demut, mit der Christus sich dem Vater unterworfen hat.

Die Schuhe strahlen in Blitzesleuchten auf, damit alle Wege der Menschen im Lichte der Wahrheit liegen und der Mensch den Spuren Christi folge.

Auf der Tafel steht der Satz: „Ich werde mich in schöner Form zeigen, denn die Gottheit, die ohne Anfang und Ende ist, strahlt in großer Herrlichkeit."

Nun geschieht das, was wir nur annähernd mit unserem inneren Auge nachvollziehen können: Der Kreis beginnt sich zu bewegen wie ein großes Rad. In einer gewaltigen Drehung entsteht die Welt, entstehen alle Geschöpfe. Auch die Engel werden erschaffen. Der Mensch erhält sein gebrechliches Wesen. Es besteht aus dem Feuer der Seele und der Fackel der Vernunft.

Wie ein heftiges Gewitter bricht auch das Böse herein. Dann erscheinen in der Drehung des Rades die Epochen der Weltgeschichte, von der Sintflut über die Propheten bis hin zum römischen Reich und dem Antichristen, das sind die Kräfte, die das Heilswerk Gottes zerstören wollen.

Und mitten in das kreisende Treiben hinein spricht Christus: „Ich kenne diese Zeit des Niedergangs. Aber die goldene Zahl ist noch nicht voll, doch in meinem Leibe halte ich die Schöpfung aus."

In diesen gewaltigen Stürmen ruht die Gestalt in der Mitte, die Weisheit und Liebe ist, treu und verläßlich.

Die Botschaft des Bildes heute

Wenn wir auf die Jahrmillionen blicken, in denen es schon Leben auf der Erde gibt, wenn wir den Sternenhimmel betrachten, der uns Einblick in Millionen andere Sonnensysteme gibt und wenn wir auf unser eigenes Leben schauen, dann erkennen wir, wie winzig klein wir sind in der Geschichte und im Weltall.

Und dennoch leben wir mit den Höhen und Tiefen, den Ängsten und Hoffnungen und wollen uns selbst und die Menschen um uns wichtig und ernst nehmen.

Wir möchten erfahren, was denn das Verläßliche und Gleichbleibende ist in den unermeßlich großen Zeiten und Räumen, in den Katastrophen und Kriegen. Ist Gott darin vorstellbar in seiner Unbegreiflichkeit und können wir glauben, daß er uns selbst, uns kleine Menschen, mit seiner Liebe umfängt?

Bleibt Gott diese Liebe auch in den dunklen Zeiten? Wird er in Weisheit die Welt gestalten?

Wenn wir die Zeitung lesen, die Nachrichten im Fernsehen sehen mit ihrer Blutspur der Geschichte, dann können wir nicht glauben, daß die Liebe die Welt trägt. Nur Mord und Totschlag, Krieg, Betrug und List, Katastrophen und menschliches Versagen umgeben uns.

Mit einem einzigen Bild, dem Rad und der göttlichen Frau in der Mitte, schenkt Hildegard uns eine Zuversicht, die nichts beschönigt und nichts verdrängt, die uns aber ermöglicht, das Weltgeschehen und uns selbst darin in einem großen Zusammenhang zu begreifen.

Dieses letzte der Visionsbilder Hildegards hat eine integrierende Kraft in unserer Welt, in der alles auseinanderzufliegen droht.

Unser Glaube ist also ein DENNOCH! Dennoch vertrauen wir auf das Evangelium. Es verkündet uns, daß uns nichts von der Liebe der göttlichen Frau und von ihrer Weisheit zu trennen vermag.

Zeittafel

Biographie

1098	Hildegard wird geboren
1106	Hildegard tritt in die Klause auf dem Disibodenberg ein
1114	Hildegard wird Benediktinerin
1136	Hildegard wird Äbtissin
1141	Hildegard beginnt, ihre Visionen zu schreiben: Das Buch Scivias (Wisse die Wege)
1147	Bernhard von Clairvaux läßt durch Eugen III. in Trier die Visionen als Privatoffenbarung anerkennen
1150	Gründung des Klosters auf dem Rupertsberg
1151-58	Die naturkundlichen Bücher entstehen (Physica, Causae et Curae)
1158	1.Predigtreise bis Bamberg
1158-63	Hildegard schreibt ihre 2. theologische Schrift: liber vitae meritorum (eine Morallehre)
1160	2. Reise nach Lothringen
1161	3. Reise nach Köln
1163-73	Hildegard schreibt ihre 3. theologische Schrift: liber divinorum operum (Welt und Mensch)
1170	4. Reise nach Zwiefalten
1179	Hildegard stirbt am 17. September

Kirchengeschichte

1079	Abälard geboren
1090	Bernhard von Clairvaux geboren
1097	Hugo von St. Viktor geboren
1109	Anselm von Canterbury: cur deus homo Nominalismus-Realismus-Streit
1099	Kreuzritter erobern Jerusalem
1109	Anselm von Canterbury stirbt
1120	der Johanniterorden entsteht
1129	Elisabeth von Schönau, eine Mystikerin, geboren
1139	Ende des Papstschismas
ca. 1140	die Katharer in Südfrankreich
1142	Abälard wird durch Bernhard von Clairvaux wegen seiner Lehre verurteilt
1147-49	2. Kreuzzug, gescheitert
1150	Arnold von Brescia wird verbrannt wegen Forderung nach Armut der Kirche Petrus Lombardus schreibt seine Sentenzen, ein theologisches Lehrbuch Der Dom zu Worms wird gebaut
1153	Bernhard von Clairvaux stirbt
1160	Petrus Lombardus stirbt
1167	Herrad von Landsberg wird Äbtissin des Klosters Odilienberg. Sie schreibt, malt und komponiert eine Fibel für ihre Nonnen: Der Paradiesgarten (hortus deliciarum)
1176	Bekehrung des Valdes (Waldenser)
1180	Sturz Heinrichs des Löwen
1195	Die Äbtissin Herrad von Landsberg stirbt

Erchienen im KlensVerlag:

Anneliese Knippenkötter (Hrsg.)
BRÜCKENGESPRÄCHE
96 Seiten, Paperback, 17,80 DM 1997
ISBN 3-87309-146-1
„Alles wirkliche Leben ist Begegnung.“
(Martin Buber) Brückengespräche ermöglichen Leben. Die ausgewählten Gedichte in diesem Buch sprechen davon. Die anschließenden Gedanken bieten Anregungen für Gesprächskreise und Gottesdienste mit Frauen.

SONNENSTRAHLENGLEICH
Lyrische Texte von Frauen für Frauen
Texte von: Christa Anderski/Cornelia Heuer/Katharina Kappes/Mechthild Schenk/ Hedwig Schilling/Margrit Zech
128 Seiten, Paperback, 19,80 DM
1997 ISBN 3-87309-145-3
Sechs Frauen reflektieren in lyrischen Texten ihre Glaubens- und Lebenserfahrung.
Sie sprechen über Identität, Beziehungen, Glaube und Kirche.

Bestelladresse:

KlensVerlag GmbH
Prinz-Georg-Str.44
40477 Düsseldorf

Erschienen im Hanna Strack Verlag:

Segen - Herberge in unwirtlicher Zeit
Segenstexte, Schreibwerkstatt von Hanna Strack,
Scherenschnitte von Adelheid Strack-Richter
3.Auflage 14,80 DM/SF 120 ÖS
ISBN 3-929813-01-7

Segen ist nicht nur ein Wort
Tänze, Gesten, Meditationen, Rituale, Ikebana
Hrg: Hanna Strack und Christiane Freking
2.Auflage 14,80 DM/SF 120 ÖS
ISBN 3-929813-19-X

Segen strömt aus der Mitte
Neue Segenstexte von Hanna Strack
Mandalas von Sigrid Kaußler-Spaeter
14,80 DM /SF 120 ÖS erscheint im Juli
ISBN 3-929813-05-X

FrauenKirchenKalender
siehe nächste Seite

Bestelladresse:

Hanna Strack Verlag
Kuckucksallee 9
19065 PINNOW
Tel+Fax: 03860 / 8685
E-Mail: Hanna.Strack@t-online.de

Aus dem Inhalt:

- Frauen-Leben in Vergangenheit und Gegenwart
- Segen + Gebete + Lieder
- Medit. Tänze + kleine Rituale
- Schwerpunktthema: Frauenkörper
- Predigttexte + Ökum. Bibellese
- Feiertage der Weltreligionen
- Adressen + Informationen
- Menstruationskalender

ca. 230 Seiten, Lesebändchen

Autorinnen:

Brigitte Enzner-Probst, Irene Löffler, Hanna Strack

ISBN 1999: 3-929813-14-9

ISBN 2000: 3-929813-13-0

Der Kalender kann über beide Verlage bezogen werden.

14,80 DM und Mengenrabatte

Adressen siehe vorherige Seiten